Lh 4 398

LA GUERRE D'ORIENT

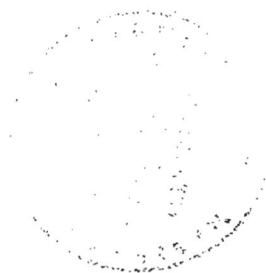

Paris. — Imprimerie WALDER, rue Bonaparte, 44.

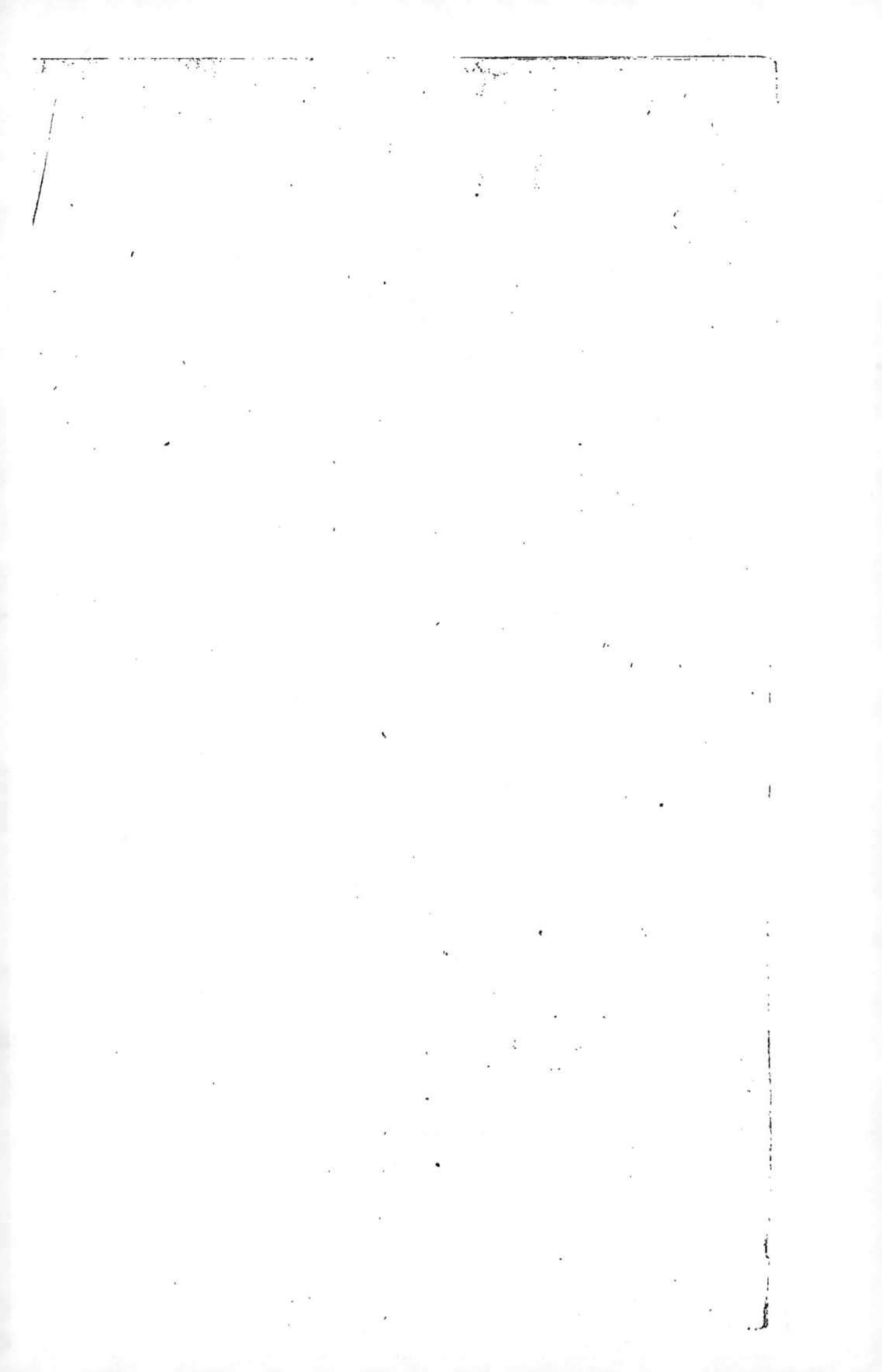

LA GUERRE

HISTOIRE COMPLÈTE

DES OPÉRATIONS MILITAIRES

EN ORIENT

PENDANT LES ANNÉES 1853 ET 1854.

1 vol. in-8° avec cartes.

⸎

PROSPECTUS.

Au moment où la France saisit de nouveau la glorieuse épée dont tant de fois les éclairs ont ébloui le monde, aucun de ses enfants ne doit ignorer les phases de la lutte qu'elle entreprend conjointement avec la Grande-Bretagne, son alliée, et dont le résultat ne saurait être douteux.

L'historique de ces faits, qu'il importe à tout le monde de connaître, est exposé de la façon la plus complète et la plus lucide dans l'ouvrage de M. Jules Ladimir. Remontant dans l'histoire jusqu'aux origines du peuple turc et du peuple moscovite, s'appuyant sur des faits nombreux et irrécusables, l'auteur montre d'une manière saisissante la marche envahissante de la Russie, semblable d'abord à un faible ruisseau, puis à un fleuve, puis à un océan que ses rives ne peuvent plus contenir et qui menace de déborder sur l'Europe pour engloutir à jamais les arts, les sciences, l'industrie, toutes les conquêtes de l'esprit humain.

Dans ce livre destiné à devenir populaire, on ne trouvera rien qui ressemble aux formes ardues dont s'enveloppent ordinairement les questions politiques. Là, tout est intéressant, tout est d'une lecture attrayante. Les opérations militaires sont décrites avec assez de netteté pour que chacun puisse les comprendre aussi bien que les hommes de guerre. La carte coloriée dont le volume est accompagné permet d'ailleurs de suivre pas à pas la marche des troupes et le mouvement des armées. Une vue du Bosphore offre le ravissant tableau de Constantinople, de ses mosquées, des sites qui l'environnent, ainsi que des côtes qui, le long des deux rives du détroit, sont partout bordées de kiosques et de maisons de campagne délicieuses. L'ouvrage contient en outre des détails nouveaux et curieux sur la nation russe et la nation ottomane, ainsi que sur les souverains des deux empires et les personnages appelés à jouer un rôle dans les événements. En un mot, après avoir lu ce livre, chacun se trouvera parfaitement au fait de la question, et comprendra que c'est la cause de la liberté des peuples, de la dignité des gouvernements, de la bonne foi publique, la cause de la paix, de l'ordre, du travail, de la civilisation que défendent en ce moment la France et son généreux empereur.

Paris. — Imprimerie Walder, rue Bonaparte, 44.

LA GUERRE

HISTOIRE COMPLÈTE

DES OPÉRATIONS MILITAIRES

EN ORIENT

PENDANT LES ANNÉES 1853 ET 1854,

PRÉCÉDÉE

D'UN APERÇU HISTORIQUE SUR

LES RUSSES ET LES TURCS,

OUVRAGE

Donnant sur tout ce qui se rattache à la crise actuelle

DES DÉTAILS AUTHENTIQUES A L'AIDE DESQUELS CHACUN POURRA SUIVRE LES PÉRIPÉTIES
DE CE GRAND DRAME;

PAR

JULES LADIMIR,

Auteur de l'Histoire des Mœurs et des Costumes du Moyen Age;

ET ACCOMPAGNÉ D'UNE CARTE DU THÉATRE DE LA GUERRE

ET D'UNE VUE PANORAMA DU BOSPHORE.

Bakaloum.
(LE PEUPLE TURC.)

—➤➤➤•◉•⧏⧏⧏—

Au moment où la France saisit de nouveau la glorieuse épée dont tant de fois les éclairs ont ébloui le monde, aucun de ses enfants ne doit ignorer les motifs qui la déterminent, conjointement avec la Grande-Bretagne, son alliée, à entrer dans une lutte dont le résultat ne pourrait être douteux.

Fidèle à la politique de ses ancêtres, l'empereur de Russie cherchait depuis longtemps une occasion commode et à sa convenance d'humilier la Turquie, afin de pouvoir ensuite la subjuguer. Une fois établis à Constantinople, qui est la clef de la Méditerranée, les Russes auraient menacé, avant un demi-siècle, de leurs flottes de la mer Noire : Alger et Toulon ; de leurs flottes de la Baltique : le Havre et Cherbourg. Nos enfants auraient assisté à une nouvelle invasion des barbares du Nord, chassant devant eux la civilisation et foulant aux pieds la liberté.

Ces projets, qui eussent alarmé tous les peuples, le Czar s'efforçait de les dissimuler sous des prétextes religieux. En toute circonstance, il protestait de sa modération, de son désintéressement, et il s'attachait à tromper l'Europe sur ses véritables desseins. Mais devant la franchise, la droiture, la sage fermeté apportées dans les négociations par le gouvernement de Sa Majesté Napoléon III, ces nuages menteurs se sont successivement dissipés et ont laissé à découvert l'ambition de la Russie. Se voyant démasqué, l'empereur Nicolas n'a pu contenir son irritation, et il n'a pas craint de provoquer une guerre dont l'issue lui sera funeste.

L'historique de ces faits, qu'il importe à tout le monde de connaître, est exposé de la façon la plus complète et la plus lucide dans l'ouvrage de M. Jules Ladimir. Remontant dans l'histoire jusqu'aux origines du peuple turc et du peuple moscovite, s'appuyant sur des faits nombreux et irrécusables, l'auteur montre d'une manière saisissante la marche envahissante de la Russie, semblable d'abord à un faible ruisseau, puis à un fleuve, puis à un océan que ses rives ne peuvent plus contenir, et qui menace de déborder sur l'Europe pour engloutir à jamais les arts, les sciences, l'industrie, toutes les conquêtes de l'esprit humain.

Dans ce livre, destiné à devenir populaire, on ne trouvera rien qui ressemble aux formes ardues dont s'enveloppent ordinairement les questions politiques. Là, tout est intéressant, tout est d'une lecture attrayante. Les opérations militaires sont décrites avec assez de netteté pour que chacun puisse les comprendre aussi bien que les hommes de guerre. La carte coloriée dont le volume est accompagné permet d'ailleurs de suivre pas à pas la marche des troupes et le mouvement des armées. Une vue du Bosphore offre le ravissant tableau de Constantinople, de ses mosquées, des sites qui l'environnent, ainsi que des côtes qui, le long des deux rives du détroit, sont partout bordées de kiosques et de maisons de campagne délicieuses. L'ouvrage contient en outre des détails nouveaux et curieux sur la nation russe et la nation ottomane, ainsi que sur les souverains de deux empires et les personnages appelés à jouer un rôle dans les événements. En un mot, après avoir lu ce livre, chacun se trouvera parfaitement au fait de la question, et comprendra que c'est la cause de la paix, de l'ordre, du travail, de la civilisation, que défendent en ce moment la France et son généreux Empereur.

Primes données aux Souscripteurs.

Les 1,000 premiers souscripteurs du département recevront en prime une belle Carte de France, illustrée de 40 gravures représentant les principales villes de l'Empire, les costumes et les armoiries des anciennes provinces, gravées sur acier par M. Levasseur.

Hauteur : 75 centimètres; largeur : 1 mètre.

S'ils le préfèrent, ils recevront une magnifique Carte du Théâtre de la Guerre. Le prix de cet ouvrage, format in-8, est fixé à 6 francs, rendu *franco* à domicile.

L'ouvrage, étant une propriété de l'éditeur, ne paraîtra que par souscription.

Paris. — Imprimerie Walder, rue Bonaparte, 44.

SOUSCRIPTION POPULAIRE.

HISTOIRE DES OPÉRATIONS

DE

LA GUERRE D'ORIENT.

Je soussigné,   demeurant

à   déclare

souscrire pour un exemplaire de l'Histoire ci-dessus, et m'engage à payer la somme de *six francs* en recevant ledit ouvrage *franc de port* à mon domicile.

A   le   185

NOTA. Le souscripteur du présent bulletin aura droit à la prime énoncée dans le prospectus.

LA GUERRE

HISTOIRE COMPLÈTE

DES OPÉRATIONS MILITAIRES

EN ORIENT

PENDANT LES ANNÉES 1853 ET 1854,

PRÉCÉDÉE

D'UN APERÇU HISTORIQUE

SUR LES RUSSES ET LES TURCS,

OUVRAGE

Donnant sur tout ce qui se rattache à la crise actuelle

DES DÉTAILS AUTHENTIQUES A L'AIDE DESQUELS CHACUN POURRA SUIVRE LES PÉRIPÉTIES
DE CE GRAND DRAME;

PAR JULES LADIMIR,

Auteur de l'Histoire des Mœurs et des Costumes du Moyen-Age;

ET ACCOMPAGNÉ D'UNE CARTE DU THEATRE DE LA GUERRE

ET D'UNE VUE PANORAMA DU BOSPHORE.

Bakaloum.
(LE PEUPLE TURC.)

————➤➤➤◆➤◉◄◆◄◄◄———

Au moment où la France saisit de nouveau la glorieuse épée dont tant de fois les éclairs ont ébloui le monde, aucun de ses enfants ne doit ignorer les motifs qui la déterminent, conjointement avec la Grande-Bretagne, son alliée, à entrer dans une lutte dont le résultat ne pourrait être douteux.

Fidèle à la politique de ses ancêtres, l'empereur de Russie cherchait depuis longtemps une occasion commode et à sa convenance d'humilier la Turquie, afin de pouvoir ensuite la subjuguer. Une fois établis à Constantinople, qui est la clef de la Méditerranée, les Russes auraient menacé, avant un demi-siècle, de leurs flottes de la Mer-Noire : Alger et Toulon; de leurs flottes de la Baltique : le Havre et Cherbourg. Nos enfants auraient assisté à une nouvelle invasion des barbares du Nord, chassant devant eux la civilisation et foulant aux pieds la liberté.

Ces projets, qui eussent alarmé tous les peuples, le Czar s'efforçait de les dissimuler sous des prétextes religieux. En toute circonstance, il protestait de sa modération, de son désintéressement, et il s'attachait à tromper l'Europe sur ses véritables desseins. Mais devant la franchise, la droiture, la sage fermeté apportées dans les négociations par le gouvernement de Sa Majesté Napoléon III, ces nuages menteurs se sont successivement dissipés et ont laissé à découvert l'ambition de la Russie. Se voyant démasqué, l'empereur

Nicolas n'a pu contenir son irritation, et il n'a pas craint de provoquer une guerre dont l'issue lui sera funeste.

L'historique de ces faits, qu'il importe à tout le monde de connaître, est exposée de la façon la plus complète et la plus lucide dans l'ouvrage de M. Jules Ladimir. Remontant dans l'histoire jusqu'aux origines du peuple turc et du peuple moscovite, s'appuyant sur des faits nombreux et irrécusables, l'auteur montre d'une manière saisissante la marche envahissante de la Russie, semblable d'abord à un faible ruisseau, puis à un fleuve, puis à un océan que ses rives ne peuvent plus contenir, et qui menace de déborder sur l'Europe pour engloutir à jamais les arts, les sciences, l'industrie, toutes les conquêtes de l'esprit humain.

Dans ce livre, destiné à devenir populaire, on ne trouvera rien qui ressemble aux formes ardues dont s'enveloppent ordinairement les questions politiques. Là, tout est intéressant, tout est d'une lecture attrayante. Les opérations militaires sont décrites avec assez de netteté pour que chacun puisse les comprendre aussi bien que les hommes de guerre. La carte coloriée dont le volume est accompagné permet d'ailleurs de suivre pas à pas la marche des troupes et le mouvement des armées. Une vue du Bosphore offre le ravissant tableau de Constantinople, de ses mosquées, des sites qui l'environnent, ainsi que des côtes qui, le long des deux rives du détroit, sont partout bordées de kiosques et de maisons de campagne délicieuses. L'ouvrage contient en outre des détails nouveaux et curieux sur la nation russe et la nation ottomane, ainsi que sur les souverains de deux empires et les personnages appelés à jouer un rôle dans les événements. En un mot, après avoir lu ce livre, chacun se trouvera parfaitement au fait de la question, et comprendra que c'est la cause de la paix, de l'ordre, du travail, de la civilisation, que défendent en ce moment la France et son généreux Empereur.

Primes données aux Souscripteurs.

Les 1,000 premiers souscripteurs du département recevront en prime une belle Carte de France, illustrée de 40 gravures représentant les principales villes de l'Empire, les costumes et les armoiries des anciennes provinces, gravées sur acier par M. Levasseur.

Hauteur : 75 centimètres ; largeur : 1 mètre.

S'ils le préfèrent, ils recevront une magnifique Carte du Théâtre de la Guerre.

Le prix de cet ouvrage, format in-8, est fixé à 6 fr., rendu *franco* à domicile.

L'ouvrage, étant une propriété de l'éditeur, ne paraîtra que par souscription.

Paris. — Imp. de POMMERET et MOREAU, 17, quai des Augustins.

SOUSCRIPTION POPULAIRE.

HISTOIRE DES OPÉRATIONS
DE
LA GUERRE D'ORIENT.

Je soussigné,   demeurant

à   déclare

souscrire pour un exemplaire de l'Histoire ci-dessus, et m'engage à payer la somme de *six francs* en recevant ledit ouvrage *franc de port* à mon domicile.

A   le   185

NOTA. Le souscripteur du présent bulletin aura droit à la prime énoncée dans le prospectus.

LA GUERRE

HISTOIRE COMPLÈTE

DES OPÉRATIONS MILITAIRES

EN ORIENT

Pendant les Années 1853 et 1854

PRÉCÉDÉE

D'UN APERÇU HISTORIQUE SUR

LES RUSSES ET LES TURCS

OUVRAGE

DONNANT SUR TOUT CE QUI SE RATTACHE A LA

CRISE ACTUELLE

Des détails authentiques à l'aide desquels chacun pourra suivre les péripéties
de ce grand drame

PAR

JULES LADIMIR

Auteur de l'Histoire des Mœurs et des Costumes du Moyen Age

Et orné de 14 Portraits

Bakalouin
(LE PEUPLE TURC)

Au moment où la France saisit de nouveau la glorieuse épée dont tant de fois les éclairs ont ébloui le monde, aucun de ses enfants ne doit ignorer les motifs qui la déterminent, conjointement avec la Grande-Bretagne, son alliée, à entrer dans une lutte dont le résultat ne pourrait être douteux.

Fidèle à la politique de ses ancètres, l'empereur de Russie cherchait depuis long-temps une occasion commode et à sa convenance d'humilier la Turquie, afin de pouvoir ensuite la subjuguer. Une fois établis à Constantinople, qui est la clef de la Méditerranée, les Russes auraient menacé, avant un demi-siècle, de leurs flottes de la mer Noire : Alger et Toulon ; de leurs flottes de la Baltique : le Havre et Cherbourg. Nos enfants auraient assisté à une nouvelle invasion des barbares du Nord, chassant devant eux la civilisation et foulant aux pieds la liberté.

Ces projets, qui eussent alarmé tous les peuples, le Czar s'efforçait de les dissimuler sous des prétextes religieux. En toute circonstance, il protestait de sa modération, de son désintéressement, et il s'attachait à tromper l'Europe sur ses véritables desseins. Mais devant la franchise, la droiture, la sage fermeté apportées dans les

Ancienne maison RUEL. *Librairie des Villes et des Campagnes*, rue Larrey, 8, à Paris,

RENAULT & Cie

LA GUERRE

Histoire complète

DES OPÉRATIONS MILITAIRES

EN ORIENT ET DANS LA BALTIQUE

PENDANT LES ANNÉES 1853, 1854, 1855

Par Jules LADIMIR,

AUTEUR DE L'HISTOIRE DES MŒURS ET COSTUMES DU MOYEN AGE,

AVEC PORTRAITS, VUES ET PLANS DE BATAILLE.

(UN NOUVEAU TIRAGE DU LIVRE EST FAIT CHAQUE MOIS, AFIN QUE LE RÉCIT DES ÉVÉNEMENTS SURVENUS Y SOIT AJOUTÉ.)

Le drame qui s'accomplit en Orient vient d'entrer dans une phase nouvelle. Celui qui dirige d'en haut toutes les destinées et dont les plus éclatantes individualités ne sont que d'aveugles instruments, a retiré de la scène le personnage qui jouait le principal rôle. L'empereur Nicolas, dont l'ambition effrénée avait amené cette immense conflagration, a cessé de vivre. Un prince, jeune encore, le remplace à la tête d'une nation de soixante millions d'hommes. Quelles destinées nouvelles le monde doit-il attendre de ce changement? Nul ne le peut prévoir. Quant à la France, impartiale et calme devant ce cercueil, elle ne puise pas sa confiance dans la disparition d'un ennemi; elle la trouve dans le loyal concours de ses alliés, dans l'héroïsme et le succès de ses armes, dans la justice de sa cause. La France ne fait la guerre avec tant d'énergie, elle ne la poursuit avec tant de constance, que pour raffermir l'équilibre européen, menacé par une ambition que la conscience universelle avait condamnée avant que le jugement de l'histoire se fût ouvert pour elle.

Quel cœur français ne s'est ému au récit des souffrances si héroïquement supportées par nos soldats, qui combattent en héros, qui souffrent en martyrs, qui meurent avec joie, excités par l'amour de la patrie, soutenus par le sentiment de l'honneur, consolés par la voix de la religion? Nobles enfants de la France, dont ils sont l'orgueil et dont ils font la force, tous ils sont grands dans leur humble rôle, car tous ils vont au combat, aux fatigues, avec la même ardeur, avec le même courage, également insoucieux de la vie et de la mort, quoique sans espérer une gloire égale. Soit qu'ils périssent emportés dans les trombes de feu et de fer qui se croisent devant Sébastopol, soit qu'ils descendent avec la frégate *La Sémillante* au profond des abîmes, ils dotent d'une nouvelle auréole les aigles qui triomphèrent à Austerlitz, à Friedland, à Iéna, et la France pense à eux comme une mère pense à ses fils. Les sacrifices de la guerre lui paraissent légers quand elle songe aux pages d'héroïsme et de dévouement qu'ils lui lèguent en mourant pour l'indépendance de l'Europe; ce sont eux qui arrosent de leur sang le sillon où elle récoltera la puissance et la prospérité, lorsque la paix qu'ils lui

auront conquise sera signée avec leur épée sur un champ de bataille.

Le devoir comme le bonheur de l'écrivain est de recueillir ces faits éclatants qui formeront l'un des plus beaux chapitres de nos annales nationales et de les faire connaître à tous. Dans la plus humble chaumière, on a là-bas des enfants, des frères, des parents, des amis, et l'on est impatient de connaître, dans leurs moindres détails, les événements auxquels ils peuvent se trouver mêlés. On voudrait jouir du don de la double vue et suivre du regard, sur la terre lointaine, les êtres animés qui ont emporté avec eux quelque chose de nous-mêmes, une partie des douces joies de la famille.

C'est pour répondre à ce besoin unanime qu'a été publié l'ouvrage que nous annonçons. Destiné à devenir populaire, il est dégagé de toutes les formes ardues dont s'enveloppent ordinairement les questions politiques. L'auteur, M. Jules Ladimir, a exposé les faits de la façon la plus complète, la plus lucide, et en même temps la plus dramatique. Là, tout est intéressant, tout est d'une lecture attrayante. Les opérations militaires sont décrites avec assez de netteté pour que chacun puisse les comprendre aussi bien que les hommes de guerre. Les cartes dont le texte est accompagné permettent de suivre pas à pas la marche des troupes et les opérations des armées. La biographie et le portrait des principaux personnages que la crise a mis en évidence, jette sur leurs actions et sur leur rôle une entière clarté. En un mot, après avoir lu ce livre, chacun se rend parfaitement au fait du puissant mouvement qui s'opère, et n'ignorera rien des événements auxquels personne en France ne saurait rester indifférent.

L'utilité de cette publication est d'ailleurs manifestée dans les journaux quotidiens; les documents relatifs aux opérations militaires sont nécessairement enregistrés d'une manière incomplète, interrompue, hachée; ils se trouvent souvent au milieu d'articles de toutes espèces, et sont souvent insérés avant d'avoir reçu un caractère authentique. Il en résulte qu'on ne saurait embrasser d'un coup d'œil les événements, et suivre sans difficulté leurs évolutions successives.

Conditions de la Souscription et Abonnement pour recevoir une Série faisant suite au présent Ouvrage ci-dessus annoncé dans le Prospectus.

Les 1,000 premiers Souscripteurs des départements recevront en prime une belle carte de France et une d'Europe, illustrée de vingt-quatre gravures, indiquant les routes impériales et départementales, les lieues en kilomètres, les relais de postes nouvellement créés, avec les itinéraires des chemins de fer, rivières navigables et les départs de tous les bateaux à vapeur pour l'étranger.

Le prix de cet ouvrage, format grand in-8° jésus, est fixé à 6 francs, rendu *franco* dans toute la France.

L'ouvrage, étant une propriété de l'éditeur, ne paraîtra que par souscriptions.

Tout souscripteur au présent Ouvrage recevra, s'il le désire, une série de livraisons faisant suite à cette publication, et qui paraîtront de mois en mois, ce qui lui permettra de suivre le cours des opérations militaires au fur et à mesure qu'elles auront lieu.

Les personnes qui s'abonneront à cette suite recevront deux cartes au lieu d'une seule.

On percevra pour cet abonnement 25 centimes par mois, payables par trimestre.

Le chiffre de 60,000 exemplaires placés jusqu'à ce jour prouve du reste avec quelle faveur a été accueillie cette publication, confiée à la plume d'un écrivain de talent, M. Jules Ladimir.

TABLE DE L'OUVRAGE.

Vous êtes prié de conserver le Prospectus jusqu'à l'arrivée du Voyageur.

Châlons-sur-Marne, typ. E. Laurent.

a été accueillie cette publication, confiée à la plume d'un

E.

LA GUERRE

HISTOIRE COMPLÈTE

DES OPÉRATIONS MILITAIRES

EN ORIENT

ET DANS LE NORD

OUVRAGE

Donnant sur tout ce qui se rattache à la crise actuelle

DES DÉTAILS AUTHENTIQUES A L'AIDE DESQUELS CHACUN POURRA SUIVRE
LES PÉRIPÉTIES DE CE GRAND DRAME

PAR

JULES LADIMIR

Auteur de l'Histoire des Mœurs et du Costume du Moyen-Age.

———

AVEC CARTES, VUES, PORTRAITS, ETC.

———◦◦◦———

PARIS

B. RENAULT, ÉDITEUR.

—

LIBRAIRIE DE RUEL AÎNÉ,

RUE LARREY, 8.

1854

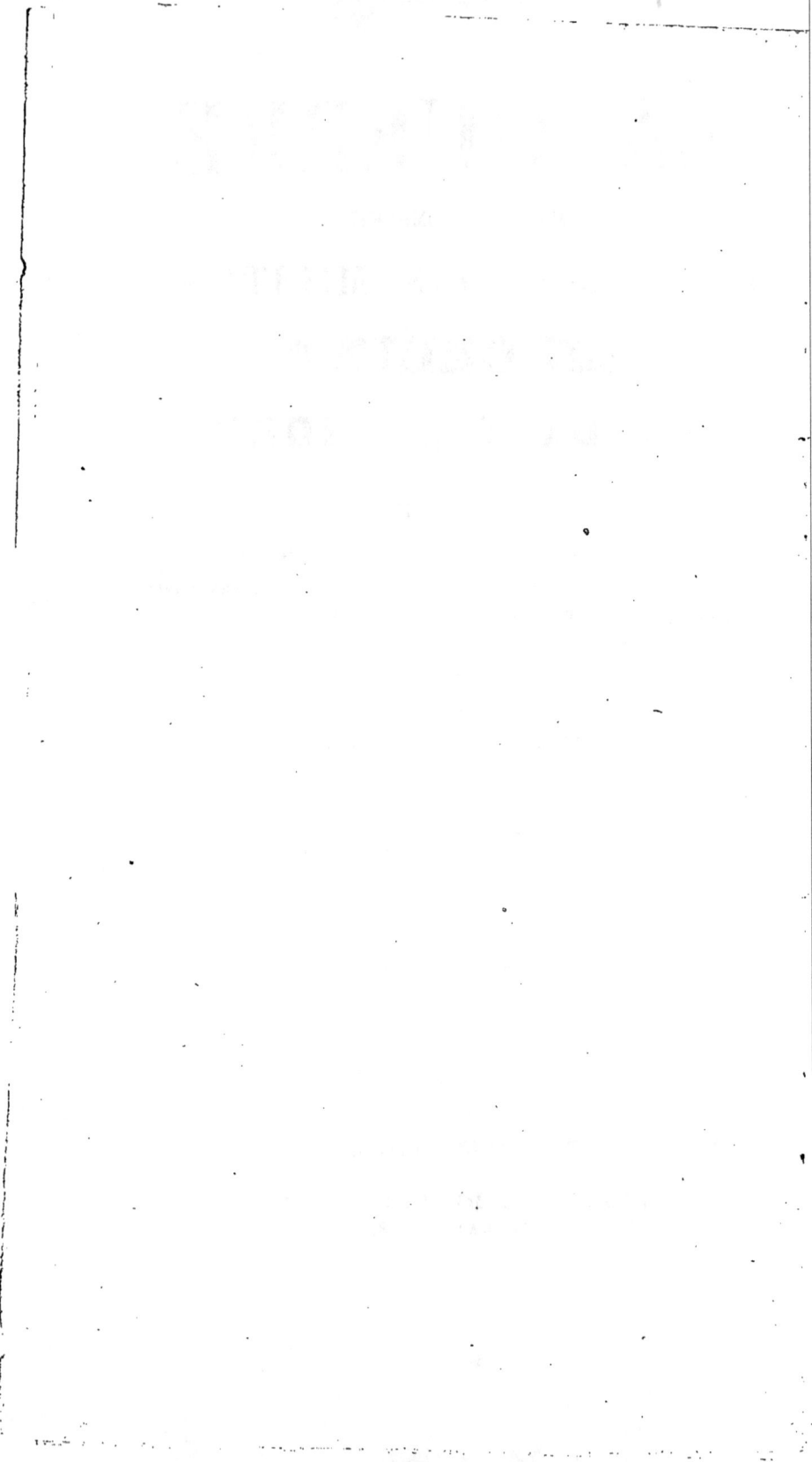

LA

GUERRE D'ORIENT

HISTOIRE COMPLÈTE

DES OPÉRATIONS MILITAIRES EN ORIENT ET DANS LE NORD.

I

Origine de la crise actuelle. — La question des Lieux-Saints. — La question du
Protectorat. — Passage du Pruth. — Envahissement des provinces danubiennes.
— Combat de Toprak-Kalé. — L'escadre franco-anglaise franchit les Dardanelles.
— Bataille d'Oltenitza. — Prise du fort Saint-Nicolas. — Bataille de Tiflis.

Fidèle à la politique envahissante de ses ancêtres, l'empereur de
Russie cherchait une occasion commode et à sa convenance d'humilier complétement la Turquie, en attendant qu'il pût la subjuguer.
Une fois établi à Constantinople, qui est la clef de la Méditerranée,
les Russes auraient menacé, avant un demi-siècle, de leurs flottes de
la mer Noire, Alger et Toulon; de leurs flottes de la Baltique, le Havre et Cherbourg : nos enfants auraient assisté à une nouvelle invasion
des barbares du Nord, chassant devant eux la civilisation et foulant
aux pieds la liberté ! L'affaire dite des *Lieux-Saints* et le *protectorat
des Grecs*, qui en fut la suite, parurent au czar offrir cette occasion
qu'il cherchait; il la saisit avec un empressement qui trahit malgré
lui son ambition secrète.

Tout le monde sait qu'à Bethléem et à Jérusalem, c'est-à-dire aux
lieux où le Sauveur est né, où il a souffert et où il est mort, la piété
des chrétiens a fondé, depuis des siècles, des églises et des monastères. Depuis que l'Église d'Orient s'est séparée de l'Église d'Occident,
il est survenu des rivalités et des luttes entre les chrétiens de la communion latine et les chrétiens de la communion grecque, soit au sujet
de la garde des *Lieux-Saints*, soit au sujet des cérémonies qui s'y
trouvaient célébrées. La France, dont l'autorité politique et morale
en Orient est considérable depuis les croisades, a toujours pris sous
son patronage les pères des monastères latins. Ces pères avaient été

les victimes d'empiétements successifs de la part des chrétiens de
communion grecque, et le gouvernement de Louis-Napoléon, alo
président de la république française, obtint en leur faveur, il y a qu
tre ans, des réparations aussi justes que modérées.

L'empereur Nicolas, feignant de croire que les chrétiens de la con
munion grecque avaient été dépouillés au profit des chrétiens de
communion opposée, envoya, au mois de février 1852, le prince Mei
schikoff à Constantinople, avec la mission de rétablir les droits d
pères grecs ; mais il ne fut pas difficile au gouvernement français c
démontrer jusqu'à l'évidence que les satisfactions qui lui avaient é
accordées ne lésaient en rien les droits de personne. La cour de Sain
Pétersbourg, après examen, fut forcée de le reconnaître ; et, dès lor
si le prince Menschikoff n'avait eu réellement en vue que de fai
rendre justice aux pères grecs de Terre-Sainte, sa mission eût é
complétement terminée.

Il n'en fut pas ainsi, bien s'en faut. C'est alors que les véritabl
desseins de la Russie éclatèrent. Le prince Menschikoff demanda av
hauteur et menaces, pour le czar son maître, le droit de protector
direct sur tous les sujets de l'empire turc appartenant à la commu
nion grecque ; et comme, parmi les sujets du sultan, dans la Turqu
d'Europe, de onze à douze millions appartiennent à la communio
grecque, tandis que trois ou quatre millions seulement appartienne
à l'islamisme, c'est, au fond, comme si l'empereur de Russie avait fa
demander au sultan sa couronne.

Cette prétention du czar à protéger une si notable portion des si
jets du sultan contre le sultan lui-même, prétention soutenue par un
armée, était évidemment la même chose que l'asservissement de
Turquie par les Russes. Cette prétention était, d'ailleurs, d'autar
moins justifiée, que l'Église grecque répandue en Turquie, sous l'au
torité du patriarche de Constantinople, n'a pas consenti à la sépara
tion de l'Église russe, dont le czar est le chef spirituel et temporel
que le gouvernement turc est beaucoup plus doux, beaucoup plus to
lérant que le gouvernement moscovite à l'égard des cultes dissident:
témoin les catholiques de Pologne ; et le clergé grec en masse, le pa
triarche en tête, repousse de toute son énergie la protection des Rus
ses, dans lesquels, d'après la rigueur des canons, il serait tenté de n
voir que des schismatiques. Ainsi, l'ambition de l'empereur de Rus
sie ne tarda pas à percer le voile religieux sous lequel il l'avait enve
loppée. Être maître de Constantinople, s'y établir comme dans un
forteresse inexpugnable, dominer sur la Méditerranée en même temp
que sur la Baltique, envelopper l'Europe à la fois par le midi et pa
le nord, et préparer, dans un avenir plus ou moins prochain, la domi
nation des Cosaques et des Baskirs sur tout l'Occident, soumis au

plus honteux despotisme : voilà le but des Russes, but que l'empereur Napoléon signala dès le premier jour, et que toute l'Europe vit clairement après lui. Mal renseigné par ses ambassadeurs, le czar avait pensé que la France et l'Angleterre, séparées par d'anciennes rivalités, ne se réuniraient pas pour l'arrêter; et il était si habitué à inspirer les résolutions du Nord, qu'il n'avait pas cru pouvoir douter de leur concours. La suite de cet article prouvera qu'il se trompait complétement.

PASSAGE DU PRUTH. ENVAHISSEMENT DES PRINCIPAUTÉS DANUBIENNES. — La Turquie ayant refusé d'admettre les propositions insolentes du czar, l'armée russe, rassemblée depuis quelque temps sur la frontière, passa le *Pruth*, fleuve qui sépare la Russie des province-danubiennes, la *Moldavie* et la *Valachie*, et envahit ces provinces dépendantes de l'empire ottoman. Cet envahissement eut lieu le 2 juillet 1853. La Turquie rédigea une protestation contre cette violation du droit des gens, et en appela à toutes les puissances de l'Europe. Dès le commencement des menaçants préparatifs de guerre que la Russie faisait en Bessarabie et dans la province de Sébastopol, la France et l'Angleterre, agissant d'un commun accord, avaient chacune préparé une escadre pour protéger, au besoin par les armes, l'intégrité de l'empire ottoman, intégrité indispensable à la paix de l'Europe. Lorsque le prince Menschikoff eut quitté Constantinople en rompant toute relation diplomatique avec la Porte, ces escadres combinées reçurent l'ordre d'aller mouiller dans la baie de Besika, où où elles arrivèrent vers le milieu de juin.

COMBAT DE TOPRAK-KALÉ. — Cependant des tentavives de conciliation étaient faites par la France et l'Angleterre d'un côté; de l'autre par l'Autriche qui avait en Servie un corps d'observation de 50,000 hommes. La Russie feignait de se prêter à ces négociations pour gagner du temps et continuer ses préparatifs, de manière à en imposer tellement qu'elle pût obtenir ce qu'elle désirait par un bon traité, sans qu'il lui en coûtât un homme ni un écu, quitte à saisir un peu plus tard un prétexte pour exiger davantage, selon les recommandations de Pierre le Grand. En sa qualité d'aide de camp général du czar, le prince Menschikoff ordonna aux troupes russes du Caucase de se retirer de ce pays et de former sur les frontières un cordon spécial de surveillance. Profitant de ce mouvement de retraite et de la situation de la Russie vis-à-vis de la Porte, l'intrépide chef des montagnards, l'émir Schamyl, donna l'ordre à l'un de ses lieutenants, le naïd Mahommed-Bey, d'envahir la Gourie russe. L'attaque fut effectuée par les Circassiens dans la nuit du 27 au 28 juillet avec des forces extraordinaires dirigées contre l'importante forteresse russe de Toprak-Kalé, dont, après un combat acharné, les Circassiens s'emparèrent.

Cette forteresse fut immédiatement démantelée par les troupes de Schamyl, qui se rendirent maîtresses de toutes les munitions qu'elle renfermait ainsi que de deux cents pièces de canon.

L'ÉMIR SCHAMYL. — Le mont Caucase est une chaîne continue de montagnes de la plus grande élévation qui occupe entièrement l'espace de terre ou isthme compris entre la mer Noire et la mer Caspienne. Sa longueur est de deux cents lieues en ligne droite. Aux yeux des voyageurs qui viennent du nord, le Caucase présente de loin l'aspect d'une immense muraille aussi imposante par son étendue que par sa hauteur. Les pics du Caucase sont situés dans toute leur étendue en face des plaines russes ; ils les dominent et sans cesse leurs peuplades guerrières les menacent de l'invasion. Dans ses grandes conquêtes, dans sa course vers l'Orient, la Russie a rencontré là une barrière infranchissable, des ennemis qu'elle n'a jamais pu vaincre et dompter entièrement.

Depuis vingt ans les deux illustres chefs, Kasi-Molla et Schamyl épuisent ou déciment les armées russes, qui paient chèrement leurs faibles conquêtes. Depuis 1834, Schamyl règne sur la plus grande partie des peuplades du Caucase. Il en est le chef suprême, le roi prophète. Grand général, chef audacieux, législateur habile, il a su réunir en un faisceau ces populations dispersées. Né en 1792, initié de bonne heure au fanatisme religieux et aux luttes de la guerre, il s'est révélé un jour soudainement à ces peuples étonnés. Aujourd'hui encore le cri de guerre des montagnards du Caucase : *Mahomet est le premier prophète d'Allah; Schamyl est le second!* sert de ralliement aux ennemis des Russes.

L'ESCADRE ANGLO-FRANÇAISE FRANCHIT LES DARDANELLES. — La Turquie ne restait pas inactive. L'*Irade* ou proclamation annonçant qu'on allait déployer l'étendard du prophète fut lu dans toutes les mosquées. Alors l'enthousiasme longtemps comprimé éclata. De toutes parts des offres d'argent et d'hommes furent faites au sultan. Méhémet-Ali-Pacha, ministre de la guerre, fit don au gouvernement impérial de plusieurs chevaux de ses écuries. Son exemple trouva un grand nombre d'imitateurs. Des marchands fermèrent leurs boutiques, vendirent leurs biens, quittèrent leurs familles et coururent au *sérakiérat* ou ministère de la guerre pour se faire inscrire. Les *mollahs* ou prêtres turcs parcouraient les rues avec des étendards et de vieilles hallebardes ; des bureaux furent ouverts pour les enrôlements : ils étaient assiégés. Tout se préparait pour une de ces guerres de nationalité que ne termine pas un combat insignifiant et qui ne cessent qu'après avoir amené un important résultat.

À la demande du sultan, les escadres combinées de la France et de l'Angleterre franchirent les Dardanelles. Le *Moniteur* du 27 octobre annonça l'événement en ces termes :

« Ainsi que l'ont fait connaître les documents officiels récemment publiés, la question ouverte depuis plusieurs mois à Constantinople vient d'entrer dans une phase nouvelle. La Porte a pensé qu'au point où en étaient les choses, elle devait renoncer à la voie des négociations, et il ne paraît plus permis d'espérer qu'un conflit puisse être prévenu. Une déclaration de guerre n'est point un fait rare dans la vie des peuples, et ce n'est point la première fois que l'on voit les mêmes rivalités aux prises sur le même terrain. L'importance et la nature des intérêts impliqués dans le différend, en atteignant plus directement peut-être que la France les autres cabinets de l'Europe, ne sont que des raisons de plus d'envisager avec calme cette évolution nouvelle des affaires d'Orient.

« La Porte ayant pensé que la guerre convenait seule à sa dignité, le gouvernement de Sa Majesté l'Empereur n'avait point à se départir de la ligne politique que dès le commencement il s'était tracée. Alors, comme en présence de l'occupation des principautés du Danube, il s'est rencontré dans les mêmes vues avec le gouvernement de Sa Majesté Britannique. Les deux cabinets ont prescrit à leurs escadres de franchir les Dardanelles, et en ce moment elles doivent avoir mouillé dans la mer de Marmara.

« La paix est l'intérêt permanent des peuples. Pénétré de cette pensée, à la veille d'occuper le trône où l'appelait le vœu du pays, l'Empereur a donné la solennelle assurance de concourir de tous ses efforts à la conservation de la paix dont l'Europe goûtait avec bonheur le bienfait. Mais cette paix manquerait évidemment de sa condition essentielle, si elle cessait d'avoir pour base l'équilibre nécessaire au maintien des droits et à la sécurité des intérêts de tous.

« Telles sont les considérations qui avaient décidé l'envoi de la flotte de Toulon à Salamine et de Salamine à Besika. Telle est encore la pensée qui la guidera dans la nouvelle destination qu'elle a reçue ; tel est le but que le gouvernement de l'Empereur ne perdra point de vue jusqu'à ce que la paix puisse se rasseoir sur les seuls fondements qui qui la rendent profitable et sûre. Une semblable entreprise était digne de réunir les pavillons des deux grands États de l'Occident, et de faire naître ainsi le beau spectacle d'une entente parfaite dans l'action comme dans les négociations. »

Le commandement des troupes turques, rassemblées au bord du Danube, qui sépare la Turquie proprement dite de la Moldavie et de la Valachie occupées par les Russes, fut confié au général Omer-Pacha. On avait fixé quinze jours comme délai au général Gortschakoff, commandant des troupes russes, pour qu'il eût à évacuer les principautés. Ces quinze jours s'étant écoulés sans amener de résultat, Omer-Pacha reçut l'ordre d'entrer dans la petite Valachie. En consé-quence, du 16 au 17 octobre, les Turcs traversèrent le Danube en ba-teaux, près desquels nageaient les chevaux, occupèrent deux îles fai-sant partie de la Valachie et y élevèrent des batteries. L'occupation de ces îles fut regardée comme le commencement des hostilités. Les Turcs occupèrent ensuite une grande île près de la forteresse et se prépa-rèrent à jeter un pont sur le second bras du Danube. Les Russes se retirèrent de la petite Valachie en emportant l'argent des caisses pu-bliques et les fonds militaires de réserve; leurs forces militaires se concentrèrent entre Bucharest, Giurgewo et Oltenitza.

BATAILLE D'OLTENITZA. — Le dimanche, 23 octobre, les deux ba-teaux à vapeur russes *Pruth* et *Ordonnance*, suivis de huit chaloupes canonnières, forcèrent le passage du Danube et essuyèrent un feu très-vif de la forteresse turque d'*Isatcha*, située sur la rive droite du fleuve entre Reui et Ismaïl.

Dans cette affaire furent tués, du côté des Russes, le lieutenant-colonel commandant la flottille, trois officiers et douze matelots. Il y eut une cinquantaine de blessés. Jusqu'au commencement de no-vembre, les Turcs se fortifièrent dans leurs positions et firent leurs préparatifs pour effectuer le passage du second bras du Danube. Le 2 novembre, ils occupèrent, au nombre de 5,000 hommes, une île située entre Turtukaï et *Oltenitza*. Le lendemain 3, ils franchirent le petit bras et occupèrent la rive gauche. Le passage continuant, ils se trouvèrent au nombre de 9,000 hommes en présence de 12,000 Russes qui occupaient Oltenitza. Le 4, un combat s'engagea avec un grand acharnement de part et d'autre, les Turcs s'efforçant de s'emparer d'Oltenitza et les Russes de les rejeter dans le Danube. L'action commença avec l'aurore : on se battit bravement des deux côtés. Le général russe, baron de Plosen, fut tué dès le début de l'action. Voici le récit que fit de ce combat le *Moniteur*:

« Le gouvernement a reçu les informations suivantes sur la rencontre du 4, entre les Turcs et les Russes, à Oltenitza : C'est dans le triangle formé par l'Argis, le Danube et le village d'Oltenitza, qu'a eu lieu le combat meurtrier du 4 novembre. Les Turcs ne comptaient pas plus de 9,000 hommes. Ils occupaient le bâtiment de la quarantaine, si-tué dans la plaine près du Danube et du village. Ce bâtiment et une vieille redoute furent fortifiés avec des matériaux trans-portés de Tourtoukaï. Les Turcs se sont servis avec un grand succès des batteries de cette forteresse. Ils lançaient à travers le Da-nube, large en cet endroit de deux cent soixante toises environ, des boulets et des bombes qui atteignaient les Russes jusqu'au pied du village situé sur une élévation. Le général Dannenberg, qui dirigeait les opérations, était à une petite distance du village avec son état-major. La perte des Russes est évaluée à 1,200 hommes tués ou blessés. Presque tous les chefs de bataillon ont été blessés, ainsi que plusieurs colonels; la plupart des blessures étaient faites avec des balles coniques.»

PRISE DU FORT SAINT-NICOLAS. — Tandis que les Russes étaient ainsi vaincus en Europe, la guerre s'engageait en même temps en Asie, où les Turcs obtenaient aussi l'avantage. Dans la nuit du 15 au 16, ils attaquèrent et prirent le fort Saint-Nicolas ou Nicolaïeff. Ce fort renfermait un grand approvisionnement de vivres apportés à diverses époques. Des troupes qui occupaient ce poste, il ne parvint à se sauver que quelques miliciens et près de trente soldats avec trois officiers pour la plupart blessés. Le prince russe Georges Gourichi fut mortellement atteint. De leur côté, les Turcs eurent près de 1,000 hommes hors de combat. Les Russes firent, pour reprendre Nicolaïeff, cinq tentatives inutiles. Ce premier incident de la guerre d'Asie, cette capture d'un fort portant le nom du patron de leur empereur et de leur pays jeta parmi les soldats moscovites une terreur superstitieuse.

BATAILLE DE TIFLIS. — En même temps Schamyl, à qui les Turcs avaient pu faire passer de l'argent et des munitions, s'approchait de Tiflis jusqu'à la distance de neuf milles. Les Circassiens étaient au nombre de 20,000 hommes avec 60 pièces de canon. Le corps d'armée russe qui marcha à leur rencontre, sous le commandement du prince Woronzoff, comptait à peu près le même nombre de soldats. Les Russes furent d'abord battus sur tous les points ; mais le prince ayant reçu un renfort de 15,000 hommes envoyés par les généraux Nerteroff et Barcotenski, le combat recommença et Schamyl fut contraint de se retirer dans ses montagnes, quoiqu'en tenant toujours tête à l'ennemi. Les Circassiens perdirent 2,000 hommes, les Russes avouèrent une perte de 5,000 hommes. Quelques jours après, 3,000 Circassiens des différentes tribus attaquèrent les Russes dans les défilés de Zakartola et les mirent en déroute.

A cette époque, l'ambassadeur français à Constantinople, M. de Lacour, fut remplacé par le général comte Baraguay-d'Hilliers. Voici les paroles prononcées par ce nouvel ambassadeur en remettant, le 19 décembre, ses lettres de créance au sultan :

« Sire ,

« J'ai l'honneur de présenter à Votre Majesté les lettres de créance de Sa Majesté Impériale, mon auguste souverain, qui m'accréditent auprès de la Sublime-Porte en qualité d'ambassadeur. Dans les circonstances difficiles où se trouve le gouvernement ottoman, je suis heureux d'avoir été choisi par S. M. l'empereur Napoléon pour renouveler à S. M. I. le sultan l'assurance de son amitié. La France est la plus ancienne, la plus désintéressée des alliées de la Sublime-Porte. Sa sincérité ne saurait être mise en doute. *La France ne craint pas la guerre.* Fidèle à l'esprit de sa mission, révélée par l'empereur Napoléon lui-même, la France veut la paix, mais elle la veut durable· loyale, honorable pour elle et ses alliés. Dans ce but, S. M. l'empereur Napoléon, de concert avec sa puissante alliée, la souveraine de la Grande-Bretagne, a envoyé sa flotte en Orient. Confiant dans les assurances réitérées du cabinet de Saint-Pétersbourg, il espère encore que le différend qui s'est élevé entre la Sublime-Porte et la cour de Russie pourra s'aplanir ; que ce trouble passager, en posant nettement la question de l'intégrité de l'empire ottoman, ne fera qu'affermir une indépendance si précieuse à l'Europe entière et si nécessaire au maintien de la paix du monde. S. M. I. le sultan peut compter que S. M. l'empereur Napoléon, qui comprend si bien les besoins, les sentiments et la dignité de la France, *prêtera, dans ce but, son appui* à S. M. I. le sultan, et je crois être ici le fidèle interprète de sa volonté en lui en donnant l'assurance.

«Je saisis cette occasion d'exprimer à Votre Majesté Impériale l'ardent désir de contribuer, de tous mes efforts, au maintien des vieilles et bonnes relations que la France a toujours entretenues avec la Sublime-Porte, et je mets aux pieds de Votre Majesté Impériale l'hommage de mon profond respect. »

Les deux affaires d'Oltenitza en Europe et du fort Saint-Nicolas ou Nicolaïeff en Asie sont les événements les plus importants de la guerre entre les Russes et les Turcs depuis le commencement de la campagne jusqu'à l'affaire de Sinope. Le reste consiste en combats partiels et en escarmouches dans lesquels les deux partis se sont tour à tour attribué l'avantage et que pour cette raison nous croyons inutile de faire entrer dans le cadre restreint qui nous est assigné.

II

Le 30 novembre, l'amiral russe Nachimoff, à la tête de six vaisseaux de ligne, força l'entrée de la rade de Sinope et détruisit en une heure de combat sept frégates, deux corvettes, un bateau à vapeur et trois transports. La frégate la moins endommagée, que les Russes ramenaient à Sébastopol, dut être abandonnée à la mer, et Osman-Pacha, avec sa suite, transporté sur le vaisseau amiral. C'est un aide de camp du prince Menschikoff qui apporta, le 5 décembre, la nouvelle de ce désastre.

Sinope, autrefois le principal établissement naval de la Turquie, a perdu aujourd'hui son importance, les chantiers et les ateliers de construction de la flotte ottomane ayant été presque entièrement transportés à Constantinople et renfermés dans l'arsenal. La rade de Sinope n'est défendue que par des ouvrages peu importants et qui se composent d'une batterie de terre placée à la presqu'île de Boze-Tépé et d'un petit fort situé plus à l'intérieur. Les bâtiments turcs étaient à l'ancre dans la rade, où ils avaient cherché un refuge.

On conçoit dès lors que six vaisseaux de ligne, réunissant un total d'environ 650 bouches à feu, ont dû facilement pénétrer dans cette rade, qui est ouverte, et, en se plaçant à portée des bâtiments turcs, qui ne présentaient pas un total de plus de 100 canons, les écraser de leur artillerie, malgré le courage des marins turcs.

En marine, la force des vaisseaux et la puissance de l'artillerie sont décisives, surtout vis-à-vis de bâtiments de guerre aussi faibles que les navires turcs, et qui, se trouvant acculés dans une rade, ne pouvaient profiter des chances qu'offrent la mer et le vent.

Voici sur cette importante affaire des détails que, selon notre habitude de laisser au lecteur l'appréciation des faits en lui mettant les pièces sous les yeux, nous empruntons aux documents officiels publiés par l'une et l'autre nation belligérante.

L'*Invalide russe* du 12 décembre renfermait la note suivante :

« Le vice-amiral Nachimoff, en croisant le long des côtes de l'Anatolie, aperçut du large, dans la rade de Sinope, une division de navires de guerre turcs. Le lendemain, une violente tempête de l'ouest l'empêcha de se rapprocher de Sinope. Le bateau à vapeur de guerre *la Bessarabie* fut immédiatement expédié à Sébastopol pour annoncer qu'il se trouvait des bâtiments ennemis dans la rade de Sinope.

« A la réception de cette nouvelle, trois vaisseaux de 120 canons, *la Ville-de-Paris*, *le Grand-Duc-Constantin* et le *Tri-Sviatitelia*, reçurent ordre de se diriger, sous le pavillon du contre-amiral Novossilsky, dans le méridien de Sinope et de rallier le vice-amiral Nachimoff. Sur ces entrefaites, le vice-amiral Nachimoff, avec trois vaisseaux et un brick, profitant d'un vent favorable, alla reconnaître la rade de Sinope, et s'assura de la disposition de la division navale ennemie, composée de 7 frégates, 1 sloop de guerre, 2 corvettes, 2 bâtiments de transport et 2 bateaux à vapeur.

« Ces bâtiments étaient mouillés en arc le long de la côte, avec leurs embossures frappées, afin de pouvoir se former en ligne, de quelque point que vînt le vent. Sur la côte, en face des intervalles des navires, on avait établi cinq batteries. Dans la nuit du 27 au 28 novembre, le contre-amiral Novossilsky rallia l'escadre avec sa division navale. Le vice-amiral Nachimoff annonça le même jour à l'escadre, par un ordre du jour, son intention, au premier vent favorable, d'attaquer l'ennemi en deux colonnes : celle de droite serait commandée par le vice-amiral Nachimoff, ayant son pavillon sur le vaisseau l'*Impératrice-Marie*, et suivi des vaisseaux *le Grand-Duc-Constantin* et le *Tchesmé;* la colonne de gauche, sous le commandement du contre-amiral Novossilsky, se composerait des vaisseaux *la Ville-de-Paris*, le *Tri-Sviatitelia* et le *Rostislaff*.

« Le 30, entre neuf et dix heures du matin, par une brise favorable d'est-nord-est, l'amiral signala ordre à l'escadre de faire son branle-bas de combat et de gouverner sur la rade de Sinope. Les vaisseaux des deux colonnes, toutes leurs bonnettes dehors, se rapprochèrent de l'ennemi, qui ne put être aperçu qu'à un demi-mille de distance en raison du brouillard et de la pluie. Le vice-amiral Nachimoff, s'étant rapproché jusqu'à une distance de près de 250 sagènes ou toises de deux frégates ennemies, sur l'une desquelles on voyait flotter un pavillon de vice-amiral et derrière la poupe de laquelle était établie sur la côte une batterie de 12 canons, jeta l'ancre et s'embossa.

« Le vaisseau la *Ville-de-Paris* jeta l'ancre en même temps ; les autres vaisseaux, à mesure qu'ils arrivaient, allaient occuper les postes de combat qui leur avaient été assignés. A peine le vaisseau amiral eut-il laissé tomber son ancre, que l'ennemi ouvrit sur nos vaisseaux un feu terrible de toutes ses bordées et de ses batteries de terre : ses boulets occasionnèrent de grands dégâts dans nos espares ; mais nos vaisseaux, s'étant immédiatement embossés, se mirent en mesure de riposter et eurent bientôt repris l'avantage. Foudroyés par eux, les navires turcs, criblés de boulets, faisant eau de toutes parts, ralentirent leur feu, et, après une énergique résistance, furent mis hors de combat. Une frégate à vapeur cherchait à se sauver par la fuite de la défaite générale. L'aide de camp général Korniloff arbora son pavillon sur *l'Odessa* et fit diriger sa course de manière à croiser celle de la frégate turque ; mais celle-ci, ayant aperçu cette manœuvre, vira de bord et longea la côte. *L'Odessa* s'en étant rapproché à portée de canon, ouvrit le feu ; toutefois, après avoir escarmouché pendant une heure, on se convainquit à regret que l'ennemi était meilleur marcheur, et que, malgré sa supériorité en force presque triple sur *l'Odessa*, il n'accepterait pas le combat, et ne songeait qu'à fuir.

« Lorsqu'il fut hors de portée de canon, l'aide de camp général Korniloff abandonna la chasse, et mit le cap sur Sinope pour rallier l'escadre du vice-amiral Nachimoff, se faisant suivre par la *Crimée* et la *Chersonèse*. Ces deux bateaux à vapeur reçurent l'ordre de remorquer immédiatement les vaisseaux qui se trouveraient sous le feu des batteries de terre, dans le cas où l'ennemi renouvellerait la canonnade dans la nuit. *L'Odessa* fut chargé d'aller amariner la frégate la *Damiette*, de 50 canons, qui avait le moins souffert de nos bordées, et de l'éloigner de la côte ; à bord de cette frégate, on trouva environ 100 hommes d'équipage et plus de 50 blessés. Son commandant et ses officiers l'avaient abandonnée dès le commencement de l'action en s'emparant de toutes ses chaloupes, et avaient cherché leur salut dans une fuite honteuse à la côte.

« Dans la soirée, les canons chargés des navires qui brûlaient, à mesure qu'ils étaient atteints par le feu, lançaient leurs boulets dans la rade, sans toutefois causer presque aucun dommage à nos navires. Enfin, lorsque le feu atteignit leurs saintes-barbes, ces bâtiments sautèrent, et leurs débris enflammés allèrent tomber sur la partie turque de la ville, qu'ils incendièrent ; vers minuit, tout le quartier entouré d'un mur d'enceinte en pierre était la proie des flammes ; le quartier de la ville habité par les Grecs avait été respecté par l'incendie.

« A la pointe du jour, sur douze navires qui composaient l'escadre turque, il ne restait dans la rade que la frégate *la Damiette* à la remorque de *l'Odessa*, le sloop de guerre et la corvette complétement désemparés sur un bas-fond, à la côte méridionale de la baie.

« Les embarcations de la frégate *le Kagoul* reçurent l'ordre d'incendier le sloop de guerre et la corvette. Les officiers envoyés pour exécuter cet ordre trouvèrent à bord du sloop Osman-Pacha, chef de l'escadre turque, blessé à la jambe droite, le commandant d'une frégate, celui de la corvette et 80 hommes d'équipage. Les chefs turcs et l'équipage furent faits prisonniers et conduits, les premiers à bord de *l'Odessa*, et les derniers à bord du *Tchesmé*. Le soir, la rade de Sinope ne contenait plus un seul navire turc. »

Voici maintenant le récit du *Journal de Constantinople*.

« Les premiers détails ont été apportés à Constantinople par le bateau à vapeur *le Taïf*; nous y ajouterons ceux qui ont été recueillis par les deux frégates à vapeur de la flotte anglo-française la *Retribution* et le *Mogador*, envoyés à Sinope. Le combat dura encore plus d'une heure après le coucher du soleil; dans cette lutte désespérée, accablés par le nombre, les Ottomans combattirent jusqu'à la dernière goutte de leur sang et firent preuve d'une valeur, d'un dévouement au sultan, d'un patriotisme, d'une fidélité dont on trouve peu d'exemples dans l'histoire, et qui doivent rendre bien fier le sultan qui a su inspirer à tout son peuple de pareils sentiments, et à qui revient l'éternelle gloire de cette lutte admirable. Si l'escadre ottomane a péri, ça n'a pas été sans causer de grandes pertes à la flotte russe, qui dut passer la nuit et le lendemain dans le port pour réparer à la hâte les avaries considérables qu'elle avait reçues pendant le combat. Plusieurs de ses vaisseaux, complétement démâtés, ne purent sortir du port que remorqués par les bateaux à vapeur.

« Des bombes, jetées dans la ville par la flotte russe, avaient aussi incendié, pendant cette lutte, divers quartiers de Sinope.

« La *Retribution* et le *Mogador*, qui étaient partis pour Sinope avec plusieurs chirurgiens anglais et français, ont donné les premiers soins aux blessés; ils en ont transporté à Constantinople 110, dont 10 sont morts pendant la traversée.

« Quant à l'escadre russe, on ne peut connaître ses pertes; mais ses avaries apparentes ont été assez majeures pour que les vaisseaux se soient vus contraints d'appareiller en partie sous les basses voiles ou à la remorque des vapeurs, peu soucieux qu'ils étaient sans doute de séjourner plus longtemps à Sinope, de crainte de représailles : aussi le surlendemain matin, l'escadre russe quittait-elle ce point. »

A la nouvelle de cet événement, dans lequel la flotte russe, contre toutes les lois de la guerre, avait continué d'écraser du feu de ses batteries des navires hors de combat, les gouvernements anglais et français ordonnèrent aux escadres combinées d'entrer dans la mer Noire. Cet ordre fut notifié à l'empereur de Russie et exécuté. Le czar était mis en même temps en demeure de se prononcer relativement à une note diplomatique. Cette note, rédigée par les quatre grandes puissances, la France, l'Angleterre, l'Autriche et la Prusse, en conférence à Vienne, avait été soumise à la Turquie qui, après quelques hésitations, y avait donné son adhésion. Elle contenait les bases d'un arrangement sauvegardant les intérêts et la dignité des deux puissances belligérantes. Le cabinet de Saint-Pétersbourg répondit à cette double notification d'une manière évasive, et donna l'ordre au commandant de sa flotte d'éviter avec soin d'engager une collision avec les escadres combinées et même de les rencontrer. Cependant il continuait d'immenses préparatifs de guerre, et agissait souterrainement par ses intrigues en Europe, en Asie, et jusqu'aux Indes, où il menaçait d'un échec la domination anglaise.

Les hostilités n'étaient pas interrompues, et les Turcs reprenaient l'avantage dans une bataille livrée à Citade, près de Kalafat. Voici la note publiée sur cet engagement par le *Journal de Constantinople* :

« Ismaïl-Pacha ayant appris la concentration des troupes russes dans la petite Valachie, et informé de l'approche d'un corps de 15,000 hommes venu de Crajova jusqu'au village de Tchétané (Citade), à trois heures et demie de marche de Kalafat, et où il avait commencé à se retrancher, voulut, par un coup hardi, empêcher l'ennemi de s'y fortifier. Les dispositions stratégiques prises par Ismaïl-Pacha ont été couronnées d'un plein succès, et ont en même temps empêché la concentration de l'armée russe dans une position aussi voisine de Kalafat. '

« Afin de ne pas donner aux Russes le temps de réunir à Tchétané toutes les forces qui devaient agir contre Kalafat, ainsi qu'ils en avaient l'intention, Ismaïl-Pacha, laissant une petite garnison dans son quartier général, sortit avec Mustapha-Pacha, général de division, et Osman-Pacha, général de brigade, à la tête de 13 bataillons d'infanterie, de 3 régiments de cavalerie, et de 28 pièces de canon, pendant une des dernières nuits de la semaine passée, et tomba, à six heures du matin, à l'improviste sur les troupes russes.

« Les retranchements furent enlevés en un clin d'œil et les premiers bataillons russes culbutés. En même temps, Mustapha-Pacha, commandant l'aile gauche, qui avait occupé à l'avance un mamelon dominant les retranchements russes, prit l'ennemi en flanc et le rejeta dans les bois situés à la droite de Tchétané, où avaient pris également position, pendant la nuit, les tirailleurs et carabiniers ottomans.

« Les Russes firent de grands efforts pour résister à l'impétuosité de ces attaques simultanées ; mais, décimés par les tirailleurs embusqués dans le bois, ils furent mis en complète déroute à onze heures du matin, et poursuivis pendant six heures l'épée dans les reins. La réserve russe, forte de 8,000 hommes, et qui n'était pas arrivée à temps sur le théâtre du combat, fut également culbutée par l'armée impériale, dont la réserve, commandée par le général de division Ahmed-Pacha, en donnant à l'instant voulu, assura la déroute de ce renfort important.

« C'est au moment même où la déroute des Russes était complète que Sami-Pacha a expédié un Tartare avec les nouvelles que nous relatons. La perte des Russes a été immense, mais on n'en connaît pas encore le chiffre exact ; les troupes impériales ont beaucoup moins souffert. »

Pressé de donner une réponse catégorique à la note qui lui avait été remise, l'empereur Nicolas chargea ses ambassadeurs, M. Kisseleff à Paris et M. de Brunow à Londres, de demander aux gouvernements français et anglais si leur flotte combinée avait mission de protéger par les armes la Turquie contre toute agression maritime de la Russie. La réponse ayant été affirmative, les deux ambassadeurs, agissant d'après les ordres qu'ils avaient reçus, firent immédiatement leurs préparatifs de départ, et reprirent le chemin de Saint-Pétersbourg.

Dans cette circonstance, l'empereur des Français crut devoir faire une dernière tentative pour le maintien de la paix, et il écrivit à l'empereur de Russie une lettre autographe ainsi conçue :

Palais des Tuileries, le 29 janvier 1854.

« Sire,

« Le différend qui s'est élevé entre Votre Majesté et la Porte Ottomane en est venu à un tel point de gravité, que je crois devoir expliquer moi-même directement à Votre Majesté la part que la France a prise dans cette question, et les moyens que j'entrevois d'écarter les dangers qui menacent le repos de l'Europe.

« La note que Votre Majesté vient de faire remettre à mon gouvernement et à celui de la reine Victoria tend à établir que le système de pression adopté dès le début par les deux puissances maritimes a seul envenimé la question. Elle aurait, au contraire, ce me semble, continué à demeurer une question de cabinet, si l'occupation des Principautés ne l'avait transportée tout à coup du domaine de la discussion dans celui des faits.

« Cependant, les troupes de Votre Majesté une fois entrées en Valachie, nous n'en avons pas moins engagé la Porte à ne pas considérer cette occupation comme un cas de guerre, témoignant ainsi notre extrême désir de conciliation. Après m'être concerté avec l'Angleterre, l'Autriche et la Prusse, j'ai proposé à Votre Majesté une note destinée à donner une satisfaction commune; Votre Majesté l'a acceptée.

« Mais à peine étions-nous avertis de cette bonne nouvelle, que son ministre, par des commentaires explicatifs, en détruisait tout l'effe conciliant et nous empêchait par là d'insister à Constantinople sur son adoption pure et simple. De son côté, la Porte avait proposé au projet de note des modifications que les quatre puissances représentées à Vienne ne trouvèrent pas inacceptables; elles n'ont pas eu l'agrément de Votre Majesté.

« Alors la Porte, blessée dans sa dignité, menacée dans son indépendance, obérée par les efforts déjà faits pour opposer une armée à celle de Votre Majesté, a mieux aimé déclarer la guerre que de rester dans cet état d'incertitude et d'abaissement. Elle avait réclamé notre appui; sa cause nous paraissait juste; les escadres anglaise et française reçurent l'ordre de mouiller dans le Bosphore.

« Notre attitude vis-à-vis de la Turquie était protectrice, mais passive. Nous ne l'encouragions pas à la guerre. Nous faisions sans cesse parvenir aux oreilles du sultan des conseils de paix et de modération, persuadés que c'était le moyen d'arriver à un accord, et les quatre puissances s'entendirent de nouveau pour soumettre à Votre Majesté d'autres propositions.

« Votre Majesté, de son côté, montrant le calme qui naît de la conscience de sa force, s'était bornée à repousser, sur la rive gauche du Danube comme en Asie, les attaques des Turcs, et avec la modération digne du chef d'un grand empire, elle avait déclaré qu'elle se tiendrait sur la défensive. Jusque-là nous étions donc, je dois le dire, spectateurs intéressés, mais simples spectateurs de la lutte, lorsque l'affaire de Sinope vint nous forcer à prendre une position plus tranchée. La France et l'Angleterre n'avaient pas cru utile d'envoyer des troupes de débarquement au secours de la Turquie.

« Leur drapeau n'était donc pas engagé dans les conflits qui avaient eu sur terre. Mais sur mer, c'était bien différent. Il y avait à l'entrée du Bosphore trois mille bouches à feu, dont la présence disait assez haut à la Turquie que les deux premières puissances maritimes ne permettraient pas de l'attaquer sur mer. L'événement de Sinope fut pour nous aussi blessant qu'inattendu; car peu importe que les Turcs aient voulu ou non faire passer des munitions de guerre sur le territoire russe.

« En fait, des vaisseaux russes sont venus attaquer des bâtiments turcs dans les eaux de la Turquie et mouillés tranquillement dans un port turc; ils les ont détruits, malgré l'assurance de ne pas faire une guerre agressive, malgré le voisinage de nos escadres. Ce n'était plus notre politique qui recevait là un échec, c'était notre honneur militaire. Les coups de canon de Sinope ont retenti douloureusement dans le cœur de tous ceux qui, en Angleterre et en France, ont un vif sentiment de la dignité nationale. On s'est écrié d'un commun accord : Partout où nos canons peuvent atteindre, nos alliés doivent être respectés.

« De là l'ordre donné à nos escadres d'entrer dans la mer Noire, et d'empêcher par la force, s'il le fallait, le retour d'un semblable événement. De là la notification collective envoyée au cabinet de Saint-Pétersbourg pour lui annoncer que, si nous empêchions les Turcs de porter une guerre agressive sur les côtes appartenant à la Russie, nous protégerions le ravitaillement de leurs troupes sur leur propre territoire.

« Quant à la flotte russe, en lui interdisant la navigation de la mer Noire, nous la placions dans des conditions différentes, parce qu'il importait, pendant la durée de la guerre, de conserver un gage qui pût être l'équivalent des parties occupées du territoire turc, et faciliter la conclusion de la paix en devenant le titre d'un échange désirable. -

« Voilà, Sire, la suite réelle et l'enchaînement des faits. Il est clair qu'arrivés à ce point, ils doivent amener promptement ou une entente définitive, ou une rupture décidée.

« Votre Majesté a donné tant de preuves de sa sollicitude pour le repos de l'Europe, elle y a contribué si puissamment par son influence bienfaisante contre l'esprit de désordre, que je ne saurais douter de sa résolution dans l'alternative qui se présente à son choix.

« Si Votre Majesté désire autant que moi une conclusion pacifique, quoi de plus simple que de déclarer qu'un armistice sera signé aujourd'hui, que les choses reprendront leur cours diplomatique, que toute hostilité cessera, et que toutes les forces belligérantes se retireront des lieux où des motifs de guerre les ont appelées?

« Ainsi les troupes russes abandonneraient les principautés et nos escadres la mer Noire. Votre Majesté préférant traiter directement avec la Turquie, elle nommerait un ambassadeur qui négocierait avec un plénipotentiaire du sultan une convention qui serait soumise à la conférence des quatre puissances.

« Que Votre Majesté adopte ce plan, sur lequel la reine d'Angleterre et moi sommes parfaitement d'accord, la tranquillité est rétablie et le monde satisfait. Rien, en effet, dans ce plan qui ne soit digne de Votre Majesté, rien qui puisse blesser son honneur. Mais si, par un motif difficile à comprendre, Votre Majesté opposait un refus, alors la France, comme l'Angleterre, serait obligée de laisser au sort des armes et aux hasards de la guerre ce qui pourrait être décidé aujourd'hui par la raison et par la justice.

« Que Votre Majesté ne pense pas que la moindre animosité puisse entrer dans mon cœur ; il n'éprouve d'autres sentiments que ceux exprimés par Votre Majesté elle-même dans sa lettre du 17 janvier 1853, lorsqu'elle m'écrivait : « Nos relations doivent être sincère-
« ment amicales, reposer sur les mêmes intentions : maintien de
« l'ordre, amour de la paix, respect aux traités et bienveillance réci-
« proque. » Ce programme est digne du souverain qui le traçait, et, je n'hésite pas à l'affirmer, j'y suis resté fidèle.

« Je prie Votre Majesté de croire à la sincérité de mes sentiments, et c'est dans ces sentiments que je suis,

« Sire,

« De Votre Majesté,

« Le bon ami,

« NAPOLÉON. »

A ce langage si digne et si conciliant à la fois, le tzar répondit par un refus positif d'accéder aux propositions d'arrangement. Désormais il fallait renoncer à toute espérance de paix et se préparer sérieusement à la guerre. Voulant mettre le pays tout entier en état de juger de quel côté était le bon droit, le gouvernement français fit publier tous les documents relatifs à cette grande affaire. Le *Moniteur* terminait ces communications par la note suivante en date du 22 février :

« En publiant les documents relatifs à la question d'Orient, le gouvernement a donné une nouvelle preuve de la loyauté de ses intentions. Le pouvoir qui a pour base la volonté nationale et pour seuls mobiles l'honneur et l'intérêt de la France, ne peut pas suivre cette politique tortueuse dont l'unique force consiste dans les intrigues et dans le mystère. Ses armes, à lui, sont la sincérité et la franchise. La lumière ne saurait jamais lui nuire ; aussi ne doit-il jamais laisser échapper l'occasion de prévenir les équivoques, d'avertir chacun de ce que réellement il doit espérer ou craindre.

« Dans la lutte qui a éclaté en Orient, la France, étroitement unie à l'Angleterre, s'est déclarée pour le bon droit et en faveur d'une cause qui est celle de toute l'Europe. L'indépendance des États serait en effet menacée si l'Europe permettait à la domination ou à l'influence russe de s'étendre indéfiniment. Cette vérité frappe tous les yeux : l'Autriche, malgré les liens d'amitié intime qui l'attachaient à la cour de Russie, se prononce chaque jour davantage pour la politique que nous défendons, et la Prusse, nous n'en doutons pas, conformera la sienne au vœu et à l'intérêt de toute l'Allemagne.

« Aussi ce conflit, dans lequel on peut dire que toutes les puis-sances du continent sont ouvertement ou tacitement engagées contre la Russie, n'offrirait-il aucun danger, s'il n'y avait à redouter des complications venant de l'esprit révolutionnaire, qui essayera peut-être en cette occasion de se montrer sur quelques points. C'est donc le devoir impérieux du gouvernement de déclarer loyalement à ceux qui voudraient profiter des circonstances présentes pour exciter des troubles soit en Grèce, soit en Italie, qu'ils se mettraient en opposition directe avec l'intérêt de la France. Car, comme nous le disions plus haut, jamais le gouvernement n'aura une politique à double face, et de même que, défendant l'intégrité de l'empire ottoman à Constantinople, il ne pourrait pas souffrir que cette intégrité fût violée par des agressions parties de la Grèce, de même il ne pourrait pas permettre, si les drapeaux de la France et de l'Autriche s'unissaient en Orient, qu'on cherchât à les diviser sur les Alpes. »

Le jour même où le *Moniteur* publiait cette note, le journal officiel de Saint-Pétersbourg contenait le document suivant :

Bénédiction du métropolitain de Moscou au départ de la 16e division pour l'armée.

« Enfants de notre souverain et père, enfants de notre mère la Russie, guerriers mes frères, le tzar, la patrie, la chrétienté, vous appellent au combat. Les prières de l'Église et de la patrie vous y accompagnent.

« Cet ennemi vaincu sous Catherine, sous Alexandre, sous Nicolas, provoque de nouveau la Russie, et vos compagnons d'armes ont déjà repris contre lui leur ancienne habitude de le vaincre et sur terre et sur mer.

« Et si, d'après les décrets de la Providence, vous aussi vous devez vous présenter devant lui, vous n'oublierez pas que vous combattez pour notre pieux souverain, pour notre chère patrie, contre les infidèles, contre les oppresseurs des peuples nos coreligionnaires, presque nos compatriotes, contre les profanateurs des saints lieux, objets de notre adoration, de la Nativité, de la Passion, de la Résurrection de notre Sauveur.

« Et maintenant plus que jamais gloire et bénédiction aux vainqueurs ! bonheur et bénédiction à ceux qui offrent en sacrifice leur vie avec foi dans le Seigneur, avec amour pour leur souverain et leur patrie !

« L'Écriture a dit des anciens défenseurs de la patrie : « Par la foi tu vaincras les empires. » (Héb. XI, 33.) Voilà pourquoi nous vous accompagnons de nos prières et des bénédictions de l'Église. Le grand et antique intercesseur de la Russie, le bienheureux Serge, bénit jadis les cohortes victorieuses qui marchaient contre les oppresseurs de la patrie; sa sainte image précédait nos légions et sous le tzar Alexis, et sous Pierre le Grand, et enfin sous Alexandre, à cette époque mémorable de notre lutte contre vingt peuples divers. Que cette image du bienheureux Serge vous accompagne également, comme le signe de son intercession pour vous et de ses prières pour ceux qui sont forts devant le Seigneur !

« Gardez donc et portez avec vous ces paroles guerrières et triomphantes du prophète David : « En Dieu est le salut et la gloire. » (Ps. LXI, 8.)

En même temps lord Palmerston prononçait à Londres dans la Chambre des communes ces remarquables paroles; « Mon opinion est qu'une grande puissance comme l'Angleterre ou la France pourrait suffire à défendre la Turquie contre l'agression russe; je suis convaincu que si l'Angleterre ou la France prenait seule la défense de la Turquie, la Russie ne pourrait jamais arriver à ses fins. Lorsque ces deux nations sont unies, la cause de la Russie est désespérée.

« Nous avons des motifs de croire que, si la guerre continue, l'Autriche et la Prusse ne resteront pas spectatrices oisives de la lutte. Il faudrait que l'Autriche eût oublié toute sa politique traditionnelle, qu'elle fût aveugle sur ses intérêts, pour permettre l'agression de la Russie contre l'empire turc. Je dis donc que la Russie, isolée en Europe, n'aura pas un seul allié pour la soutenir dans son injustice, et je n'ai aucun doute sur l'issue de la lutte qui se prépare.

« C'est un noble spectacle de voir l'Angleterre et la France, deux pays qui depuis des siècles ont été en rivalité, agir aujourd'hui de concert, unis par des engagements réciproques, et n'ayant pour but de leurs efforts aucun avantage égoïste. C'est un noble spectacle de les voir debout, non pour la défense de leurs intérêts, mais pour celle de la liberté de l'Europe. C'est un magnifique spectacle que celui de ces flottes et de ces armées qui, jusqu'à ce jour, ne s'étaient rencontrées que pour se battre à outrance et qui aujourd'hui se rangent côte à côte, non pour faire des conquêtes ou pour opprimer le monde, mais pour défendre le droit contre la force, la justice, contre l'iniquité. » (Bruyants applaudissements.)

Quelques jours plus tard, la lettre du tzar Nicolas à l'empereur des Français fut rendue publique par le *Journal de Saint-Pétersbourg* du 24 février.

Nous reproduisons ce document ainsi que le manifeste inséré dans l'*Abeille du Nord* du 23 :

Réponse de S. M. l'Empereur.

St-Pétersbourg, le 28 janvier (9 février 1854.

Sire,

Je ne saurais mieux répondre à Votre Majesté qu'en répétant, puisqu'elles m'appartiennent, les paroles par lesquelles Sa lettre se termine. « Nos rela- « tions doivent être sincèrement amicales et reposer sur les mêmes intentions : « maintien de l'ordre, amour de la paix, respect aux traités et bienveillance « réciproque. » En acceptant, dit-Elle, ce programme tel que je l'avais moi- même tracé, Elle affirme y être resté fidèle. J'ose croire, et ma conscience me le dit, que je ne m'en suis point écarté.

Car, dans l'affaire qui nous divise et dont l'origine ne vient pas de moi, j'ai toujours cherché à maintenir des relations bienveillantes avec la France ; j'ai évité avec le plus grand soin de me rencontrer sur ce terrain avec les intérêts de la religion que Votre Majesté professe ; j'ai fait au maintien de la paix toutes les concessions de forme et de fond que mon honneur me rendait possibles, et, en réclamant pour mes coreligionnaires en Turquie la confir- mation des droits et privilèges qui leur ont été acquis, depuis longtemps, au prix du sang russe, je n'ai demandé autre chose que ce qui découlait des traités.

Si la Porte avait été laissée à elle-même, le différend qui tient en suspens l'Europe eût été depuis longtemps aplani. Une influence fatale est seule venue se jeter à la traverse. En provoquant des soupçons gratuits, en exaltant le fanatisme des Turcs, en égarant leur gouvernement sur mes intentions et la vraie portée de mes demandes, elle a fait prendre à la question des propor- tions si exagérées, que la guerre en a dû sortir.

Votre Majesté me permettra de ne point m'étendre trop en détail sur les circonstances exposées à son point de vue particulier, dont sa lettre présente l'enchaînement. Plusieurs actes de ma part, peu exactement appréciés, sui- vant moi, et plus d'un fait interverti, nécessiteraient pour être rétablis, tels au moins que je les conçois, de longs développements qui ne sont guère pro- pres à entrer dans une correspondance de Souverain à Souverain.

C'est ainsi que Votre Majesté attribue à l'occupation des Principautés le tort d'avoir subitement transporté la question du domaine de la discussion dans celui des faits. Mais Elle perd de vue que cette occupation, purement éven- tuelle encore, a été devancée, et en grande partie amenée, par un fait antérieur fort grave, celui de l'apparition des flottes combinées dans le voisinage des Dardanelles, outre que déjà bien auparavant, quand l'Angleterre hésitait en- core à prendre contre la Russie une attitude comminatoire, V. M. avait la pre- mière envoyé Sa flotte jusqu'à Salamine.

Cette démonstration blessante annonçait certes peu de confiance en moi. Elle devait encourager les Turcs, et paralyser d'avance le succès des négo- ciations, en leur montrant la France et l'Angleterre prêtes à soutenir leur cause à tout événement. C'est encore ainsi que Votre Majesté attribue aux commentaires explicatifs de mon cabinet sur la Note de Vienne l'impossibi- lité où la France et l'Angleterre se sont trouvées d'en recommander l'adoption à la Porte.

Mais Votre Majesté peut se rappeler que nos commentaires ont suivi, et non précédé la non-acceptation pure et simple de la Note, et je crois que les Puissances, pour peu qu'elles voulussent sérieusement la paix, étaient tenues à réclamer d'emblée cette adoption pure et simple, au lieu de permettre à la Porte de modifier ce que nous avions adopté sans changement.

D'ailleurs, si quelque point de nos commentaires avaient pu donner matière à difficultés, j'en ai offert à Olmutz une solution satisfaisante, qui a paru telle à l'Autriche et à la Prusse. Malheureusement, dans l'intervalle, une partie de la flotte anglo-française était déjà entrée dans les Dardanelles, sous prétexte d'y protéger la vie et les propriétés des nationaux anglais et français, et, pour l'y faire entrer tout entière, sans violer le traité de 1841, il a fallu que la guerre nous fût déclarée par le gouvernement ottoman.

Mon opinion est que si la France et l'Angleterre avaient voulu la paix comme moi, elles auraient dû empêcher à tout prix cette déclaration de guerre, ou, la guerre une fois déclarée, faire au moins en sorte qu'elle restât dans les limites étroites que je désirais lui tracer sur le Danube, afin que je ne fusse pas arraché de force au système purement défensif que je voulais suivre. Mais du moment qu'on a permis aux Turcs d'attaquer notre territoire asiatique, d'enlever un de nos postes-frontières (même avant le terme fixé pour l'ouverture des hostilités), de bloquer Akhattsyk, et de ravager la province d'Arménie; du moment qu'on a laissé la flotte turque libre de porter des troupes, des armes et des munitions de guerre sur nos côtes, pouvait-on raisonnablement espérer que Nous attendrions patiemment le résultat d'une pareille tentative? Ne devait-on pas supposer que Nous ferions tout pour la prévenir? L'affaire de Sinope s'en est suivie : elle a été la conséquence forcée de l'attitude adoptée par les deux Puissances, et l'événement ne pouvait certes leur paraître *inattendu*. J'avais déclaré vouloir rester sur la défensive, mais avant l'explosion de la guerre, tant que mon honneur et mes intérêts me le permettraient, tant qu'elle resterait dans de certaines bornes.

A-t-on fait ce qu'il fallait faire pour que ces bornes ne fussent pas dépassées ? Si le rôle de spectateur, ou celui de médiateur même, ne suffisait pas à Votre Majesté, et qu'Elle voulût se faire l'auxiliaire armé de mes ennemis, alors, Sire, il eût été plus loyal et plus digne d'Elle de me le dire franchement d'avance en me déclarant la guerre. Chacun alors eût connu son rôle. Mais nous faire un crime après coup de ce qu'on n'a rien fait pour empêcher, est-ce un procédé équitable ? Si les coups de canon de Sinope ont retenti douloureusement dans le cœur de tous ceux qui, en France et en Angleterre, ont le vif sentiment de la dignité nationale, Votre Majesté pense-t-elle que la présence menaçante à l'entrée du Bosphore des 3,000 bouches à feu dont elle parle, et le bruit de leur entrée dans la mer Noire, soient des faits restés sans écho dans le cœur de la nation dont j'ai à défendre l'honneur ? |J'apprends d'Elle pour la première fois (car les déclarations verbales qu'on m'a faites ici ne m'en avaient encore rien dit) que, tout en protégeant le ravitaillement des troupes turques sur leur propre territoire, les deux Puissances ont résolu de *nous interdire la navigation de la mer Noire*, c'est-à-dire apparemment le droit de ravitailler nos propres côtes. Je laisse à penser à Votre Majesté si 'est là, comme Elle le dit, faciliter la conclusion de la paix, et si, dans l'alternative qu'on me pose, il m'est permis de discuter, d'examiner même un moment, ses propositions d'armistice, d'évacuation immédiate des principautés, et de négociation avec la Porte d'une convention qui serait soumise à une conférence des quatre cours. Vous-même, Sire, si Vous étiez à ma place accepteriez-Vous une pareille position? Votre sentiment national pourrait-il Vous le permettre? Je répondrai hardiment que non. Accordez-moi donc à mon tour le droit de penser comme Vous-même. Quoi que Votre Majesté décide, ce n'est pas devant la menace que l'on me verra reculer. Ma confiance est en Dieu et dans mon droit, et la Russie, j'en suis garant, saura se montrer en 1854 ce qu'elle fut en 1812.

Si toutefois Votre Majesté, moins indifférente à mon honneur, en revient franchement à notre programme, si Elle me tend une main cordiale comme je le Lui offre en ce dernier moment, j'oublierai volontiers ce que le passé peut avoir eu de blessant pour moi. Alors, Sire, *mais alors seulement*, nous pourrons discuter, et peut-être nous entendre. Que Sa flotte se borne à empêcher les Turcs de porter de nouvelles forces sur le théâtre de la guerre; je promets volontiers qu'ils n'auront rien à craindre de mes tentatives. Qu'ils m'envoient un négociateur; je l'accueillerai comme il convient. Mes conditions sont connues à Vienne. C'est la seule base sur laquelle il me soit permis de discuter.

Je prie Votre Majesté de croire à la sincérité des sentiments avec lesquels je suis,

Sire,

de Votre Majesté, le bon ami,

NICOLAS.

Par la grâce de Dieu,

Nous, Nicolas Ier,

Empereur et autocrate de toutes les Russies, roi de Pologne, etc., etc., etc.

Faisons connaître à tous :

Nous avons déjà fait connaître à nos chers et fidèles sujets la cause de notre mésintelligence avec la Porte-Ottomane.

Depuis lors, malgré l'ouverture des hostilités, nous n'avons pas cessé de former, comme nous le faisons encore aujourd'hui, le désir sincère d'arrêter l'effusion du sang.

Nous avions même nourri l'espérance que la réflexion et le temps convaincraient le gouvernement turc de son erreur suggérée par de perfides insinuations dans lesquelles nos prétentions justes et fondées sur les traités ont été représentées comme un empiètement sur son indépendance, cachant des arrière-pensées de domination. Mais vaine a été jusqu'à présent notre attente. Les gouvernements anglais et français ont pris parti pour la Turquie, et la présence de leurs flottes, réunies à Constantinople, a principalement servi à l'encourager dans son obstination.

Enfin, les deux puissances occidentales, sans déclaration de guerre préalable, ont fait entrer leurs flottes dans la mer Noire, en proclamant la résolution de défendre les Turcs et d'entraver la libre navigation de nos vaisseaux de guerre dans la défense de notre littoral.

Après un mode d'agir aussi inouï dans les rapports des puissances civilisées, nous avons rappelé nos légations d'Angleterre et de France et interrompu toutes relations politiques avec ces puissances.

Et ainsi contre la Russie, combattant pour l'orthodoxie, se placent à côté es ennemis de la chrétienté l'Angleterre et la France !

Mais la Russie ne manquera pas à sa sainte vocation, et si sa frontière es envahie par l'ennemi, nous sommes prêts à lui faire tête avec l'énergie don nos ancêtres nous ont légué l'exemple. Ne sommes-nous pas aujourd'hui encore ce même peuple russe dont la vaillance est attestée par les fastes mémorables de l'année 1812? Que le Très-Haut nous aide à le prouver à l'œuvre. Dans cet espoir, combattant pour nos frères opprimés qui confessent la foi du Christ, la Russie n'aura qu'un cœur et une voix pour s'écrier :

« Dieu ! notre Sauveur ! qui avons-nous à craindre ? Que le Christ ressus« cite et que ses ennemis se dispersent ! »

Donné à Saint-Pétersbourg, le 9-21 jour de février de l'an de la naissance du Christ 1854, de notre règne le 29e.

L'original est signé de la main de Sa Majesté Impériale (L. S.)

Signé : NICOLAS.

Imprimé à St-Pétersbourg, au Sénat, le 9/21 février 1854.

On ne pouvait donner de la publicité à de tels documents sans mettre les esprits en garde contre leur argumentation captieuse et les assertions mensongères qu'ils contenaient. Cette indispensable réfutation fut l'objet d'une dernière circulaire de M. Drouyn de Lhuys qui, en prononçant sur des preuves irréfragables la condamnation du factum de la Russie, vint clore d'une manière éclatante ce long débat dans lequel n'avaient cessé de briller la loyauté, le désintéressement, les nobles inspirations du gouvernement de **S. M.** Napoléon III. Après un tel langage la France pouvait jeter la plume et saisir l'épée :

Circulaire

Du ministre des affaires étrangères aux agents diplomatiques de l'Empereur.

Paris, 5 mars 1852.

« Monsieur, vous connaissez aujourd'hui la réponse de l'empereur Nicolas à la lettre de Sa Majesté Impériale, et vous avez lu également le manifeste que ce souverain vient d'adresser à son peuple.

« La publication de ces deux documents a détruit les dernières espérances que l'on pouvait mettre dans la sagesse du cabinet de Saint-Pétersbourg, et cette même main, qui s'était honorée par la fermeté avec laquelle elle avait offert un appui à l'Europe ébranlée sur ses bases, ouvre elle-même la carrière aux passions et aux hasards. Le gouvernement de l'Empereur est profondément affligé de l'inutilité de ses efforts et de l'insuccès de sa modération ; mais à la veille de la grande lutte qu'il n'avait pas appelée, et que le patriotisme de la nation française l'aidera à soutenir, c'est un besoin pour lui de décliner une fois encore la responsabilité des événements et de la laisser peser de tout son poids sur la puissance qui en aura à rendre compte devant l'histoire et devant Dieu. De hautes convenances, je le sais, rendent ma tâche difficile, mais je la remplirai avec la certitude de ne pas dire une parole qui ne me soit dictée par ma conscience elle-même.

« En s'adressant à l'empereur de Russie dans des termes où le plus grand esprit de conciliation s'alliait à la plus noble franchise, Sa Majesté Impériale avait voulu dégager de toutes ses obscurités la question qui tenait le monde en suspens entre la paix et la guerre, et tâcher de la régler sans qu'il en coûtât rien à la dignité de personne. Au lieu de rester dans les mêmes régions et d'accepter la main amie qui lui était tendue, S. M. l'empereur Nicolas a préféré revenir sur des faits que l'opinion publique a définitivement jugés, et se représenter comme ayant été en butte, dès l'origine d'une crise provoquée par son gouvernement, à une hostilité systématique et préconçue, qui devait fatalement amener les choses au point où elles en sont arrivées. Ce n'est pas ma voix, monsieur, c'est celle de l'Europe qui répond que jamais politique plus imprudente n'a rencontré à aucune époque d'adversaires plus calmes, plus patients dans leur résistance à des desseins que leur jugement condamnait, et que des intérêts de premier ordre leur imposaient le devoir de combattre.

« Je ne veux pas remonter à un passé complétement éclairci, les faits parlent assez haut; mais je dois répéter encore une fois qu'il n'est plus permis de chercher dans la revendication, aussi juste que limitée dans ses effets, des priviléges des Latins en Terre-Sainte, la cause de ce que nous voyons aujourd'hui. Cette question était réglée dès les premiers moments du séjour de M. le prince Menschikoff à Constantinople, et c'est celle que cet ambassadeur a soulevée lorsqu'il avait obtenu satisfaction sur l'autre, qui a mis le monde en éveil et réuni successivement tous les cabinets sous l'empire d'un même sentiment de prévoyance et d'un même désir de conciliation.

« Est-il besoin d'énumérer toutes les tentatives qu'une obstination invincible a seule fait échouer? Il n'est personne qui les ignore ; il n'est personne non plus qui ne sache que si des démonstrations matérielles se sont accomplies pendant la durée des négociations, il n'en est pas une seule qui n'ait été précédée d'un acte agressif de la part de la Russie.

« Je me bornerai à rappeler que, si l'escadre française, à la fin de mars, a mouillé dans la baie de Salamine, c'est que, depuis le mois de janvier, d'immenses rassemblements de troupes se formaient en Bessarabie; que si les forces navales de la France et de l'Angleterre se sont rapprochées des Dardanelles où elles ne sont arrivées qu'à la fin de juin, c'est qu'une armée russe campait sur les bords du Pruth et que la résolution de lui faire franchir cette rivière était prise et officiellement annoncée dès le 31 mai; que si nos flottes ont été plus tard à Constantinople, c'est que le canon grondait sur le Danube; et qu'enfin, si elles sont entrées dans la mer Noire, c'est parce que, contrairement à la promesse de rester sur la défensive, des vaisseaux russes avaient quitté Sébastopol pour foudroyer des navires turcs à l'ancre dans le port de Sinope. Tous les pas que nous faisions d'accord avec l'Angleterre en Orient avaient la paix pour but, et nous ne voulions que nous interposer entre les parties belligérantes. Chaque jour, au contraire, la Russie s'avançait ouvertement vers la guerre.

« Assurément, s'il était deux puissances que leur passé et leurs relations les plus récentes dussent, dans un conflit qui menaçait de mettre la France et la Grande-Bretagne aux prises avec l'immense empire qui les avoisine, rendre à la fois indulgentes pour la Russie et attentives à nos mouvements, c'étaient la Prusse et l'Autriche. Vous savez, monsieur, que leurs principes se sont tout d'abord rencontrés avec les nôtres, et que l'Europe constituée en jury a prononcé solennellement son verdict sur des prétentions et sur des actes dont aucune apologie, de si haut qu'elle parte, ne peut plus maintenant transformer le caractère. Ainsi le débat n'est pas entre la France et l'Angleterre, accourues au secours de la porte, et la Russie ; il est entre la Russie et tous les Etats qui ont le sentiment du droit, et dont l'opinion et les intérêts les rangeront du côté de la bonne cause.

« J'oppose donc avec confiance l'unanimité des grands cabinets à cette évocation des souvenirs de 1812 directement faite à un souverain qui venait d'essayer loyalement un suprême effort de conciliation. Toute la conduite de l'empereur Napoléon atteste assez que, s'il est fier de l'héritage de gloire que lui a laissé le chef de sa race, il n'a rien négligé pour que son avénement au trône fût un gage de paix et de repos pour le monde.

« Je ne dirai qu'un mot, monsieur, du manifeste par lequel S. M. l'empereur Nicolas annonce à ses peuples les résolutions qu'il a prises. Notre époque si tourmentée avait été du moins exempte d'un des maux qui ont le plus troublé le monde autrefois ; je veux parler des guerres de religion. On fait entendre aux oreilles de la nation russe comme un écho de ces temps désastreux ; on affecte d'opposer la croix au croissant, et l'on demande au fanatisme l'appui que l'on sait ne pouvoir pas réclamer de la raison.

La France et l'Angleterre n'ont pas à se défendre de l'imputation qu'on leur adresse ; elles ne soutiennent pas l'islamisme contre l'orthodoxie grecque ; elles vont protéger le territoire ottoman contre les convoitises de là Russie ; elles y vont avec la conviction que la présence de leurs armées en Turquie fera tomber les préjugés déjà bien affaiblis qui séparent encore les différentes classes de sujets de la Sublime Porte, et qui ne pourraient renaître que si l'appel parti de St-Pétersbourg, en provoquant des haines de race et une explosion révolutionnaire, paralysait les généreuses intentions du sultan Abdul-Medjid.

« Pour nous, monsieur, nous croyons sincèrement, en prêtant notre appui à la Turquie, être plus utiles à la foi chrétienne que le gouvernement qui en fait l'instrument de son ambition temporelle. La Russie oublie trop, dans les reproches qu'elle fait aux autres, qu'elle est loin d'exercer dans son empire, à l'égard des sectes qui ne professent point le culte dominant, une tolérance égale à celle dont la Sublime Porte peut à bon droit s'honorer, et qu'avec moins de zèle apparent pour la religion grecque au delà de ses frontières, et plus de charité pour la religion catholique chez elle, elle obéirait mieux à la loi du Christ qu'elle invoque avec tant d'éclat.

« Recevez, etc,

« *Signé* : DROUYN DE LHUYS. »

Toutes ces communications furent closes par la déclaration de guerre à la Russie. Le Message de l'Empereur annonçant cette résolution fut lu, par le ministre d'État, au Corps Législatif et au Sénat, qui l'accueillirent avec enthousiasme. Une déclaration semblable, faite en Angleterre au nom de la Reine, devant le Parlement, y recevait un accueil analogue.

Cependant, comme l'avait prévu l'empereur Napoléon III, la Russie essayait de compliquer la situation en faisant naître des insurrections. Ses tentatives réussirent à soulever quelques-unes des populations grecques encore soumises à la domination ottomane; mais ces troubles, presque aussitôt réprimés, n'eurent pour résultat que de faire des victimes. Les hommes justes et sensés comprenaient que le moment était inopportun pour de semblables manifestations auxquelles, d'ailleurs, la Porte avait ôté tout prétexte en donnant à la religion, que comme toujours on mettait en jeu, toutes les garanties de protection désirables.

Là encore les espérances de la Russie furent déçues et, n'ayant pu réussir à gagner à sa cause l'Autriche et la Prusse, elle ne voyait pas sans terreur les immenses préparatifs qui se faisaient en France. En effet, les registres ouverts dans toutes les communes, pour les enrôlements volontaires, étaient assiégés par une jeunesse enthousiaste, et déjà de nombreuses offres patriotiques avaient été faites, lorsque le gouvernement fit insérer au *Moniteur* une note annonçant que ces dons ne seraient pas acceptés, l'État étant en mesure de faire face par lui-même à toutes les exigences de la situation.

Dans une lettre empreinte des plus nobles sentiments, le prince Napoléon demanda à l'Empereur, son cousin, du service dans l'armée, et exprima le désir d'être placé dans le poste le plus rapproché de l'ennemi. On s'empressa de satisfaire à ce vœu en donnant au prince un commandement.

L'armée d'Orient, fortement organisée et munie d'un matériel plus que suffisant pour parer à toutes les éventualités, fut placée sous les ordres du maréchal Leroy de Saint-Arnaud, ministre de la guerre.

Pour faire face à toutes les dépenses sans créer de nouvelles charges, sans augmenter les impôts, sans faire peser sur personne le poids des événements, le gouvernement eut recours à un emprunt de 250 millions. Là encore fut accomplie une heureuse innovation. Aux époques antérieures, l'État empruntait à des banquiers qui, en lui prêtant à un taux onéreux, réalisaient en peu de temps d'énormes bénéfices. Le gouvernement eut la pensée de faire profiter le public de ces bénéfices et de donner en même temps à cette mesure financière un caractère national, en appelant tout le monde à souscrire au nouvel emprunt, et en donnant même une préférence aux petits capitaux.

Cette pensée fut comprise. Chacun se hâta de porter au trésor son épargne. La somme fixée fut de beaucoup dépassée, et, selon qu'il avait été annoncé, on dut faire subir aux plus importantes demandes une notable réduction.

Cependant nos soldats étaient reçus comme des libérateurs à Constantinople. D'heure en heure s'évanouissent les préventions qui nous écartaient du sanctuaire du prophète. L'entrée des flottes dans les Dardanelles avait porté le dernier coup à l'exclusivisme musulman. Notre prise de possession de la mer Noire a fait le reste. Depuis que les pavillons de l'Occident protègent leur faiblesse, les Osmanlis ne voient plus en nous que des frères. Les témoignages de respect et de reconnaissance qu'ils nous prodiguent dépassent toute croyance. Au fond des campagnes comme à Stamboul, le vieux préjugé a fléchi. Tout Européen qui passe est un ami; les plus puissants comme les plus humbles lui tendent la main. Et comme l'exagération orientale ne perd jamais ses droits, la civilisation chrétienne, représentée par la France et l'Angleterre, a gagné d'un seul bond autant de terrain dans les esprits qu'elle en avait perdu peu à peu pendant les cent cinquante ans de la décadence. Il y a peu de jours encore le gouvernement recevait copie d'un firman par lequel il est décidé que les chrétiens pourront déposer en justice au civil et au criminel, concurremment avec les musulmans, devant tous les tribunaux de l'empire. C'est un privilége très-important accordé aux chrétiens, et avec cette circonstance digne de remarque qu'ils sont admis à déposer sans serment. L'usage du serment n'existe pas en Turquie, de sorte que le témoignage des chrétiens sera assimilé à celui des mahométans.

Tandis que le gouvernement turc faisait ainsi acte de tolérance, le tzar agissait tout autrement. Un arrêté du général en chef de l'armée du Danube ordonnait la fermeture de tous les temples et de toutes les églises qui se trouvent dans les provinces danubiennes. Les seules chapelles du rit grec orthodoxe restaient autorisées.

IV.

Principaux personnages de la guerre d'Orient. — L'empereur François-Joseph. — La reine Victoria. — Le roi de Prusse. — Le prince Napoléon. — Le maréchal de Saint-Arnaud. — L'amiral Parceval-Deschênes. — Lord Raglan. — L'amiral Hamelin. — Le général Baraguey-d'Hilliers. — L'amiral Napier. — L'amiral Dundas.

Avant de continuer le récit des événements qui acquièrent désormais plus d'importance et dont le théâtre s'est agrandi, nous croyons indispensable d'insérer ici un aperçu biographique sur les principaux personnages appelés à y figurer, soit d'une manière active, soit par leur influence plus ou moins directe. Déjà nous avons donné sur le sultan Abdul-Medjid et sur l'empereur Nicolas des détails circonstanciés ; nous avons esquissé la vie aventureuse d'Omer-Pacha et celle de Schamyl, qui se trouvaient mêlés aux premières scènes que nous racontions. Nous ne reviendrons pas sur ce que nous avons dit à ce sujet, mais nous allons réunir, dans un chapitre spécial, les brillantes individualités qui nous restent à faire connaître.

LA REINE D'ANGLETERRE

(VICTORIA Ire).

Les mœurs et les institutions anglaises diffèrent entièrement des nôtres. En Angleterre, règne la plus grande liberté, mais l'égalité y est complétement inconnue. Les castes sont tranchées par des abîmes. La propriété du sol appartenant entièrement à l'aristocratie, la richesse se trouve entre quelques mains dont elle ne sort pas, et la plus fastueuse opulence coudoie à chaque instant la plus effrayante misère. Mais les malheureux se consolent en se disant qu'ils appartiennent au premier peuple de la terre. Cette croyance, enracinée chez eux, les soutient, avec l'aide, toutefois, du porter et du gin, et, riche ou pauvre, tout le monde se conforme à sa dignité en portant l'habit noir. Il est vrai que l'habit des marchands d'allumettes ambulants et des vendeurs de poisson cuit à deux sous la portion est quelque chose qui n'a plus de forme ni de nom; mais c'est l'ombre d'un habit, et cela suffit à l'orgueil national de celui qui en est revêtu.

Ce qui fait, du reste, la force et le mérite du peuple anglais, c'est son respect pour la loi. Avec son petit bâton, le constable fait tomber devant lui la plus menaçante hostilité. En France, nous traînons partout la passion politique; elle nous suit, elle nous obsède, chez nous, dans la rue, au théâtre. De l'autre côté du détroit, le peuple ne sait pas ce que c'est. Dans un moment de famine, il criblera sans raison de pierres, comme cela est déjà arrivé, la maison du premier ministre; mais le lendemain, sans plus de raison, il criera hurrah pour le noble personnage. Le peuple anglais est un enfant auquel on donne des formules en guise de bonbons. S'il souffre trop et qu'il tente de secouer le joug, on l'arrête par ce mot : « N'avez-vous pas le droit de pétition? » et il se dit : « C'est vrai! » puis il retourne au travail ou à la taverne. Il y a six ans, lorsque les chartistes se réunirent dans la Cité et voulurent faire irruption dans le West-End, voici comment quinze constables, placés en tête du pont de Waterloo, arrêtèrent deux cent mille mécontents : « Combien êtes-vous? demanda le chef des constables. — Deux cent mille. — Que désirez-vous? — Nous voulons passer. — La reine s'y oppose. Allez vous promener le long des quais, si cela vous fait plaisir, mais vous ne passerez pas par Waterloo-Bridge. — Nous n'avons donc plus le droit de circulation? — Vous l'avez, mais vous êtes trop nombreux aujourd'hui pour que votre présence ne cause pas de la perturbation. Si vous avez à vous plaindre, pétitionnez. » Et après ces paroles, le constable leva son bâton et en toucha quelques chartistes au nom de la loi. Dix minutes après, le rassemblement s'était dissipé.

L'Angleterre est, par excellence, le pays de l'association ; l'action qui, dans d'autres pays, appartient d'ordinaire au gouvernement, est, dans la Grande-Bretagne, abandonnée, la plupart du temps, aux citoyens qui se réunissent dans un but et des efforts communs. Ainsi les colléges, les universités, les églises, les hôpitaux même se construisent, se dotent, s'entretiennent au moyen de souscriptions volontaires. Toutes les grandes entreprises industrielles ou commerciales, les canaux, les chemins de fer, l'exploitation des houillères, la navigation transatlantique, y doivent leur existence à l'association. La tendance à s'associer pour la poursuite d'un but commun est donc, on peut le dire, un des traits distinctifs du caractère anglais; seulement elle change de nom lorsque, transportée sur le terrain politique, cette activité a pour but la suppression d'un abus, ou une réforme à introduire dans l'administration publique ou dans la constitution de l'Etat. L'association devient alors de l'*agitation*. Ainsi on a agité, il y a quelques années, en Ecosse, en faveur de l'abolition de la peine de mort. Des hommes parcouraient les rues d'Aberdeen, porteurs d'immenses placards, en tête desquels étaient écrits en lettres énormes les mots sacramentels : *Agitation! agitation!* tandis que d'autres invitaient à aller signer des pétitions dans tous les quartiers de la ville, ou provoquaient les citoyens à se rendre à des meetings où la question devait se discuter. O'Connel, qu'on a surnommé par excellence *le grand agitateur*, a créé l'agitation irlandaise pour l'abolition de l'acte d'union. En même temps surgissait l'agitation provoquée par Richard Cobden, et connue sous le nom d'*anti-corn-law-League*, dont le but était d'obtenir l'abolition entière, immédiate et sans condition, des lois sur les céréales.

Ces mouvements, cette agitation, ces réunions en plein air ou dans des tavernes, ces meetings, ces banquets, toutes ces démonstrations par lesquelles s'échappe le bouillonnement des passions sont comme la soupape de sûreté qui assure la marche de la locomotive britannique. Les institutions de ce pays sont si fortes que l'on peut sans danger confier aux faibles mains d'une femme les rênes du pouvoir suprême; car c'est là qu'on peut dire avec vérité que le roi règne, mais ne gouverne pas.

Dans un parlement convoqué au mois de mars 1406 par Henri IV, roi d'Angleterre, un acte avait été rendu pour exclure les femmes de la succession royale; mais au mois de décembre de la même année, cette exclusion fut révoquée par acte signé du roi, de tous les seigneurs et de l'orateur des communes, au nom de toute la chambre. De ce jour date le véritable droit des femmes à la couronne d'Angleterre.

A Windsor, le 20 juin 1837, s'éteignait à l'âge de soixante-douze ans, le roi Guillaume IV. Une jeune princesse de dix-huit ans, dans tout l'éclat de la fraîcheur et de la beauté, Alexandrina Victoria, fille du feu duc de Kent, frère du roi, prenait possession du trône aux acclamations du peuple, qui croyait voir un ange descendre du ciel pour le protéger.

Cet événement fit perdre à la Grande-Bretagne le royaume de Hanovre annexé à la couronne de Guillaume IV et de ses prédécesseurs; la loi salique qui exclut les femmes de l'autorité souveraine étant en vigueur dans ce pays, il retourna aux mains du duc de Cumberland, second frère de Guillaume IV. Ce fleuron se détacha sans qu'on en eût souci; car le Hanovre était pour le peuple anglais plutôt un embarras qu'un avantage.

Jamais, à aucune cérémonie dont fasse mention l'histoire, n'a été déployé autant de pompe qu'au couronnement de la reine Victoria. Il sembla que les siècles éteints fussent ressuscités pour assister à la fête auguste, et que les vieux barons de pierre eussent quitté les tombes sur lesquelles ils étaient couchés pour venir en chair et en os, en armures de guerre, en costume de cour, acclamer la gracieuse souveraine, dont le sourire pénétrait d'un ineffable rayon d'espérance les derniers rangs de la nation.

A ce couronnement la France fut représentée par le maréchal Soult, duc de Dalmatie, sa plus grande illustration militaire. L'accueil empressé fait au vieux guerrier témoigna que le bon sens britannique avait fait justice des vieilles antipathies nationales.

On savait que la reine avait été élevée par la duchesse de Northumberland avec le plus grand soin, et dans l'esprit d'un grand attachement à la constitution anglaise. On n'ignorait pas que Victoria avait eu pour maître de chant le célèbre Lablache, qu'elle était habile musicienne, qu'elle déployait dans la peinture un rare talent, qu'elle gravait même sur acier et que ses connaissances en histoire naturelle lui permettaient de parler *ex professo* de toutes les beautés de la nature, en sorte que, même dans une humble condition, elle eût été une personne très-remarquable. Cependant on attendait avec une sorte d'anxiété ses premiers actes, pour voir si l'enivrement d'une situation si élevée n'avait pas obscurci tant de belles et nobles qualités. Ce fut avec un vif sentiment d'allégresse qu'on vit la nouvelle souveraine se conformer à toutes les idées de son peuple, n'user de la part de pouvoir qui lui était attribuée que pour encourager les sciences, les arts, l'industrie et donner à la bienfaisance publique un nouvel élan. Les reines précédentes avaient laissé dans l'histoire une tache de sang ou une souillure; celle-ci ne se manifestait que par ses vertus et ses bienfaits.

A force de penser à cette jolie figure que relevait l'éblouissement du rang suprême, bon nombre de cerveaux se détraquèrent. Cédant à cette manie, un jeune lord d'une grande naissance osa risquer devant sa souveraine une brûlante déclaration. Il fut exilé aux Indes; mais il sembla qu'il avait donné un signal. Les amoureux de la reine surgirent de tous côtés. Le palais Buckingham se vit en butte à une artillerie de billets enflammés accompagnés de soupirs; plusieurs de ces fous se glissèrent même, sous le costume de ramoneurs, par les hautes cheminées pour surprendre l'objet de leurs audacieux désirs.

Pour mettre un terme à cette conflagration générale, et dans l'intérêt même de la dynastie, il importait que la reine prît un époux.

On l'engagea donc à se hâter. Le choix de Victoria et de ses conseillers se fixa sur son cousin, le prince Albert de Saxe-Cobourg-Gotha, de quelques mois moins âgé qu'elle. Dès que le peuple vit ce fiancé, l'un des plus beaux hommes d'Angleterre, il ratifia immédiatement la préférence royale. Le 10 février 1840, ce mariage fut célébré dans la chapelle de Saint-James. La reine, dont l'affection était remplie, parut au comble du bonheur, et le peuple manifesta sa joie par de bruyantes démonstrations.

Le prince Albert eut le bon esprit d'accepter, sans chercher à en sortir, le rôle de mari de la reine que lui réservait la constitution. Cette position, qui lui enlevait toute espèce de soucis, n'avait du reste rien de désagréable et faisait, au contraire, bien des envieux. Le *royal consort* se fit recevoir membre de plusieurs clubs, et en dépit des caricatures du *Punch*, le *Charivari* de Londres, prit une place marquante dans l'estime du peuple anglais.

Il ne tarda pas, du reste, à prouver que les intérêts de la dynastie lui étaient non moins chers qu'à son épouse, et le couple royal a donné jusqu'à ce jour à l'Angleterre quatre princes et autant de princesses, dont voici les noms selon l'ordre de leur naissance :

Adélaïde-Marie-Louise *Victoria*, née le 21 novembre 1840; princesse royale.

Edouard *Albert*, prince de Galles, né le 9 novembre 1841; prince royal.

Maud-Mary *Alice*, née le 25 avril 1843.

Ernest-Albert *Alfred*, né le 6 août 1844.

Augusta-Victoria *Hélène*, née le 25 mai 1846.

Caroline-Alberte *Louise*, née le 18 mars 1848.

William-Patrick *Arthur*, né le 1er mai 1850.

Albert-Duncan *Léopold*, né le 7 avril 1853.

Toute cette famille est bien portante et promet à la nation une suite indéfinie de gracieux souverains.

Pour effacer quelques nuages qu'avait élevés entre l'Angleterre et la France un dissentiment survenu au sujet de la question d'Orient qui déjà s'agitait à l'horizon européen, mais sans entrer dans le domaine des faits, le roi Louis-Philippe supplia, en 1843, la reine Victoria de vouloir bien venir le visiter au château des Tuileries. La jeune reine désirait vivement cette occasion de se distraire et de voir une capitale dont elle avait ouï conter merveilles ; mais le cabinet britannique ne lui permit que d'aller jusqu'à Eu, où deux ministres responsables devaient l'accompagner.

Victoria fut accueillie en France de la façon la plus cordiale, et elle conserva de son séjour à Eu un agréable souvenir. Sa visite lui fut rendue un an après par Louis-Philippe, qu'elle reçut à Windsor avec non moins de grandeur et d'affabilité.

C'est de la reine d'Angleterre que vient cette sublime idée de l'exposition universelle réalisée à Londres en 1851. Dans le transept du Palais de Cristal, dans ce transept qui, avec ses arbres verts, ses statues, ses eaux jaillissantes, était à lui seul un palais véritable, la paix fut tacitement signée entre tous ces peuples parlant une langue différente, mais sachant s'entendre pour l'expression de la même pensée féconde et conciliatrice. Là, on vit, le 1er mai, Cobden et Wellington se serrer la main. Le noble lord, mort depuis, et le célèbre agitateur donnaient ainsi le signal d'une réconciliation universelle. Le guerrier salua le législateur ; il avait compris que l'épée de Waterloo était passée de mode et qu'elle devait désormais dormir au fourreau. Le 1er mai 1851 est pour l'Angleterre une date plus glorieuse que le 18 juin 1815. Il ne faut pas qu'elle l'oublie : au Mont-Saint-Jean, l'Angleterre ne fut qu'une armée heureuse ; au Palais de Cristal elle s'est montrée une grande nation.

On sait quelle cordiale et sympathique entente règne depuis le commencement de la guerre d'Orient entre les nations française et anglaise. Les régiments anglais jouent les airs français, le *Départ pour la Syrie*; nos troupes exécutent le *Rule Britannia*, le *God save the queen*.

Quelle que soit l'issue de la guerre, elle aura du moins ce résultat de cimenter une amitié solide entre les deux grandes puissances qui marchent à la tête de la civilisation.

L'EMPEREUR D'AUTRICHE

(FRANÇOIS-JOSEPH).

Le coup de foudre de février 1848 retentit en même temps au sein de toutes les capitales de l'Europe. Voici ce qui se passa à Vienne : Le 13 mars, tous les habitants de la capitale se levèrent en masse, et les étudiants se rallièrent à la garde bourgeoise. La foule se porta sur la villa de M. de Metternich, située sur le Reunweg, et la détruisit de fond en comble. Après cela, cette masse de peuple revint devant la chancellerie d'État, les étudiants ouvrant la marche. On vit paraître sur le balcon un chambellan, qui déclara que l'empereur satisferait en peu de temps tous les vœux de ses sujets. Cependant les troupes s'étaient déployées. L'on entendait des feux de peloton bien nourris. De tous côtés retentissaient les cris : La constitution! la liberté de la presse! La Bourse était fermée, ainsi que tous les magasins. On avait également fermé les portes séparant la ville intérieure des faubourgs. Des groupes se formaient, et les étudiants, ainsi que les bourgeois, haranguaient les ouvriers. A quatre heures et demie, la troupe mitrailla le peuple stationnant sur le Judenplatz. Il y eut un grand nombre de morts et de blessés. Bientôt le peuple prit sa revanche. Les soldats furent débordés, et leur commandant, blessé d'une balle à la tête, fut renversé de cheval. Sur l'ordre qui lui fut donné par le peuple, un bataillon d'artillerie retira ses baïonnettes. La milice bourgeoise s'était réunie, et son apparition, musique en tête, fit éclater une joie bruyante. Vers le même instant, les rails de tous les chemins de fer donnant accès dans la capitale furent brisés.

Le 14, à huit heures, le peuple se dirigea sur l'hôtel de la police, qui fut détruit. Près du Prater, la troupe fit cinq feux de peloton. A dix heures, les étudiants étaient armés. Les ministres Metternich et Ledlinzki quittaient la ville. Les insurgés marchaient sur la douane. Bientôt après, tous les soldats sortaient de la capitale, dont les places et les édifices publics étaient occupés par les étudiants et les bourgeois. A une heure de l'après-midi, on annonça publiquement que l'empereur décrétait l'établissement d'une garde nationale placée sous les ordres du comte Hoyero. A trois heures, on commençait à s'inscrire, dans le manége, pour faire partie de cette milice. Les archiducs Louis-Guillaume et Albert donnèrent leur démission. L'archiduc Albert était général en chef de l'armée. Après une séance très-orageuse de la Diète, les députés se levèrent en masse pour se rendre auprès de l'empereur, afin de lui présenter les vœux du peuple.

Le 15, le journal l'*Observateur autrichien* commençait ainsi son récit des événements : « Le mouvement des esprits, à Vienne, a déterminé un changement dans l'administration du pays. La censure est abolie; la presse est libre. » Une ordonnance de l'empereur, affichée dans la ville, contenait ce qui suit : « Considérant les circonstances politiques actuelles, nous avons résolu d'assembler autour de notre trône les états de nos royaumes allemands et slaves, ainsi que les congrégations centrales de notre royaume lombardo-vénitien par des députés, pour qu'ils nous donnent leurs conseils sur des questions législatives et administratives; c'est pourquoi nous avons donné le ordres nécessaires pour que cette réunion ait lieu le 3 juillet. » Le soir, la ville entière fut illuminée. Toutes les patrouilles de la garde bourgeoise circulant dans les rues furent accueillies par des vivats ; on agitait des mouchoirs aux fenêtres ; les dames jetaient des fleurs aux bourgeois, aux ouvriers, aux étudiants, et leur offraient les étoffes les plus précieuses pour en faire des écharpes. La révolution était terminée.

Le 25 avril, une constitution fut donnée à l'Autriche. Elle ne répondit pas aux désirs des esprits avides de liberté. Dans chacune de ses dispositions on sentait l'inspiration de la peur. Le vieux parti de la cour reprenait peu à peu son influence ; la révolution reprit son mouvement.

Bientôt, impatiente du joug qui pèse sur elle, l'Italie se soulève ; la Hongrie suit son exemple ; le feu de l'insurrection se ranime à Vienne. De sa retraite de Schœnbrunn, la cour entend ces cris de triomphe, fuit et va se cacher à Olmütz. Privé de son ministre Metternich, le vieil empereur Ferdinand sent son intelligence s'affaisser à tous ces bruits auxquels il ne comprend plus rien. Sa femme, l'impératrice Marianne, sur laquelle pèse tout le poids de la couronne, l'engage à descendre volontairement de ce trône qui chancelle. Le vieillard suit ce conseil. Les augustes époux n'ayant pas d'enfants, l'ordre de succession appelait au rang suprême l'archiduc François, frère de l'empereur, homme déjà sur le déclin de la vie, et qui se sentait trop peu d'énergie pour affronter les tempêtes politiques. Dans cette famille, les femmes semblaient s'être réservé le monopole de l'intelligence et du courage. La princesse Sophie, femme de l'archiduc, lui tint le langage que l'impératrice avait tenu à Ferdinand. Le frère de l'empereur avait un fils âgé de dix-huit ans à peine ; il se détermina à abdiquer, au profit de ce jeune prince, le pouvoir dont l'empereur venait de se démettre en sa faveur. En conséquence, le 2 décembre 1848, en présence des principaux personnages convoqués à Olmütz, François-Joseph reçut solennellement le sceptre et la main de justice.

Certes, la situation qu'était appelé à diriger un prince à peine sorti de l'enfance ne s'offrait pas sous un brillant aspect ; mais François-Joseph avait été élevé par sa mère, l'archiduchesse Sophie, d'une manière solide, et à son instruction avaient concouru Krudeler et Somaruga, deux philosophes connus pour leurs tendances libérales. Sa jeunesse même se trouvait être pour lui un avantage ; car on était las de la gérontocratie ou du gouvernement des vieillards, et cet avénement fut accueilli avec joie par une partie de la population, qui espérait qu'avec un prince jeune se feraient jour les idées jeunes et généreuses.

Les premiers actes de François-Joseph semblèrent justifier ces espérances. Dans sa proclamation aux races slaves de l'empire, qu'il voulait pousser contre les Hongrois révoltés, il disait : « Appuyé sur les bases d'une vraie liberté, sur le principe de l'égalité des droits entre tous les peuples qui composent notre empire, sur l'égalité de ses agents devant la loi, sur le droit acquis aux représentants du peuple de s'associer à notre gouvernement, notre pays va retrouver son ancienne gloire. L'édifice, que tous ensemble nous allons reconstruire, pourra braver les orages de ces temps difficiles, et formera comme une vaste tente sous laquelle viendront s'abriter, plus unies que jamais, sous la protection du sceptre que nous tenons de nos ancêtres, les diverses races que nous sommes fier de gouverner. »

Soit que le pays ne lui parût pas assez mûr pour cette rénovation sociale, soit que la tâche lui semblât trop ardue, François-Joseph s'interrompit brusquement dans ses travaux de réforme pour revenir aux traditions du despotisme. Conseillé par le prince Félix de Schwartzenberg, représentant des idées rétrogrades, qu'il avait nommé ministre des affaires étrangères et président du conseil, il commença par dissoudre l'assemblée constituante qui, d'après sa propre invitation, s'était réunie à Kriemser. Il octroya une nouvelle constitution, qui cependant, pour un pays absolu, était assez libérale. Elle promettait aux sept races dont les éléments hétérogènes composent l'empire d'Autriche, de leur donner des droits égaux, tout en conservant à chacune d'elles sa nationalité. Mais d'une manière inostensible, cette constitution tendait au contraire à effacer les distinctions de race, et à donner plus de force au pouvoir impérial, en assimilant dans une sorte d'unité les sujets de l'empire. Deux lois ayant pour but de détruire la féodalité existant encore dans certaines provinces, et de réformer la justice patrimoniale, furent un acheminement nouveau vers cette centralisation.

A la fin de la guerre de Hongrie, lorsque l'Autriche parut pacifiée dans toutes ses parties, François-Joseph se repentit d'avoir donné trop de liberté à son peuple, et, à l'instigation de l'empereur de Russie, qui l'avait aidé à soumettre les Magyars, il abolit la charte nouvelle et revint purement et simplement au système de M. de Metternich. Un décret, promulgué en 1852, soumit la Croatie, la Hongrie et la Transylvanie au code pénal, dont n'avaient été justiciables, jusqu'alors, que les provinces purement germaniques.

Le 6 février 1853, une insurrection nouvelle éclata à Milan ; mais le mouvement n'étant pas général, il fut rapidement comprimé. Quelques jours plus tard, l'empereur, se promenant sur la Bastei, accompagné d'un seul aide de camp, fut subitement attaqué, près de la porte de Carinthie, par un jeune homme qu'on sut plus tard être un ouvrier hongrois nommé Labyeni, qui lui porta un coup de couteau dans la nuque. L'assassin fut arrêté et puni de mort. La blessure de l'empereur n'eut pas de suites; mais elle attira de grandes rigueurs sur le royaume lombard-vénitien et sur la Hongrie.

Peu de temps après, l'empereur se trouvant chez sa mère, au palais impérial de Schœnbrunn, où avaient été appelées, par invitation, plusieurs princesses allemandes, eut occasion de voir la seconde fille du duc Maximilien-Joseph de Bavière. Cette princesse, nommée Elisabeth-Marie-Amélie, attira d'abord son attention par ses grâces exquises jointes à une beauté des plus parfaites. Après l'avoir entretenue, il fut charmé de son esprit, et il conçut pour elle une ardente passion. Désir de prince ne souffre pas d'obstacle. Le 18 août 1853, l'empereur et la princesse étaient fiancés; le 24 avril 1854, leur union recevait la consécration de l'Église, et le mariage de l'empereur François-Joseph, comme celui de l'empereur Napoléon III, s'accomplissait en dehors de toute entrave politique, par la seule impulsion du cœur et la libre expansion des sentiments.

Sous prétexte qu'il avait aidé l'empereur d'Autriche à étouffer la révolte de Hongrie, le tzar voulait s'immiscer dans les affaires de ce monarque, et celui-ci supportait impatiemment cette sorte de tutelle inquisitoriale. Aussi, lorsque l'Europe fut en proie à la crise provoquée par l'ambition de Nicolas, François-Joseph, après avoir tenté sans succès le rôle de médiateur, parut disposé à se joindre aux puissances occidentales, et le 9 avril 1854, son ministre signait à Vienne, avec les représentants de la France, de l'Angleterre et de la Prusse, le protocole résumant les seules conditions possibles de la paix. En même temps, un traité particulier était conclu entre la Prusse et l'Autriche, pour déterminer leurs rapports respectifs dans les éventualités possibles, tandis que l'Autriche signait avec la Porte un autre traité dont voici la teneur :

« S. M. l'empereur d'Autriche connaissant pleinement que l'existence de l'empire ottoman dans ses limites actuelles est nécessaire au maintien de l'équilibre entre les Etats de l'Europe, et que nommément l'évacuation des principautés danubiennes est une des conditions de l'intégrité de cet empire, étant de plus, prête à concourir, par les moyens à sa disposition, aux mesures propres à assurer le but du concert établi entre les cabinets et les hautes cours représentées à la conférence de Vienne.

« S. M. le sultan, de son côté, ayant accepté cette offre de concours faite amicalement par S. M. l'empereur d'Autriche, il a paru convenable de conclure une convention afin de régler la manière dont le concours en question sera effectué.

« Dans ce but, S. M. I. le sultan et S. M. l'empereur d'Autriche ont nommé pour leurs plénipotentiaires, savoir :

« S. M. I. le sultan, Mustafa-Réchid-Pacha, son ministre des af-

faires étrangères, etc., et S. M. l'empereur d'Autriche, M. le baron
Charles de Bruck, son internonce et ministre plénipotentiaire près la
Sublime-Porte ottomane, etc.; lesquels, après avoir échangé leurs
pleins pouvoirs trouvés en bonne et due forme, sont convenus des
articles suivants:

« Art. 1er. S. M. l'empereur d'Autriche s'engage à épuiser tous les
moyens de négociation et autres pour obtenir l'évacuation des principautés danubiennes par l'armée étrangère qui les occupe, et d'em-
ployer même, en cas de besoin, le nombre de troupes nécessaires
pour atteindre ce but.

« Art. 2. Il appartiendra pour ce cas exclusivement au commandant en chef impérial de diriger les opérations de son armée. Celui-ci
aura toutefois soin d'informer, en temps utile, le commandant en
chef de l'armée ottomane de ses opérations.

« Art. 3. S. M. l'empereur d'Autriche prend l'engagement de rétablir d'un commun accord avec le gouvernement ottoman, dans les
principautés, autant que possible, l'état de choses légal, tel qu'il
résulte des priviléges assurés par la Sublime-Porte, relativement à
l'administration de ces pays.

« Les autorités locales ainsi reconstituées ne pourront toutefois pas
étendre leur action jusqu'à vouloir exercer un contrôle sur l'armée
impériale.

« Art. 4. La cour impériale d'Autriche s'engage en outre à n'entrer
vis à vis de la cour impériale de Russie dans aucun plan d'accommo-
dement qui n'aurait pas pour point de départ les droits souverains de
S.M. I. le sultan et l'intégrité de son empire.

« Art. 5. Dès que le but de la présente convention aura été atteint
par la conclusion d'un traité de paix entre la Sublime-Porte et la
cour de Russie, S. M. l'empereur d'Autriche prendra aussitôt des ar-
rangements pour retirer dans le plus bref délai possible ses forces du
territoire des principautés. Les détails concernant la retraite des
troupes autrichiennes formeront l'objet d'une entente spéciale avec
la Sublime-Porte.

« Art. 6. Le gouvernement d'Autriche s'attend à ce que les autorités des pays occupés temporairement par des troupes impériales leur
prêteront toute aide et facilité, tant pour leur marche, leur logement
ou campement, et pour leur subsistance et celle de leurs chevaux, et
leurs communications. Le gouvernement autrichien s'attend pareille-
ment à ce que l'on fera droit à toute demande relative aux besoins du
service, adressée par les commandants autrichiens, soit au gouvernement ottoman par l'internonce impérial à Constantinople, soit directement aux autorités locales, à moins que des raisons majeures n'en
rendent la mise à exécution impossible.

« Il est entendu que les commandants de l'armée impériale veillesront au maintien de la plus stricte discipline parmi leurs troupes, et respecteront et feront respecter les propriétés de même que les lois, le culte et les usages du pays.

« Art. 7. La présente convention sera ratifiée et les ratifications seront échangées à Vienne dans l'espace de quatre semaines, ou plus tôt si faire se peut, à partir du jour de la signature.

« En foi de quoi les plénipotentiaires respectifs l'ont signée et y ont apposé leur cachet.

« Fait en double pour un seul et même effet, à Boyadji-Keui, le 14 juin 1852. »

A l'heure qu'il est, l'empereur d'Autriche est en hostilité définitive avec la Russie, et un corps d'armée autrichien vient d'entrer dans les principautés danubiennes.

LE ROI DE PRUSSE

(FRÉDÉRIC-GUILLAUME IV)

Le monarque régnant actuellement en Prusse est issu du roi Frédéric-Guillaume III et de Louise-Auguste-Wilhelmine-Amélie de Mecklembourg-Strelitz. Il est né le 15 octobre 1795, et est, par conséquent, âgé de près de 59 ans. Sa mère fut célèbre par sa beauté, par les grâces de son esprit, et plus encore par ses malheurs. Dans la longue lutte soutenue par l'Allemagne contre l'épée victorieuse de Napoléon, cette jeune femme fit naître au cœur du peuple prussien une sorte de fanatisme. C'est en son nom que fut formé ce corps franc de Lutzof, composé de chasseurs noirs, chasseurs de la Mort, qui se précipitaient, avec un incroyable mépris de la vie, au milieu des plus épaisses mêlées. C'est inspiré par elle, que Korner, le poëte des batailles, créa cet hymne de Lutzof, d'une originalité toute germanique, et dont le rhythme saccadé et imitatif rappelle, dans le texte allemand, le cliquetis des armes, la voix des clairons, la marche belliqueuse d'un régiment qui charge l'ennemi :

« Qui brille là-bas du sein de la forêt aux rayons du soleil? Ecoutez, le murmure s'approche de plus en plus. Ils descendent en rangs sombres et épais; les clairons éclatants résonnent et remplissent l'âme de terreur; et si vous interrogez les compagnons noirs : — C'est la chasse sauvage et téméraire de Lutzof !

. « Qui passe là-bas à travers la forêt sombre et glisse de montagne en montagne? Qui s'enfonce dans l'obscurité sombre comme la nuit? Le hurrah retentit et le fusil éclate; les ennemis tombent, et si vous interrogez les chasseurs noirs : — C'est la chasse sauvage et téméraire de Lutzof !

« Là où jaunissent les raisins, c'est là que le Rhin bouillonne et gronde; le dominateur se tient avec orgueil sur ses bords; mais voyez, on s'approche avec la rapidité de la foudre, on se jette dans les flots les armes à la main; on s'élance à l'autre bord sur l'ennemi, et si vous interrogez les nageurs noirs : — C'est la chasse sauvage et téméraire de Lutzof !

« Quel est ce bruit de bataille qui frémit dans la vallée? Quel est ce cliquetis d'épées? Dix cavaliers intrépides frappent d'estoc et de taille; l'étincelle de la liberté se réveille brillante et éclate en flammes de sang; et si vous interrogez les cavaliers noirs : — C'est la chasse sauvage et téméraire de Lutzof !

« Qui meurt là-bas en râlant au soleil, couché sur un monceau de cadavres? La mort grimace sur sa figure, mais les cœurs intrépides ne tremblent pas. La patrie est déjà sauvée, et si vous interrogez les guerriers noirs qui sont tombés : — C'était la chasse sauvage et téméraire de Lutzof !

« C'est la chasse sauvage et la chasse allemande lancées sur le sang des ennemis. C'est pourquoi, vous qui nous aimez, ne pleurez plus, ne nous plaignez plus; la patrie est affranchie et la liberté se lève. N'importe que nous ne l'ayons reconquise qu'en mourant! que nos fils le redisent à leurs derniers neveux : — Ce fut la chasse sauvage et téméraire de Lutzof ! »

Par les soins de sa mère, Frédéric-Guillaume reçut une éducation complète. Versé dans les sciences, dans les arts, dans la littérature, dans la politique et l'art militaire, il joignit de bonne heure à ces acquisitions un esprit naturel et un bon sens assez rare dans les hautes régions du pouvoir. Ses premiers actes, quand il fut monté sur -le trône, furent marqués au coin du libéralisme; mais a⁗ ⁓hé, en sa qua

kté d'archéologue, aux traditions du passé, il ne sut pas s'en affran-
chir assez pour se prêter à l'esprit et aux mouvements de la génération nouvelle ; malgré la bonté de ses intentions, les institutions qu'il
avait essayé de créer se trouvèrent insuffisantes lorsque la révolution
française de 1848 lança comme un volcan ses scories sur les divers
États de l'Europe, et y excita des soulèvements.

Une adresse présentée au roi, le 15 mars 1848, pour réclamer une
extension de prérogatives, et notamment la liberté de la presse,
n'ayant pas obtenu de résultat, des rassemblements se formèrent
dans les divers quartiers de Berlin; les rues furent dépavées; de hautes
barricades s'élevèrent dans les rues. Le ministre Bodelschewing faillit
être lapidé. Le roi se décida alors à accorder les réformes sollicitées
et à changer son ministère. Sa décision fut accueillie par des acclamations, et tout semblait terminé, lorsque deux coups de feu partis
de la troupe atteignent deux ouvriers. Le peuple crie à la trahison. Le
combat s'engage de nouveau. La lutte dura pendant quatorze heures
sans discontinuer. Il y avait vingt mille hommes de troupes engagés.
On tirait des fenêtres et des toits des maisons. L'infanterie, ne pouvant
détruire les barricades, employa le canon chargé à mitraille. Les détonations incessantes se mêlaient au bruit du tambour et du tocsin,
et aux lueurs de l'incendie, qui avait éclaté dans la fonderie royale.
Les chasseurs de la garde s'étaient placés du côté du peuple, que
commandaient les étudiants. Les portes des prisons furent enfoncées,
et les détenus mis en liberté. A cinq heures du matin, on affichait la
proclamation suivante :

« Chers Berlinois,

« Ma patente d'aujourd'hui vous a donné le gage des intentions
loyales de votre roi envers vous et envers la patrie allemande. L'enthousiasme avec lequel m'avaient salué d'innombrables cœurs fidèles
retentissait encore, lorsqu'une troupe de perturbateurs éleva des prétentions audacieuses et révolutionnaires, et grossit à mesure que les
personnes animées de bonnes intentions s'éloignaient. Comme leur
mouvement tumultueux jusqu'à la porte du château faisait craindre
avec raison des intentions criminelles, et que mes braves et fidèles
soldats avaient été insultés, il fallut faire évacuer la place par la cavalerie au pas et l'arme au fourreau. Deux fusils de l'infanterie partirent alors d'eux-mêmes et sans aucune mauvaise intention... »

Après une longue et diffuse explication des faits, le rescrit royal
concluait ainsi :

« Rentrez dans le calme, enlevez les barricades, et envoyez-moi des
hommes animés de l'esprit berlinois, avec des paroles telles qu'elles
conviennent vis-à-vis de votre roi, et je vous donne ma royale parole

que les troupes évacueront à l'instant même toutes les rues et places, et que la garnison se bornera aux bâtiments nécessaires du château, de l'arsenal et de quelques autres édifices, et même seulement pour un temps.

« Ecoutez la voix paternelle de votre roi, habitants de ma ville belle et fidèle de Berlin. Oubliez ce qui s'est passé, comme je veux l'oublier moi-même, dans l'intérêt de l'avenir qui va s'ouvrir, sous la bénédiction du ciel, pour la Prusse, et par la Prusse pour l'Allemagne!

« Votre aimable reine et vraiment fidèle mère et amie, qui est très-souffrante, joint aux miennes ses prières ferventes et accompagnées de larmes.

« Ecrit dans la nuit du 18 au 19 mars,

« Frédéric-Guillaume. »

Le peuple étant maître de la ville, une députation se rendit au palais, et réclama le renvoi des troupes sans conditions. Le roi résista le temps nécessaire pour sauver sa dignité, après quoi il accorda tout ce qu'on demandait. Le lendemain, il parcourait les rues, portant au bras une écharpe aux couleurs nationales ; deux jours après, il assistait aux funérailles des victimes de l'insurrection. Frédéric s'occupa ensuite sérieusement de donner aux idées progressives un cours naturel, et il établit une constitution dont le rouage principal est un parlement composé de deux chambres.

Ces mesures et la proclamation que nous venons de citer font assez connaître le caractère de Frédéric-Guillaume. Il est d'une grande simplicité, comme du reste tous les princes allemands, qui se dépouillent volontiers de leurs rayons pour se mêler au peuple, ainsi que de simples mortels, et ne passent pas leur vie à poser, mais attendent leur mort pour monter sur un piédestal. Un écrivain qui est resté quelque temps à la cour du roi de Prusse, M. Alexandre Thomas, trace ainsi le portrait de ce monarque :

« Aussi politique que savait l'être le grand Frédéric, son arrière-neveu s'emporte parfois comme lui ; et tout ce qu'il a de raffinement dans l'intelligence n'empêche pas assez souvent sa volonté d'être rogue et cassante à la façon d'une consigne. Il est curieux de retrouver chez ces deux natures si diverses, avec la même distinction de culture, le même ton d'autorité bref et presque vulgaire, la même humeur violente et d'une violence qui procède, pour ainsi dire, carrément jusque dans ses boutades. De pareilles boutades ne vont pas d'ailleurs si mal avec l'Allemand du Nord ; elles ont je ne sais quoi d'entier qui ne lui déplaît point ; il aime à obéir en soldat, et la bonhomie naïve et douce du Souabe ne lui importerait guère. Ce qu'il lui faut, c'est de l'héroïsme bourru, c'est cette rudesse grondeuse qui interrompra peut-être un éclat de colère par un éclat d'agreste gaieté. Blücher avait aussi de tout cela ; et si je commence l'esquisse de mon royal modèle, par ce trait plus appuyé que je n'aurais voulu, c'est que le modèle étant fort ondoyant, comme parlait Montaigne, j'ai pris d'abord ce qu'il avait de plus saisissable. Le fonds national est commun ; avec la rondeur de ses dehors, Frédéric-Guillaume IV est un roi tout prussien comme Frédéric II était encore un roi prussien avec ses manières aiguisées et subtiles. Ces princes-là voudront toujours aller la canne à la main.

« Le buste solidement campé sur les hanches, le ventre en avant, la tête ronde et dégarnie, le nez retroussé, la bouche riante et la réplique facile, Frédéric-Guillaume semble plutôt fait pour s'asseoir, comme un puissant tribun, à quelque banquet populaire que pour pâlir dans l'ombre sur des problèmes éternels. Aussi les Rhénans l'avaient-ils tout de suite aimé, quand ils l'avaient vu se mêler parmi eux avec une joyeuse simplicité, prendre place à leurs festins, répondre couramment, harmonieusement à leurs toasts et vider sans sourciller leurs pétillantes rasades. Il était bien alors le digne roi de ces braves gens, gens de plaisir et de belle humeur, toujours prêts à fêter la nature, qui leur a donné leur grand fleuve et leur bon vin. Le roi de Prusse exerce sur ceux qui l'approchent une irrésistible fascination. Il est assez difficile de servir cette haute personne, ce serait plus difficile encore de ne pas l'aimer, tant il y a de franchise, d'ouverture, d'impétuosité sympathique dans toutes ses relations. Si Frédéric-Guillaume est le prince brusque et bourru parfois à la manière de sa maison, il est aussi, par un dernier contraste, tout plein de cette sensibilité expansive que je voudrais nommer l'*affectuosité* allemande. Privilége bien rare ! il a gardé sur le trône d'anciennes amitiés, et l'on sait quelques hommes distingués qui, soit auprès de lui, soit retenus au loin par les devoirs de leurs charges, sont toujours restés les dépositaires de sa plus intime confiance. Ce cercle un peu fermé rappelle, avec plus de connaissance et de maturité, la petite société de doctrinaires philosophes dont s'entourait l'empereur Alexandre. Les amis de Frédéric-Guillaume participent, en effet, plus ou moins à ces idées générales qu'ils élaboraient en commun avec lui durant sa jeunesse, et c'est toujours là le point de contact où tous se retrouvent. »

Frédéric-Guillaume IV épousa par procuration, le 16 novembre 1823, à Munich, et en personne, à Berlin, le 29 novembre suivant, la princesse Elisabeth-Louise, née le 13 novembre 1801, fille du deuxième mariage de feu Maximilien-Joseph, roi de Bavière. Cette union est restée inféconde.

Le roi de Prusse est beau-frère de l'empereur Nicolas, qui a épousé la sœur de Frédéric-Guillaume, Alexandra-Feodorowna. Ces liens de parenté par alliance donnaient des inquiétudes sur l'attitude de la Prusse dans la question d'Orient. Ces inquiétudes se sont en partie dissipées d'abord par le traité du 20 avril, en vertu duquel les deux puissances prépondérantes de l'Allemagne se sont liées dans la prévision des événements politiques ; ensuite par les sommations faites au tzar au nom de la Prusse et de l'Autriche, d'avoir à évacuer dans un délai déterminé les provinces danubiennes. Voici, en effet, la note envoyée par le cabinet prussien à son ambassadeur à Saint-Pétersbourg :

A M. le baron de Worthern.

« Berlin, le 12 juin.

« Le cabinet de Vienne vient de nous communiquer la dépêche dont copie est annexée, et que le comte de Buol, d'après les ordres de l'Empereur, a adressée à l'envoyé autrichien à Saint-Pétersbourg, pour qu'il en donne lecture au comte de Nesselrode, et lui en laisse copie. Nous retrouvons dans cette dépêche, au sujet de l'occupation des principautés par les troupes russes, des vues qui, ainsi que mes précédentes communications ont pu vous le faire prévoir, sont partagées par le roi, notre auguste maître.

« C'est avec un profond regret que S. M. a vu échouer jusqu'à présent tous les efforts que son cabinet a faits pour mettre un terme à un état de choses qui est, non-seulement, une des principales raisons de la lutte actuelle, qui excite les inquiétudes de plus en plus grandes, mais dont les tristes conséquences doivent nécessairement grandir en raison de sa durée et de son extension plus considérable.

« Lorsque dans une situation qui touche de si près à tant de positions et à tant d'intérêts, S. M. l'empereur d'Autriche s'est adressé encore une fois aux sentiments élevés de S. M. l'empereur de Russie, afin de prévenir les dangers imminents d'un plus grand développement, le roi, notre auguste maître, ne peut qu'accorder tout son appui à cette démarche du cabinet autrichien.

« D'après les ordres de S. M., je vous prie en conséquence, monsieur le baron, de porter également à la connaissance du comte de Nesselrode le protocole du 9 avril, dont copie est jointe, et d'exprimer à S. Exc. notre confiance que S. M. l'empereur Nicolas n'y verra que des motifs de soumettre à une appréciation impartiale le haut prix que, de même que l'empereur François-Joseph, le roi, notre auguste maître, doit attacher à ce que les armées russes n'étendent pas plus loin leurs opérations dans les pays transdanubiens, et qu'un terme, qui ne soit pas trop éloigné, soit mis à l'occupation des principautés par ses armées.

« Le roi ne peut se séparer de la conviction que son auguste beau-frère, dans sa sagesse, n'a qu'à suivre une voie conforme à ses propres intérêts comme à ses précédentes déclarations, pour ramener les questions en litige, par des assurances qui répondent à la juste sollicitude des cours de Berlin et de Vienne, sur un terrain qui offre des points de départ pratiques, afin d'en acheminer une solution satisfaisante, en abrégeant et en circonscrivant l'action guerrière de part et d'autre.

« Notre auguste maître espère donc que la présente démarche trouvera près de S. M. l'empereur de Russie un accueil conforme aux sentiments qui l'ont dictée, et que la réponse que nous attendons, ainsi que le cabinet de Vienne, avec le haut intérêt qu'exige son importance, sera de nature à soustraire le roi aux douloureuses nécessités que lui imposeraient ses devoirs et ses engagements.

« Ayez la bonté, monsieur le baron, de communiquer la présente dépêche à M. le chancelier de l'empire, et agréez, etc.

« *Signé* : DE MANTEUFFEL.

Ce langage, on le voit, est explicite, et, quoique sous la forme conciliante d'une dépêche adressée aux ambassadeurs, la menace de l'emploi des moyens coercitifs n'en est pas moins réelle.

La Prusse est une puissance militaire de premier ordre. Au temps de Frédéric II, son armée était la mieux disciplinée de toute l'Europe. Depuis, elle a été dépassée par les armées française et anglaise. Telle qu'elle est cependant aujourd'hui, elle fait encore honneur au pays qu'elle protége.

L'armée prussienne est divisée en trois parties : l'armée permanente, qui est le noyau de l'ensemble; la milice nationale, la *landwehr*; enfin la *landsturm* ou levée en masse. Voici comment se recrute l'armée permanente : tout Prussien, à l'exception des comtes et des princes médiatisés ainsi que des ecclésiastiques, est obligé au service militaire à l'âge de vingt ans; la durée du service est de deux ans pour l'infanterie, de trois pour les autres armes en activité, et de trois ou deux ans pour la réserve, en tout cinq ans. La *landwehr* est divisée en deux parties : le premier ban comprend tous les hommes de vingt et un à trente-deux ans, qui ne font pas partie de l'armée permanente; il se réunit deux fois par an pour prendre part aux exercices militaires, et peut au besoin servir au dehors comme à l'intérieur; le second ban de la landwehr se compose de tous les hommes de trente-deux à quarante ans, qui ne font pas partie de l'armée des places fortes, et peut être appelé à servir comme corps de soutien pour l'armée active. La *landsturm* se compose de tous les individus au-dessous de cinquante et un ans, qui ne sont incorporés ni dans l'armée permanente ni dans les deux bans de la landwehr. L'ensemble de la landwehr réunie à l'armée active peut former un effectif de 500,000 hommes.

Pour terminer cette esquisse sur le roi Frédéric-Guillaume IV, disons qu'il a contribué pour une part essentielle à la création du zollverein ou de l'union douanière allemande qui a ouvert à tous les pays d'outre-Rhin de nouvelles sources de prospérité.

La Prusse, depuis Frédéric le Grand, était soumise à une multitude de régies douanières, dont la tyrannique influence ne pouvait guère convenir aux États nouveaux que la conquête lui avait donnés sur le Rhin. L'industrie des anciennes possessions françaises, déjà fort développée, souffrait considérablement de l'ancien état de choses. Dès 1816, la Prusse promit la liberté du commerce dans l'intérieur de la monarchie et l'équitable répartition des impôts de fabrication. Postérieurement, tous les États prussiens étaient assimilés l'un à l'autre, et ne formaient plus qu'un seul marché, régi par une législation soigneuse de protéger l'industrie indigène et s'appuyant sur un système raisonnable d'impôts, sur des tarifs moyens, non vexatoires et revisables de trois ans en trois ans. L'effet répondit aux espérances. La fabrication des étoffes de coton augmenta de 60 p. 100 en une année, et celle des soieries doubla. La laine, le lin et les fers purent se soutenir malgré les prohibitions des marchés anglais et français; enfin, l'agriculture arriva à ce point de prospérité où nous la voyons aujourd'hui.

L'Autriche n'avait pu faire partie de cette union, et sa demande à ce sujet avait été repoussée par la Prusse. Alors elle prit de son côté l'initiative, et forma un nouveau zollverein ou contre-zollverein. Au commencement de 1850, le prince de Schwartzemberg en fit la proposition à la commission fédérale de Francfort, ne doutant pas que l'annonce d'un marché de 37 millions d'âmes ne décidât les petits États d'Allemagne à rompre avec la Prusse dès que leur traité serait expiré.

La Prusse se montra fort irritée, des hostilités étaient imminentes entre les deux pays; mais Frédéric-Guillaume eut le bon esprit de penser qu'en pareille matière il valait mieux s'entendre que se combattre, et par un traité signé avec l'Autriche, le 19 février 1853, il s'engagea purement et simplement à donner au nouveau zollverein sa coopération et celle de ses alliés. Les produits naturels bruts admis en franchise, et une échelle de droits modérés s'appliquant aux produits manufacturés, sont les deux grands pivots de cette union douanière, dont la durée est fixée à douze ans.

Grâce aux autres mesures propres à assurer la liberté des transactions et aux encouragements donnés à l'agriculture et à l'industrie, la Prusse est aujourd'hui dans un état de prospérité qui peut lui permettre de soutenir aisément une grande guerre.

LE MARÉCHAL LEROY DE SAINT-ARNAUD,

COMMANDANT EN CHEF DE L'ARMÉE D'ORIENT.

Armand-Jacques Leroy de Saint-Arnaud naquit, en 1804, à Paris, le 20 août. Sa famille appartenait à la meilleure noblesse, et lorsqu'en 1815, on réorganisa les gardes du corps, Leroy de Saint-Arnaud, qui de bonne heure avait manifesté des goûts militaires, fut, malgré son jeune âge, admis à faire partie de la première compagnie, commandée par le duc de Grammont.

Quoique honorable et profitable à la fois, cette position ne pouvait longtemps convenir à l'esprit impatient et aventureux du jeune garde. L'armée active était à cette époque l'objet d'un remaniement. La restauration s'occupait à détruire ce qu'avait fait la révolution, et les régiments, transformés en légions, recevaient les noms des départements. A la sollicitation de sa famille, Leroy de Saint-Arnaud entra, avec le grade de sous-lieutenant, dans la légion départementale de la Corse. Bientôt il passa dans celle des Bouches-du-Rhône, puis, les légions ayant été forcément supprimées, et l'armée ayant repris son organisation démocratique, Leroy de Saint-Arnaud fut incorporé au 64e régiment d'infanterie de ligne, où il conserva son épaulette.

Peu de temps après, le jeune sous-lieutenant, qui sympathisait peu avec les idées alors en cours, rentra dans la vie civile. Ayant, en apparence, renoncé à la carrière militaire, il se livra avec ardeur à l'étude, et, pendant plusieurs années, on le vit assidu à tous les cours publics. Il acquit ainsi les notions qui conviennent à un général d'armée, car on ne saurait croire combien est complexe le métier des armes, et quelle universalité de connaissances est nécessaire pour faire la guerre en économisant la vie des hommes, et en épargnant les calamités qu'engendre ce fléau.

La révolution de juillet 1830 ayant éclaté d'une façon inattendue, Leroy de Saint-Arnaud crut l'occasion favorable pour reprendre du service. En 1831, il était lieutenant dans son ancien régiment, le

64e de ligne. Avec les réfugiés de diverses nations, le nouveau gouvernement formait un corps qui reçut le nom de Légion Etrangère, et qui devait opérer en Afrique. C'était le moment où Abd-el-Kader soufflait aux tribus le fanatisme de la guerre sainte, et il y avait de rudes combats à livrer au prophète-soldat. Cette perspective souriant au lieutenant du 64e, il obtint de passer dans la légion étrangère, où il ne tarda pas à se signaler par de brillants faits d'armes.

En 1836, la brigade Bugeaud venait de quitter, le 6 juillet, son second bivouac, et descendait, sur trois colonnes, dans la vallée qu'arrose l'Oued-Sefsaf. Des feux, allumés pendant la nuit précédente, sur toutes les hauteurs, avaient signalé le voisinage d'ennemis nombreux. On devait penser que l'émir, fatigué de son rôle d'observateur, se préparait à tenter un coup de main : cette prévision fut justifiée. L'arrière-garde française fut chargée, au point du jour, par la cavalerie arabe, embusquée au tournant d'une gorge. Nos auxiliaires indigènes, commandés par le général Mustapha-ben-Ismaël, soutinrent ce choc avec résolution, tandis que l'armée, franchissant la vallée, se déployait sur les plateaux de la rive gauche du Sefsaf. Bientôt l'infanterie ennemie, conduite par Abd-el-Kader en personne, se présenta sur la ligne de direction que suivaient nos colonnes ; fausse manœuvre qui perdit les Arabes, car cette double agression sur notre front et nos derrières coupait leur ligne de bataille. Le général Bugeaud détache le 62e de ligne et un bataillon de la légion étrangère à l'arrière-garde, pour la soutenir, tandis que le reste de nos troupes accueille les masses confuses d'Abd-el-Kader avec une telle vigueur, que les fuyards, poussés par notre cavalerie dans une espèce d'entonnoir formé par le confluent de l'Isser avec l'Oued-Sefsaf, perdirent plus de deux mille hommes. Notre arrière-garde n'obtenait pas un moindre succès, et l'artillerie acheva la déroute des vaincus.

Dans ce combat et dans ceux qui suivirent, Leroy de Saint-Arnaud se distingua particulièrement, et le 15 août 1837, il fut nommé capitaine. C'est en cette qualité qu'il opéra au ravitaillement de Medeah et de Milianah, qu'il prit une part active à l'expédition de Tagdempt, au combat du bois des Oliviers, à la prise de Thaza, à la défaite des tribus remuantes de cette contrée, et, en courant ainsi de champ de bataille en champ de bataille, il ramassa les épaulettes de chef de bataillon dans le 18e régiment d'infanterie légère.

Dès lors il ambitionna de passer, avec son grade, dans les Zouaves, ces enfants perdus, toujours les premiers au feu, escaladant gaiement les rochers les plus abrupts pour se mesurer corps à corps avec les montagnards indomptés. Cette satisfaction lui est accordée le 25 mars 1841, et un an après, jour pour jour, sa belle conduite lui vaut le grade de lieutenant-colonel. A la suite du combat de Dellys, il est mis, pour son intrépidité, à l'ordre du jour de l'armée par le général commandant. Avec ses grades, Leroy de Saint-Arnaud recueillait des distinctions; il avait été nommé chevalier de la Légion d'honneur le 11 novembre 1835, et officier le 17 août 1841. Le 29 octobre 1844, il fut appelé, en qualité de colonel, au commandement du 53ᵉ régiment d'infanterie de ligne. C'est à cette époque que se place son expédition contre Bou-Maza.

Il existe, à vingt lieues d'Alger, du côté de l'orient, un vaste pâté de montagnes, formant un triangle dont la base s'étend de Dellys à Bougie, et dont le sommet s'appuie au mont Djerjerah (le *Mont-de-Fer* des géographes romains). C'est là que, depuis des siècles, les habitants des plaines, dispersés ou opprimés par les invasions étrangères, avaient trouvé un asile réputé inaccessible. Généralement connues sous le nom de *Kabyles*, ces races diverses ont formé, dans la montagne, une confédération guerrière qui compte plus de deux cent mille fusils. Elle se vantait, 1844, de n'avoir jamais vu aucun conquérant planter ses étendards sur les forts de granit dont la nature a pris soin de couvrir ses retraites.

Là vivent les *Beni-Mzab*, qui habitent une région sauvage, inculte, déserte, pleine de labyrinthes, de ravins, de précipices.

Abd-el-Kader, au temps de sa puissance, et pendant le siége d'Aïn-Madhi, n'a pu obtenir leur soumission : — « Nous ne sortirons pas, lui écrivirent-ils, du chemin qu'ont suivi nos pères; nos voyageurs, nos commerçants te paieront, dans les pays qu'ils traverseront, les droits ou tributs qu'ils payaient aux Turcs; mais nous ne te livrerons jamais nos villes; et le jour où tu viendras avec ton armée et tes canons, nous jurons d'abattre nos remparts, afin que rien ne sépare la poitrine de nos jeunes gens de celle de tes soldats. Tu nous menaces de nous priver des grains du Tell; mais sache que nous sommes munis, pour vingt ans, de poudre et de dattes, et que nous récoltons à peu près ce qu'il nous faut de blé pour vivre. Tu nous menaces de faire mettre à mort tous les Beni-Mzab qui habitent tes villes : — tue-les, si tu veux; que nous importe? Ceux qui ont quitté notre pays ne sont plus de nous! Fais plus : écorche-les, et si tu manques de sel pour conserver leurs peaux, nous t'en enverrons en quantité. » L'émir algérien, irrité de cette fière attitude, n'exécuta point ses cruels projets.

Ce sont ces peuplades que Bou-Maza, simple conducteur de chèvres, avait fait lever à son cri de guerre. Combattu sans relâche par les troupes que commandaient les colonels Pélissier et Ladmirault, traqué de rocher en rocher, l'intrépide chef disparaissait un instant, puis revenait avec une armée nouvelle ramassée au fond des gorges inaccessibles. Une colonne destinée à le poursuivre fut confiée à Leroy de

Saint-Arnaud, et il malmena si rudement le prophète-soldat, que Bou-Maza disparut subitement, et qu'on cessa d'en entendre parler.

A la suite de cette expédition, Leroy de Saint-Arnaud fut nommé commandant de la subdivision d'Orléansville. Une nuit que le colonel, occupé d'un travail militaire, veillait dans sa tente, il voit se mouvoir près de lui une ombre. Il regarde, et reconnaît un Arabe enveloppé d'un mauvais burnous dont un pan lui cachait la figure.

« Qui es-tu? » lui dit-il.

L'homme se découvrit et montra le visage de Bou-Maza.

« Allah le veut, dit-il ; les giaours l'emportent! Je renonce à la guerre, et je suis venu me rendre à toi, parce que tu es celui contre lequel j'ai le plus combattu, et que je te connais pour un ennemi loyal. Je n'ai voulu que personne mît la main sur moi ; c'est pourquoi j'ai traversé en rampant ton armée. Si j'avais été un lâche, ta vie, tout à l'heure, était entre mes mains. »

La soumission du courageux Kabyle fut reçue avec l'intérêt que commandait sa noble confiance, et l'on sait que pendant son séjour à Paris, Bou-Maza fut l'objet des plus grandes attentions. A l'heure qu'il est, Bou-Maza vient, à sa sollicitation, d'être autorisé à combattre pour la Turquie contre les Russes; et la Porte lui a confié le commandement d'un corps de Bachy-Boujouks.

Cette heureuse issue de la campagne de la Kabylie valut au colonel de Saint-Arnaud la croix de commandeur. En 1847, il se signala de nouveau dans l'expédition dirigée contre les tribus de l'Ouanseris, par le duc d'Aumale. En 1849, on apprit que les montagnards de la petite Kabylie levaient l'étendard de l'insurrection. On se prépara à envahir leur pays, et Leroy de Saint-Arnaud, promu au grade de général de brigade, reçut le commandement des troupes réunies à cet effet. Le nouveau chef commence ses opérations le 15 mai 1850, et sa marche n'est qu'une série de victoires. Il avait sous ses ordres douze bataillons et huit pièces de campagne, formant un effectif de 9,500 hommes, divisés en deux brigades commandées par les généraux Bosquet et de Luzy. Les villages kabyles, perchés à la pointe des rocs comme des nids de vautours, sont enlevés à la baïonnette. En un seul jour on en brûle plus de cinquante, et ces lueurs sinistres éclairent la défaite des montagnards sur le penchant d'un abîme dans lequel tombent morts blessés et fuyards. Les tribus du cercle de Djidjelli sont soumises. Les Beni-Amran, les Achaïcha, les Ouled-Bouïra, les Ouled-ben-Achaïr, les Beni-Foughal et quarante autres tribus viennent successivement demander l'*aman*, ou le pardon, en offrant des ôtages. Un nouveau fanatique, El-Bou-Baghla, *l'homme à la mule*, ranime le courage des Kabyles en leur montrant le paradis de Mahomet pour prix de leur résistance à nos armes. Ses sauvages prédications lancent sur toutes les hauteurs des hommes qui se battent comme des démons; mais l'intrépide sang-froid de nos soldats vient à bout de ces forcenés, qui, dans une série de combats meurtriers, sont entièrement détruits. L'expédition n'a pas duré plus de quatre-vingts jours, et la petite Kabylie est soumise d'une extrémité à l'autre.

Une campagne aussi glorieuse mérita au général de Saint-Arnaud le titre de général de division. Peu de temps après, il fut rappelé en France, et placé à la tête de la 2ᵐᵉ division de l'armée de Paris. Le 26 octobre 1851, il fut nommé ministre de la guerre, et le 2 décembre 1852, il était promu à la dignité de maréchal de France. Le maréchal Leroy de Saint-Arnaud est en outre sénateur, grand écuyer de l'empereur, grand'croix de la Légion d'honneur, de l'ordre de Pie IX, de l'ordre de la Réunion (des Deux-Siciles), et des ordres de Saint-Maurice et Saint-Lazare (Sardaigne).

La nomination du maréchal de Saint-Arnaud au commandement en chef de l'armée d'Orient a été accueillie avec une satisfaction égale par l'armée et la population. Nous ne voulons d'autre preuve de la cordiale entente qui règne entre tous les corps appelés à participer à cette grande guerre nationale, que l'ordre du jour suivant :

Varna, 1ᵉʳ juillet 1854.

ORDRE GÉNÉRAL.

« Soldats !

« Pour vous rapprocher de l'ennemi, vous venez de mettre, en quelques jours, cent lieues de plus entre la France et vous. Depuis que vous l'avez quittée, votre activité, votre énergie ont été à la hauteur des difficultés qu'il fallait vaincre, mais vous ne les auriez pas dominées sans le concours dévoué que vous a offert la marine impériale.

« Les amiraux, les officiers, les marins de nos ports et de nos flottes se sont voués à la pénible mission de transporter vos colonnes à travers les mers. Vous les avez vus livrés aux plus durs travaux pour réaliser des opérations d'embarquement et de débarquement souvent répétées, et nous pouvons dire qu'ils se sont disputé l'honneur de hâter la marche de nos aigles.

« Témoin de cette loyale confraternité des deux armées, je saisis avec bonheur l'occasion qui s'offre à moi de lui rendre hommage, et j'irai demain porter solennellement, aux flottes des amiraux Hamelin et Bruat, des remercîments auxquels j'ai voulu associer chacun de vous, et qui s'adresseront à la marine impériale tout entière.

« Le maréchal de France, commandant en chef l'armée d'Orient.

« A. DE SAINT-ARNAUD. »

LORD RAGLAN,

COMMANDANT EN CHEF DE L'ARMÉE ANGLAISE D'ORIENT.

Lord Raglan, qui commença par porter les noms de James-Henry-Sommerset Fitzroy, naquit le 30 septembre 1786. Il entra au service en 1804 et fut nommé porte-étendard dans le 4e régiment des dragons anglais. Dès l'année suivante, sa bravoure lui valut le brevet de lieutenant, et, trois ans après, il reçut le commandement d'une compagnie. A cette époque, lord Wellington, que l'on appelait simplement le général Wellesley, et qui, après s'être couvert de gloire dans l'Inde, faisait la campagne d'Espagne et de Portugal, s'attacha le jeune Fitzroy à titre de secrétaire et l'associa à tous ses faits d'armes. Wellington avait compris tout ce qu'il y avait dans cette jeune tête, si fortement caractérisée, de générosité, de bravoure, de sang-froid et d'intelligence militaire.

Le général dont nous esquissons la vie se distingua principalement en combattant contre la France dans la guerre de la Péninsule. Cela doit-il nous empêcher de lui rendre la justice qui lui est due? Non. La France est assez riche de gloire pour avouer quelques revers d'ailleurs héroïquement supportés et pour reconnaître qu'elle a eu parmi ses ennemis des hommes dignes d'estime et d'admiration. Nous ne craindrons donc pas de rapporter sommairement quelques-unes des affaires dans lesquelles la fortune s'est déclarée contre nous.

L'armée d'Espagne, depuis le commencement de la guerre d'Autriche et le départ de Napoléon, ne recevait plus de renforts; elle s'affaiblissait même en remportant des victoires, et ne paraissait plus invincible aux paysans armés.

Les petits moyens employés par le roi Joseph pour se concilier l'amitié des Espagnols le firent regarder, même par les Français, comme un homme faible. Les soldats manquaient souvent de vivres, et mouraient par centaines dans les hôpitaux. Les généraux et les maréchaux n'obéissaient plus qu'avec peine au roi Joseph, qui avait cessé d'être Français dès le moment où il avait accepté la couronne d'Espagne. Enfin, on ne trouvait plus dans l'armée l'union ni l'ensemble nécessaires pour le succès même des petites opérations. L'armée anglaise, commandée par le général Wellesley et dans laquelle se trouvait le capitaine Fitzroy (lord Raglan), avait pour but de chasser les Français de Madrid et de tout le centre de l'Espagne, et de les forcer de se retirer vers Ségovie.

Les généraux Wellesley et Cuesta s'avancèrent sur Talavera. Quelques avantages remportés par la cavalerie espagnole sur celle de l'arrière-garde de l'armée française enflèrent tellement les espérances du général Cuesta, qu'il se crut certain de venger bientôt la défaite qu'il avait essuyée à Medellin. Dans cette persuasion, il laissa les Anglais à Talavera, et s'avança jusqu'à Torrijos.

Les généraux Sébastiani et Victor s'étant réunis derrière la Guadarama aux troupes que le roi Joseph amena de Madrid, l'armée française se trouva forte de 47,000 hommes; le roi Joseph prit le commandement, et marcha sur Talavera.

La gauche de l'armée anglaise s'appuyait à un mamelon qui commandait presque tout le champ de bataille. Au lieu d'attaquer ce mamelon, qui était la clef de la position ennemie, les Français se contentèrent d'abord de canonner et de tirailler en avant de leur droite. Un seul bataillon, appuyé par des tirailleurs, ayant été envoyé pour enlever le mamelon, fut repoussé avec perte et obligé de reculer. Les ennemis avaient fortement retranché et défendaient avec de l'artillerie toutes les avenues de Talavera.

De trois régiments qui furent envoyés pendant la nuit pour faire une seconde tentative, l'un se trompa de chemin, l'autre trouva difficilement le passage du ravin qui couvrait la position des ennemis : un seul, après avoir attaqué avec impétuosité l'extrême gauche des Anglais, avait pénétré jusqu'au sommet du mamelon; mais les soldats, épuisés et n'étant pas soutenus, furent obligés de se retirer. Après ces deux attaques inutiles, les Anglais fortifièrent une position dont ils sentaient toute l'importance. Le lendemain, le combat recommença avant le lever du soleil. Trois régiments chargés d'enlever le mamelon furent encore forcés de l'abandonner. La chaleur força les deux armées à suspendre le combat, et on profita de ce répit pour enlever les blessés.

Le roi Joseph ordonna enfin une attaque générale pour quatre heures du soir. Une division de dragons fut chargée d'observer les Espagnols sur Talavera, pendant que le général Sébastiani attaquait la droite des Anglais, et que le général Victor se portait, avec trois divisions d'infanterie et de la cavalerie, sur leur gauche, pour attaquer le mamelon par la vallée. Le roi Joseph et le maréchal Jourdan se placèrent avec la réserve en arrière du quatrième corps, et la canonnade commença.

Sir Wellesley avait un grand avantage : placé sur les hauteurs, d'où il découvrait tout le champ de bataille, il pouvait voir tous les mouvements des Français et les prévenir. Il lui était aisé de porter des secours sur les points menacés, et son abord était difficile. Les Français, au contraire, ne pouvaient joindre l'ennemi qu'en passant un ravin et qu'en traversant un terrain coupé et inégal. Ils avaient à attaquer des positions fortifiées. Le mamelon ayant été attaqué par la division Lapisse, le capitaine Fitzroy se trouva parmi les troupes chargées de le défendre et fit des prodiges de valeur. Après avoir perdu son général, beaucoup d'officiers et un grand nombre de ses soldats, la division Lapisse fut contrainte de se retirer. Ce mouvement laissant à découvert la droite du quatrième corps, l'artillerie anglaise la prit en flanc et l'obligea à rétrograder. Le corps du général Sébastiani, qui s'était trop avancé et avait été repoussé, reçut des secours et revint au combat. Le général Victor, après avoir rallié la division Lapisse, chercha à tourner par la droite ou par la gauche le mamelon, qu'il renonça à attaquer de vive force. Les divisions Villatte et Ruffin reçurent ordre de se diriger, la première dans le vallon, et la seconde par la chaîne des montagnes de la Castille, et de chercher à faire une trouée. Ces deux divisions étaient suivies par la cavalerie, qui devait saisir le moment favorable pour déboucher, dans la plaine, sur les derrières de l'ennemi.

Deux régiments anglais, en tête desquels se trouve la compagnie commandée par Sommerset, chargeant alors les Français, passent sous le feu de l'infanterie, entre les divisions Villatte et Ruffin, et vont attaquer les 10e et 26e régiments de chasseurs à cheval. Le 10e régiment, trop faible pour soutenir le choc, ouvrit ses rangs et laissa passer les Anglais. Ce mouvement, au succès duquel contribua surtout le capitaine Sommerset, décida le roi Joseph à faire sonner la retraite. Dans cette action extrêmement meurtrière, les Anglais eurent environ 7,000 hommes mis hors de combat; on évalua à 10,000 hommes la perte des Français.

A la suite de cette bataille, le capitaine Sommerset, mis à l'ordre du jour de l'armée anglaise, fut promu au grade de major. Après les affaires de Rolica, Vimeiro, Busaco, Salamanque et le siége de Badajoz, auxquels il prit une part active, il reçut le titre de lieutenant-colonel. C'est en cette qualité que nous le retrouvons à une autre bataille fatale à notre armée, celle de Vittoria.

En juin 1813, après la funeste retraite de Russie, après les tristes événements qui en furent la suite, l'armée française restée en Espagne, décimée et affaiblie, opérait sa retraite sur Pontcorvo, et une partie occupait les mêmes positions qu'avait prises le général Clausel dans sa retraite de l'année précédente. Joseph jeta une garnison de 300 hommes dans le fort de Pontcorvo, avec quelques approvisionnements en munitions et en vivres. Le général Foy descendit l'Èbre jusqu'à Logrono, avec les deux divisions qu'il commandait, et s'arrêta près de Vittoria pour contenir les différents partis espagnols qui infestaient la Biscaye, et compromettaient leurs communications avec la France.

D'après les rapports des espions et des déserteurs, Joseph s'attendait à être attaqué de front par la grande route de France, tandis qu'au contraire lord Wellington manœuvrait pour tourner la ligne de l'Èbre, comme il avait tourné précédemment celle du Douero. Le 15 juin, l'aile gauche et une partie du centre de l'armée anglo-portugaise traversèrent ce fleuve et se dirigèrent par la route de Bilbao. Le 21, une découverte de cavalerie dirigée sur la Puebla fut ramenée en désordre, et le gros de l'armée ennemie s'avançant, on se disposa au combat. L'affaire fut engagée par une forte canonnade. La droite des alliés, qui en vint aux mains la première, chassa la gauche des Français des hauteurs de Puebla.

L'intention du général anglais était de tourner l'armée française; mais ses colonnes, qui avaient été obligées de faire un long détour, arrivèrent trop tard, et n'attaquèrent que sur les neuf heures la division du général Saru, qui couvrait la route de Bilbao, et qui se battit avec intrépidité. Elle conserva ses positions jusqu'à la nuit, malgré les forces sans cesse renaissantes contre lesquelles elle eut à lutter.

Le brave général Saru reçut un coup mortel au moment où il attaquait l'ennemi avec impétuosité. Les Anglais, qui avaient été obligés de rétrograder, étonnés de trouver tant de résistance de la part d'une armée si inférieure en nombre, déployèrent sur les hauteurs 20,000 hommes. Le général Lamartinière engagea avec eux une vive fusillade. Il y eut tant d'hommes tués que leurs cadavres servirent de retranchement. Les soldats en faisaient des monceaux qui leur servaient d'abri contre les balles.

Pendant que l'ennemi était contenu par la gauche, ses armes obtenaient des succès sur la route de Puebla. Le terrain trop resserré ne permettant pas à la cavalerie de se déployer et de faire des charges, les masses anglaises enfoncèrent les colonnes françaises, qui bientôt furent mises en désordre. Soit imprévoyance, ou ignorance des lieux, plus de vingt-quatre pièces de canon et toutes les munitions formant le grand parc de réserve avaient été placées près d'un marais. Vers les quatre heures du soir, on chercha à les diriger sur Pampelune; mais ce fut en vain : cette route était interceptée par un chariot de roulier renversé.

Ainsi fut arrêté le convoi de plus de douze cents voitures, parmi lesquelles se trouvaient celles de la cour, celles des réfugiés espagnols et les fourgons du trésor.

Le régiment commandé par Sommerset, que nous pouvons maintenant appeler lord Raglan, ayant alors passé dans l'intérieur des lignes, la terreur s'empara de tout le monde.

On a de la peine à se faire une idée de l'affreux désordre qui en fut la suite : des femmes, voyant pour la première fois les horreurs de la

guerre, se croyant déjà immolées au ressentiment de leurs conci-
toyens, dont elles avaient abandonné la cause, couraient çà et là en
poussant des cris lamentables. Elles imploraient, pour elles et pour
leurs enfants, la pitié des soldats, les conjurant de ne pas les livrer à
la vengeance des Espagnols. Les cavaliers français, sensibles aux larmes de ces infortunées, les mettaient en croupe, et se hâtaient de
fuir. Des caissons remplis d'or étaient abandonnés et ne fixaient les
regards de personne. Ces trésors et la nombreuse artillerie des Français tombèrent au pouvoir des Anglais.

Lord Raglan faisait partie de l'armée anglaise à la bataille de Waterloo. Un boulet parti de nos rangs au commencement de l'action
l'atteignit au bras, et, bien que la blessure fût assez grave pour néces-
siter l'amputation qui eut lieu le soir même, l'intrépide officier ne
quitta son poste qu'à la fin de la bataille.

Ce dénoûment d'une série de guerres titaniques ayant rendu à la
vie civile un grand nombre d'officiers de mérite, lord Raglan s'occupa
d'études scientifiques, d'agriculture, et mena une vie partagée entre
le travail intellectuel et la villégiature jusqu'en 1818, époque où il fut
nommé membre de la chambre des communes. On le trouve peu de
temps après secrétaire du directeur général de l'artillerie, puis secrétaire du commandant en chef de l'armée, puis major-général des troupes anglaises, puis en 1833, lieutenant-général. Après la mort du duc
de Wellington, il fut nommé directeur général de l'artillerie, et il entra avec le titre de baron dans la chambre des lords.

Quoique âgé de soixante-huit ans, le commandant de l'armée anglaise en Orient se distingue par son énergie physique et morale. Sa
physionomie ouverte, éclairée par des yeux à travers lesquels se montre une âme supérieure, inspire d'abord le respect en même temps
que l'affection. Le général qui, ainsi qu'on l'a vu dans notre court récit, a donné plus d'une preuve d'intrépidité, s'est acquis surtout la
réputation de tacticien habile, et c'est à lui qu'on dut en Portugal la
fortification des fameuses lignes de *Torres-Vedras*, regardées avec
raison comme un chef-d'œuvre de l'art militaire.

C'est un intéressant spectacle de voir ce vieux soldat qui a passé sa
vie à combattre la France, qui a reçu d'elle les blessures dont les ci-
catrices sillonnent sa poitrine, qui a vu un boulet parti de nos rangs
emporter l'un de ses bras, c'est un beau et touchant spectacle de voir
ce chef vénéré s'entretenir comme un ami avec le général français, et
tous deux mettre en commun leurs lumières pour assurer le succès
des grandes opérations qui se préparent.

LE VICE-AMIRAL HAMELIN,

Le commandant en chef de l'escadre française dans la mer Noire a fait de bonne heure connaissance avec la mer et avec le danger. Né en 1796, il était âgé de dix ans lorsqu'il monta en qualité de mousse sur la frégate *la Vénus*, commandée par son oncle, le capitaine Félix Hamelin, depuis baron et amiral, et qui a laissé dans nos fastes maritimes un nom brillant du plus vif éclat.

C'était en 1806, à l'époque de notre grande lutte contre l'Angleterre qui, sur toutes les mers, s'efforçait d'écraser nos flottes par la supériorité numérique de ses escadres. Ferdinand-Alphonse Hamelin fut rapidement initié à tous les détails de la manœuvre, à tous les éléments matériels du métier de marin, et en même temps, à la partie la plus ardue de la science nautique, à ces connaissances si complexes qu'exige la guerre sur un élément variable et tourmenté.

Pour son début, Ferdinand Hamelin fut spectateur et acteur de l'un des épisodes les plus terribles et les plus sanglants de ces guerres meurtrières. Une expédition anglaise, partie des côtes de l'Inde, avait résolu de s'emparer de l'île de la Réunion, qui nous appartenait et qui formait à son commerce avec l'Inde et la Chine un obstacle important. L'amiral Duperré, commandant la station navale dans ces parages, se vit subitement sur le point d'être attaqué par des forces de beaucoup supérieures. Dans ce moment critique, un conseil fut tenu, et l'on y décida qu'on se défendrait jusqu'à la mort. L'attaque eut lieu en effet, et tout fut disposé pour une lutte à outrance. L'escadre anglaise essaie de couper notre ligne, mais cette tentative est déjouée et lui coûte deux de ses meilleures frégates, *la Néréide* et *la Magicienne*, misérablement échouées à la côte. La frégate française *la Bellone*, montée par le commandant Duperré, se défendait seule contre quatre bâtiments qui l'accablaient à la fois d'une grêle de boulets et de mitraille. Atteint en plein visage par un biscaïen et renversé de son banc de quart, Duperré s'écrie d'une voix tonnante : « Braves marins de *la Bellone*, jurez-moi de ne jamais amener votre pavillon, et de jeter mon corps à la mer pour lui épargner la honte de tomber entre les mains des Anglais! » paroles sublimes que l'histoire a recueillies, et que l'admiration d'un grand peuple a inscrites dans ses fastes pour servir d'exemple et de cri de guerre aux futurs défenseurs de son indépendance.

A ce moment arrive un renfort de deux frégates et d'une corvette renfort conduit par le commandant Hamelin, qui se trouve à bord de *la Vénus* avec son jeune neveu. *La Vénus* se dirige immédiatement vers le point le plus dangereux et ne cesse de faire un service actif autour de *la Bellone,* dont le capitaine Bouvet a pris le commandement et qui, devenue l'unique forteresse de la flotte française, reçoit les bordées de mitraille de 94 canons. L'intervention de *la Vénus* change la face des choses. L'énergie de nos marins redouble. Deux frégates ennemies, criblées de boulets, s'abîment dans les flots; une troisième frégate anglaise, *l'Iphigénie,* cherche à s'échapper. Elle tombe sous le tonnerre de *la Vénus* qui lui fait amener pavillon, obtient la reddition de l'îlot de Grand-Port, et chargée de deux cents prisonniers, se met à la chasse des autres bâtiments en fuite.

Une action furieuse s'était engagée entre le brick français *le Victor* et la frégate britannique *le Ceylan,* de 40 canons et 400 hommes d'équipage. Ils se mitraillaient à bout portant. Boulets rouges, boulets ramés, mitraille, grappes de raisin, tous les moyens de destruction étaient employés. Le sang coulait sur le pont et par les sabords. Enfin le commandant du *Victor* s'aperçut que le feu de son adversaire avait entièrement cessé et que la frégate anglaise venait d'amener son pavillon.

Attirée par le bruit de ce combat, parut *la Vénus,* à laquelle incomba la tâche difficile de ramener deux bâtiments avariés au point de ne plus pouvoir tenir la mer. Tous deux avaient perdu leurs mâts de hune, et *le Victor* ne pouvait qu'avec peine entraîner le navire anglais. Le commandant Hamelin parvint à établir des basses voiles qui permettaient de naviguer; mais tandis que cette escadre se met laborieusement en marche, un cri d'alarme est poussé par la vigie de *la Vénus.* Deux frégates et deux corvettes anglaises, trop tard averties de la détresse du *Ceylan,* arrivent en forçant de voiles. Félix Hamelin n'hésite pas. Il ordonne au *Victor* de se diriger avec sa prise vers le port Napoléon, et lui-même, faisant sonner le branle-bas de combat, se dispose à la lutte. En un instant son bâtiment, déjà mutilé par tant de chocs, est enveloppé et couvert de feu. Une trombe de fer et de plomb le broie en tous sens, hache le gréement, fait tomber matelots et soldats. Au milieu de cet ouragan, du sein duquel sortent la mort et la destruction, on entend par intervalles le cri de *vive la France!* immédiatement suivi de détonations épouvantables. C'était le lion qui se débattait furieux et qui, à ses efforts héroïques, joignait les éclats de sa voix menaçante. Étonnés de tant de bravoure, les Anglais firent apercevoir quelque hésitation; mais l'instant d'après, la foudre de leur artillerie recommença à gronder :

— Commandant, dit un officier à Félix Hamelin, il ne nous reste plus que trois pièces de 36 pour nous défendre.

— Qu'importe? répond Hamelin, tirez toujours; notre dernier boulet sera peut-être funeste à l'ennemi !

Tous les mâts sont abattus, tous les agrès sont anéantis; le navire, percé à jour par les boulets, menace de s'engloutir. Hamelin se décide à regret à le quitter. Il parvient à sauver le reste de son équipage, à faire emporter dans les chaloupes tous les blessés et part de son bord le dernier, laissant entre les mains des Anglais un informe tronçon de vaisseau qu'il est impossible de remorquer et qu'on est obligé d'abandonner.

C'est ainsi que le jeune Alphonse Hamelin eut la chance de recevoir, dès le commencement de sa carrière, une de ces sublimes leçons dont le souvenir toujours vivant vous accompagne dans toutes les positions et dans toute la durée de l'existence.

Une pratique pareille forme vite et chasse bien loin les futiles préoccupations du premier âge pour faire place aux graves pensées. On traite désormais Alphonse Hamelin comme un marin expérimenté. En 1812, il était enseigne de vaisseau; en 1813, lieutenant de vaisseau, puis adjudant de son oncle Hamelin, qui a obtenu le grade de vice-amiral. Il prend part à ces dernières et courageuses luttes de notre marine qui honorent la fin de l'empire; il se signale au bombardement d'Anvers, puis, la restauration venue, il rentre dans l'obscurité jusqu'en 1827.

A cette époque, le commerce de Marseille était entravé par les corsaires algériens qui infestaient la Méditerranée, s'emparaient de cargaisons entières et coulaient bas les bâtiments après en avoir massacré l'équipage. Une corvette confiée au commandement d'Alphonse Hamelin fut envoyée à la chasse de ces forbans, et bientôt aux coups qui leur furent portés, ils reconnurent qu'ils avaient affaire à plus fort qu'eux. Leurs bâtiments furent pris ou incendiés, leurs chefs mis à mort au milieu du combat ou emmenés prisonniers. En peu de temps, la mer fut balayée, et les vaisseaux chargés de nos richesses commerciales voguèrent avec sécurité vers le Levant. La chambre de Marseille vota des remercîments au jeune officier, qui obtint en récompense de sa brillante conduite le grade de capitaine de frégate. En cette qualité, Alphonse Hamelin fit sur la frégate *la Favorite* la campagne du Brésil. Assailli par les tempêtes dans les mers du Sud, il vit la fièvre jaune fondre sur son équipage, et ne parvint qu'à force de courage et de sang-froid à remplir avec honneur sa mission.

Lors de l'expédition d'Alger, le capitaine Hamelin avait été oublié peut-être volontairement, à cause de ses opinions libérales. Quelques jours avant le départ, il adressa au commandant en chef la lettre suivante :

« Mon général,

« L'intérêt que vous m'avez toujours témoigné m'encourage à vous adresser la demande d'un commandement.

« J'apprends que l'ordre vient d'arriver à Toulon de préparer des Lombardes.

« On s'accorde à dire ici que c'est pour une expédition à Alger.

« Voilà plusieurs mois que je suis à terre : je trouve que c'est beaucoup pour un officier qui n'a pas 33 ans.

« Je vous demande donc le commandement d'un bâtiment faisant partie de l'expédition, une bombarde même.

« Je sais que ce n'est pas un commandement de mon grade, mais peu m'importe, pourvu que j'aille au feu.

« *Signé* : le capitaine de vaisseau,

« HAMELIN. »

A cette lettre, l'amiral Duperré répondit par l'ordre de prendre le commandement de la corvette de *l'Actéon*. Une suite d'actions d'éclat justifia cette confiance, et le nom de capitaine Hamelin figure avec honneur dans presque tous les rapports.

En 1836, Hamelin fut nommé capitaine de vaisseau, et il exerça depuis différents commandements. En 1839, il perdit son oncle, et en 1842, il fut élevé au grade de vice-amiral. Presque en même temps, il fut désigné pour remplir à Toulon les fonctions, précédemment confiées à son oncle, de major-général de la marine. En 1844, il commandait la station française de l'Océanie. A son retour, il était appelé à faire partie du conseil de perfectionnement de l'École polytechnique, et il était, en même temps, désigné comme inspecteur-général à Toulon et à Rochefort. En 1849, il était nommé membre du conseil d'amirauté, membre de la commission des places, et préfet maritime de Toulon. Enfin, en juin 1853, il reçut le commandement de l'escadre d'évolution, et, en juillet, le commandement de l'escadre française devant Bésika.

On sait de quelle manière énergique, et en même temps pleine d'humanité, a été accompli le bombardement d'Odessa. Nous allons citer à ce sujet deux rapports du vice-amiral Hamelin, qui achèveront de faire connaître ce noble et beau caractère :

A bord du vaisseau *la Ville-de-Paris*, au mouillage de Batschi, le 10 avril 1854.

« La frégate à vapeur le *Furious* s'était rendue, le 6 de ce mois à Odessa pour réclamer les consuls et ceux de nos nationaux qui pouvaient désirer sortir de cette ville à l'approche des hostilités avec la **Russie.**

« Le *Furious* est arrivé hier, et en jetant les yeux sur le rapport du commandant de cette frégate, Votre Excellence verra que, malgré le pavillon parlementaire qu'elle avait arboré et que son embarcation portait également, les batteries d'Odessa, dont le nombre a été beaucoup augmenté depuis ces derniers événements, ont tiré traîtreusement sept coups de canon à boulet sur cette même embarcation, peu d'instants après qu'elle avait quitté le quai et les autorités maritimes.

« C'est un procédé sans exemple dans l'histoire des guerres civilisées.

« Il faut remonter à 1829, époque à laquelle le dey d'Alger en fit autant au vaisseau *la Provence* (et encore était-ce un vaisseau), pour retrouver un fait analogue, c'est-à-dire qu'il faut en emprunter l'exemple à une guerre avec les barbares.

« L'amiral Dundas et moi nous allons aviser aux mesures sévères qu'exige un pareil procédé. »

Voici maintenant de quelle manière sobre et modérée le vice-amiral rend compte de l'exécution de ces mesures :

Baltchik, *Ville-de-Paris*, 29 juin 1854.

« Monsieur le ministre,

« Lorsque j'ai eu l'honneur de vous rendre compte des pertes qu'avait dû essuyer le gouvernement russe par suite du bombardement du port impérial d'Odessa par les bâtiments à vapeur de l'escadre combinée, je n'avais pu que constater celles visibles du pont de nos bâtiments; or, comment apprécier exactement, soit à bord des navires combattants, soit à bord des vaisseaux qui les voyaient combattre, le ravage que nos projectiles avaient opéré au milieu des rangs ennemis ou dans l'arsenal lui-même ?

« Nous avions bien vu et entendu une poudrière sauter et les navires s'enflammer pêle-mêle au milieu de cet arsenal, dont les casernes et magasins incendiés s'écroulaient successivement, dont les canons et les affûts gisaient démantelés sur la tête du môle : pendant trois nuits consécutives les flammes de l'incendie n'avaient pas cessé de briller sur ces débris; mais tels étaient les seuls résultats généraux que nous avions pu constater.

« Aujourd'hui il n'en est pas de même, et je puis, grâce à des renseignements puisés à bonne source et provenant d'une personne digne de foi qui se trouvait à Odessa même pendant l'attaque, et qui y restée depuis, donner à Votre Excellence les détails que sollicite sa dépêche du 24 mai. Voici donc quels sont les dommages éprouvés par le port impérial d'Odessa et ce qu'il renfermait, à la suite de l'attaque du 22 avril.

« Parmi les dix bouches à feu qui défendaient, les unes l'entrée, les autres la tête du môle, ces dernières ont été complétement démantelées; c'est ce que nos bâtiments à vapeur avaient en vue et ce qui leur a permis d'approcher du port impérial pour y détruire magasins et bâtiments russes.

« La poudrière construite pour les besoins de la batterie du môle a sauté, explosion qui a tué ou blessé la presque totalité des hommes qui armaient cette batterie. Le magasin du gouvernement, qui contenait tous les objets de matériel pour l'usage des paquebots à vapeur de l'État dans la mer Noire, a été entièrement consumé. Une caserne construite pour les Cosaques a eu le même sort, ce qui a entraîné la perte d'un assez grand nombre de cavaliers et de chevaux : il en a été de même d'un grand magasin renfermant des grains et fourrages.

« Le môle lui-même, atteint d'un assez grand nombre de boulets, a été grandement endommagé. Bref, la batterie de campagne de quatre bouches à feu de 16, qui avait tenté de se mesurer avec l'artillerie de nos frégates, a été presque complétement détruite, hommes et chevaux.

« Le port impérial contenait 53 bâtiments à voiles, trois à vapeur, et cinq machines à draguer. Des trois bâtiments à vapeur, l'un, le *Dniester*, en fer et de 40 chevaux, appartenant au gouvernement, après avoir reçu plusieurs boulets dans sa coque et sa carène, a coulé et s'est rempli en moins de cinq minutes. On a vainement essayé de le relever. Un autre bâtiment à vapeur en fer, le *Luba*, a coulé, après avoir reçu 16 boulets dans la partie avant de sa carène; on considère sa mise à flot comme impraticable. Un troisième vapeur, de 90 chevaux, l'*Audia*, a coulé, mais il a été relevé depuis, à ce qu'il paraît.

« Des cinq machines flottantes à draguer, la plus neuve a été entièrement détruite; elle a coulé le premier jour, et l'on n'a aucun espoir de la remettre à flot; les quatre autres machines à draguer ont éprouvé des avaries plus ou moins considérables.

« Des 53 bâtiments à voiles qui étaient da ns le port d'Odessa, l'un, le *Nicolas I*er, d'environ 600 tonneau x, a été consumé par les flammes; deux bricks ont été complétement br ûlés, ainsi qu'une goëlette chargée de charbon de Newcastle qu'elle allait transporter à Ismaïl. Le reste de ces navires, qui étaient des caboteurs russes de diverses grandeurs, ont été plus ou moins endommagés par les boulets, et la plupart ont coulé.

« Quant aux pertes en hommes supportées par l'ennemi, il a fallu, pour pouvoir les apprécier, recourir à des sources particulières, le gouvernement russe s'étant abstenu d'en publier officiellement le chiffre. Il résulte de c s informations que le nombre des tués et blessés n'est pas inférieur à 200.

« Votre Excellence n'avait pas besoin de ces renseignements pour rester convaincue d'avance que les documents renfermés dans mes rapports antérieurs étaient plutôt au-dessous de la vérité qu'au-dessus. Peut-être n'en peut-on pas dire autant de ceux du général ennemi, surtout en ce qui concerne la mise hors d'état prétendue de je ne sais combien de nos frégates à vapeur, à la suite de cet engagement. Votre Excellence le sait, aucune de nos frégates, de nos corvettes à vapeur n'ayant reçu un seul boulet dans sa machine ou ses chaudières, n'a été empêchée de suivre les escadres, et, chose singulière, pas un de nos hommes n'a été tué ou blessé par les projectiles de l'ennemi, alors que les nôtres faisaient ravage dans ses rangs, dans sa flottille et dans son arsenal.

« Quant au désordre qui régnait dans l'arsenal au début de l'affaire, il m'a été de nouveau affirmé; ce qui explique, comme j'ai déjà eu l'honneur de l'écrire à Votre Excellence, que les autorités d'Odessa aient combattu *sans pavillon;* et cependant les couleurs russes s'arboraient assez fréquemment sur les édifices de la douane et de la quarantaine.

« Je suis, etc.

« Le vice-amiral commandant en chef
l'escadre de la mer Noire,

« Signé HAMELIN. »

Ce langage simple et digne, exempt de toute rodomontade, se concilie parfaitement avec le visage calme et tranquille du vice-amiral, semblable à la surface de l'Océan, qui sous son miroir paisible cache toute la puissance de la tempête.

L'AMIRAL NAPIER,

COMMANDANT DE LA FLOTTE ANGLAISE DE LA BALTIQUE.

Comme l'illustre maréchal Bugeaud, cette abeille d'or tombée du manteau de l'empire, sir Charles Napier pourrait prendre pour devise *Ense et Aratro*. En effet, l'épée du guerrier et le soc du laboureur semblent également s'animer sous sa main, et pour confier à cet autre Cincinnatus le plus haut commandement maritime, il a fallu l'aller chercher à sa charrue.

Sir Charles Napier naquit, le 6 mars 1786, à Murshiston-Hall, dans le comté de Shierling. Il était fils de Charles Napier, capitaine dans la marine royale, et de mistress Hamilton. Ainsi que le vice-amiral Hamelin, dont tout à l'heure nous esquissions la vie, il entra, dès son jeune âge, dans la carrière qu'il devait parcourir d'une façon si remarquable, et dès l'âge de treize ans, on le voit investi du grade de midshipman, dont l'équivalent est chez nous celui d'enseigne de vaisseau. A quinze ans, il était lieutenant de vaisseau et, grâce à l'intelligence et à la bravoure dont il fit preuve, il était nommé, en 1808, à l'âge de vingt-deux ans, commandant de *la Recrue*, brick de 18 canons.

L'observation que nous avons faite à propos de lord Raglan peut également trouver sa place ici. C'est en combattant contre nous que s'est illustré d'abord sir Napier, et de même que l'honorable commandant de l'armée anglaise en Orient, il a connu par sa propre expérience la valeur de nos soldats. Dans un combat qu'il soutint au commencement de 1809, il eut la cuisse fracassée, ce qui ne l'empêcha pas de rester sur le pont jusqu'à la fin de l'action en animant de la voix et du geste son équipage électrisé. Toutes les fois que l'on vient à parler des hommes de guerre remarquables que possède la Grande-Bretagne, on est obligé de citer des faits de ce genre, car pendant longtemps les deux premières nations du globe ne se sont vues, pour ainsi dire, qu'à travers la fumée du canon.

Capitaine de vaisseau, il commença, lorsqu'il fut guéri de ses blessures, une série de courses, dans lesquelles il se signala par des actes d'une téméraire intrépidité, tels qu'on en raconte des anciens flibustiers; mais à ce merveilleux venaient se joindre des sentiments de justice et d'humanité trop souvent oubliés dans de semblables occasions.

En 1813, commandant le vaisseau le *Furious*, il s'empara de l'île de Ponza, sur la côte de Naples. Cet audacieux coup de main, que les annales maritimes ont enregistré dans leur plus belle page, lui valut le titre de chevalier de Ponza. Il prit part ensuite à l'expédition d'Alexandrie, et le capitaine Gordon fit de lui, dans ses dépêches, les éloges les plus flatteurs.

Cependant l'étoile du génie des temps modernes commençait à pâlir. Le 11 avril 1814, Napoléon abdiquait à Fontainebleau pour ne pas livrer aux fureurs de l'Europe la France épuisée par le désastre de Russie. Pendant que le grand homme emportait à l'île d'Elbe sa couronne de victoires que n'avaient pu ternir les revers, l'Europe respira, étonnée de ne plus sentir sur sa poitrine ce talon de fer. Napier, envoyé en Océanie, ajoutait au diadème britannique de nouveaux fleurons, lorsqu'une grande nouvelle se répandit comme l'incendie jusque sur les mers les plus éloignées. Le 1er mars 1815, un brick et six felouques arrivant de l'île d'Elbe avaient jeté sur la plage du golfe Juan le César de notre histoire; l'armée, échelonnée pour défendre un roi inconnu et des traditions oubliées, avait salué de ses drapeaux 400 grenadiers de la vieille garde ramenant le dieu des batailles; Grenoble, à défaut de clefs, avait offert à Napoléon les débris de ses portes, et un décret impérial, daté de Lyon, venait de rejeter hors de France l'émigration consternée.

Mais ce retour de la gloire fut de courte durée, et bientôt l'astre symbolique alla s'éteindre sur un rocher battu des flots, en laissant dans le monde un sillon lumineux.

A la suite des événements de 1815, Versailles fut habitée par 4 à 5,000 Anglais. C'était leur ville de prédilection, ils retrouvaient là leurs cottages, leurs pelouses de Greenwich, et la mélancolique grandeur de cet ancien séjour des rois plaisait à leur imagination, sans cesse attristée par l'image de l'infini.

Là, dans une habitation charmante, sir Charles Napier vint s'établir avec sa famille. Il passa quelques années dans une douce quiétude, partageant son temps entre la culture des fleurs, qu'il affectionnait, et l'étude des richesses maritimes de nos bibliothèques et de nos musées. Il pouvait dire comme le poëte latin :

> Nunc libris, nunc somno et inertibus horis
> Duco sollicitæ jucunda oblivia vitæ.

Mais cet esprit supérieur ne devait pas longtemps rester inactif. En 1822, Charles Napier établit sur la Seine les premiers bateaux à vapeur en fer, et forma pour leur exploitation une compagnie, à la tête de laquelle il se plaça, en transportant son domicile au Hâvre, afin de se trouver à même de surveiller la construction de ces *steamers*. Mais l'habile marin s'entendait mieux à son métier qu'à la pratique des affaires et aux roueries des hommes d'argent. La société dont il faisait partie ne tarda pas à être dissoute, et sir Napier quitta les entreprises commerciales pour se renfermer exclusivement dans sa spécialité.

Cependant la Grèce, frissonnant subitement au souvenir de Marathon et de Salamine, avait jeté son premier cri d'indépendance, et Charles Napier accourut d'abord à cette clameur qui lui semblait poussée par les héros d'Homère. Après la bataille navale de Navarin, l'amiral français n'hésita pas, par un noble mouvement, à citer son nom avec une auréole de louanges méritées.

A la suite des événements de 1830, l'Angleterre, craignant de voir la traînée révolutionnaire parcourir l'Europe et en faire jaillir des armées, s'empressa de rappeler Charles Napier et de le gratifier du titre de commodore. Lors du blocus des côtes de Hollande, en 1832, il commandait l'un des vaisseaux de l'escadre anglo-française. Mais cette expédition fut de courte durée, et le hasard fournit bientôt au nouveau commodore une plus belle occasion de mettre en relief son incontestable mérite.

En 1833, brouillé avec son amiral Sartorius, don Pedro, roi de Portugal, craignait de confier à un officier de sa nation la petite flotte à laquelle se rattachait en quelque sorte sa destinée; il pria l'Angleterre de lui prêter un de ses marins d'élite, et celle-ci lui envoya Napier.

Mis, le 14 janvier, à la tête de la flotte, Charles Napier part de Porto le 24, bloque le Tage, cherche partout la flotte de don Miguel qu'il a juré d'anéantir sans s'y reprendre à deux fois, la rencontre à la hauteur du cap Saint-Vincent et, quoiqu'elle soit bien supérieure en force à celle que lui-même commande, il n'hésite pas à l'attaquer. Du premier choc, trois vaisseaux ennemis sont criblés de boulets et coulés à fond. Bientôt, de la flotte miguéliste il ne reste que d'informes débris dispersés sur l'Océan.

Cette victoire assure à don Pedro le trône de Portugal. En récompense, il confirme à sir Napier la dignité d'amiral qu'il a si bien mérité, et joint à ce titre celui de comte du cap Saint-Vincent, ainsi que la grande croix de l'ordre de la Tour et l'Épée. Ces brillantes distinctions n'empêchèrent pas celui à qui elles étaient conférées de revenir en Angleterre pour y reprendre modestement son rang de simple capitaine.

Admis à cette époque, malgré la vive opposition des tories, à la chambre des communes, Napier s'y montra le partisan dévoué des idées de réforme. Ses convictions profondes lui donnaient une éloquence dégagée de toutes fleurs de rhétorique, mais solide et pénétrante comme un coin d'acier dans le flanc d'un navire. C'était surtout au sujet du matériel maritime, qui était loin d'avoir atteint à cette époque, en Angleterre, la perfection qu'on lui reconnaît aujourd'hui; c'était contre le mode de recrutement des matelots, contre l'incurie apportée à l'entretien des ports et des arsenaux, que sir Napier lançait ses rudes philippiques. La réforme maritime était son *delenda Carthago*, et il en parlait à propos de tout, de même que dans la chambre française le général Bertrand réclamait constamment et imperturbablement le retour des cendres de l'Empereur. Il est rare que des réclamations aussi persistantes ne soient pas, tôt ou tard, suivies de succès.

En 1840, lorsque la scission effectuée entre le sultan et son vassal, le pacha d'Égypte, eut attiré l'attention de l'Europe, les principales puissances occidentales prirent parti pour l'un et pour l'autre de ces personnages. S'étant déclarée, selon les inspirations de sa politique, en faveur de Mahmoud, l'Angleterre envoya dans la Méditerranée, sous les ordres de l'amiral Stapford, une flotte imposante dans laquelle Charles Napier commandait le vaisseau *le Puissant*. Au mois d'août, sir Napier, à la tête d'une escadre de 4 vaisseaux de ligne, menace les côtes de Syrie. L'éloignement subit de l'amiral lui donne une grande liberté d'action, et Charles Smith, le commandant des troupes de terre, se trouvant atteint d'une grave maladie causée par le climat, Napier reste seul avec une lourde responsabilité. Mais c'est un homme que rien n'embarrasse. Débarquant à Djounie, il arme les montagnards du Liban, s'improvise général de terre, et mène la guerre de plaines et de montagnes comme si de sa vie il n'eût fait autre chose. Il emporte Sidon, prend part au bombardement de Beyrouth, bat Ibrahim-Pacha à Boharrof et va d'un tel train que lorsque Smith, guéri de sa maladie, vient pour reprendre le commandement, il trouve sa besogne faite et le succès de la campagne assuré.

Au siége de Saint-Jean-d'Acre, Charles Napier, qui conduit une des divisions de la flotte, prend sur lui de changer l'ordre de bataille arrêté en conseil de guerre. Une brillante réussite ayant caché sous son éclat cette infraction à la discipline, l'heureux coupable est amnistié par l'amiral, qui lui confie plusieurs vaisseaux destinés au blocus d'Alexandrie.

Dans cette circonstance, Charles Napier s'investit de son propre chef des fonctions de négociateur et conclut de son autorité privée, avec le pacha d'Égypte, une convention par laquelle il s'engage à lui assurer, au nom des puissances alliées, la Syrie héréditaire; moyennant quoi, le pacha s'obligera de son côté à restituer la flotte turque et à évacuer les villes saintes, Candie et la Syrie.

Cette grave initiative suscita, comme on devait s'y attendre, un concert de réclamations; mais bientôt on ne put s'empêcher de reconnaître que Charles Napier avait pleinement raison et que la solution qu'il avait provoquée était la seule issue possible d'un conflit dont on ne prévoyait pas le dénoûment. Après de longues négociations, que l'amour-propre plutôt que l'intérêt rendait très-difficiles, les cinq grandes puissances signèrent le traité de 1841, où la Turquie fut admise au nombre des parties contractantes; elle entra ainsi, pour la première fois, dans le droit public européen réclamé pour elle par Mahmoud en 1815 et refusé alors, grâce aux intrigues de la diplomatie russe. Débarrassé de cette guerre qui affaiblissait et humiliait son empire, le jeune sultan Abdul-Medjid put reprendre avec sérénité le cours de ses importantes réformes.

Tout ce qu'il avait fait se trouvant ainsi ratifié, sir Charles Napier eut encore la satisfaction d'être lui-même désigné pour veiller à l'accomplissement du traité dont il avait posé les bases.

Ces grandes choses exécutés et la paix rétablie, le commodore Napier rentra dans la vie privée, se livra dans son domaine de Stamp-

shire à des travaux de haute agronomie, qui attirèrent sur lui l'attention du monde savant. En même temps il publiait dans deux ouvrages
pleins d'intérêt le récit de ses campagnes ; il faisait insérer dans les
journaux scientifiques des observations sur l'architecture navale et la
construction des bateaux à vapeur appliqués à la guerre; il soumettait
à l'amirauté de nouveaux modèles de vaisseaux et dirigeait lui-même
la construction d'une frégate à vapeur gigantesque, de la force de 500
chevaux. Toutes ces occupations ne l'empêchaient pas de se livrer à
des excursions dans les différentes parties de l'Angleterre et de faire
briller dans les salons l'esprit et l'enjouement qui lui sont naturels.

C'est à cette vie si bien remplie et si pleine d'attraits que sir Charles
Napier s'est arraché au premier appel de son pays pour aller combattre
au loin les ennemis de la civilisation. Avec un homme de ce caractère
et de cette trempe, à la tête d'une flotte redoutable et merveilleusement
équipée, on comprend que, lorsque sonnera l'heure des attaques décisives, de terribles coups seront portés à la puissance moscovite.

LE VICE-AMIRAL PARSEVAL-DESCHÊNES,

COMMANDANT DE L'ESCADRE FRANÇAISE DE LA BALTIQUE.

C'est dans une des tristes pages de notre histoire maritime que nous
trouvons pour la première fois, cité avec honneur, le nom d'Alexandre-
Ferdinand Parseval-Deschênes. On ne peut, sans avoir l'âme contris-
tée, retracer la bataille navale de Trafalgar, et cependant il est salu-
taire de rappeler et d'expliquer à la génération nouvelle nos désastres
d'autrefois pour que le passé serve de leçon à l'avenir. Dût notre amour-
propre national en souffrir, nous ne devons céler aucun de nos revers,
dissimuler aucune de nos pertes. La France, d'ailleurs, comme nous
l'avons déjà dit, a assez de titres de gloire à revendiquer pour pouvoir
avouer sans rougir ses rares défaites.

A Trafalgar, les mêmes fautes furent commises qu'à Aboukir, et ces
deux affaires se ressemblent en beaucoup de points.

A Aboukir, contrairement à l'avis de l'amiral Blanquet-Duchayla
et du capitaine Aristide Dupetit-Thouars, Brueys, qui commandait la
flotte française, résolut d'attendre l'ennemi au mouillage et de combattre à l'ancre. Cette décision était d'autant plus inexplicable, que la
côte d'Aboukir n'était armée d'aucun fort, d'aucune batterie, à l'exception du château qui s'élève sur la pointe occidentale, mais qui ne
pouvait être d'aucune utilité dans la circonstance. En tout cas, l'a-
miral aurait dû faire étudier soigneusement le terrain sur lequel il allait

livrer bataille, afin de s'assurer si les bâtiments anglais pourraient, ou non, se glisser entre les Français et la terre. Il avait eu près d'un mois pour opérer son embossage, pour établir des batteries sur les caps avancés, renforcer et exercer ses équipages, et aviser à fermer toute issue entre la côte et la tête de sa ligne. Rien de tout cela n'avait été fait. Brueys attendait et se croisait les bras, s'imaginant que l'ennemi ne se hasarderait pas dans une baie fort peu connue, même des petits bâtiments du pays.

L'escadre était composée ainsi qu'il suit : le *Guerrier*, capitaine Trullet aîné; le *Conquérant*, cap. Dalbarade; le *Spartiate*, cap. Emériau; l'*Aquilon*, cap. Thévenard; le *Peuple-Souverain*, cap. Raccord; le *Franklin*, cap. Gillet (Blanquet-Duchayla, contre-amiral); l'*Orient*, cap. Casa-Bianca (Brueys, vice-amiral, commandant en chef); le *Tonnant*, cap. Dupetit-Thouars; l'*Heureux*, cap. Étienne; le *Mercure*, cap. Cambon; le *Guillaume-Tell*, cap. Saulnier (Villeneuve, contre-amiral); le *Généreux*, cap. Lejoille; le *Timoléon*, cap. Trullet jeune. Sur ces treize vaisseaux, il y en avait un, l'*Orient*, de 120 canons, trois de 80; les autres portaient 74 pièces. Quatre frégates, *la Diane*, *la Justice*, *l'Artémise* et *la Sérieuse*, trois bombardes, quelques bricks et bateaux canonniers complétaient l'armée navale française.

L'îlot d'Aboukir, dont nous avons parlé, reçut deux canons de 12 et deux mortiers, pas davantage. Ce fut pourtant le point d'appui choisi pour la tête de la flotte. Le premier vaisseau fut placé à 1,200 toises de l'îlot, distance évidemment beaucoup trop grande; le second bâtiment, à 80 brasses du premier, et ainsi des autres. A partir du centre, occupé par le vaisseau amiral, la ligne s'infléchissait vers la côte, de sorte que l'escadre formait un angle obtus dont le sommet regardait la haute mer.

Cet ordre de bataille, très-facile à comprendre, avait d'immenses et visibles inconvénients. La tête de la flotte se trouvait trop loin de l'îlot, car la profondeur de l'eau dans l'espace laissé libre était suffisante pour de gros navires, et les quatre pièces d'artillerie placées sur le rocher ne pouvaient certes pas arrêter un ennemi tant soit peu audacieux. Les navires étaient trop éloignés les uns des autres, la distance de 80 brasses laissant le passage ouvert à trois ou quatre vaisseaux de front; la ligne pouvait donc être aisément coupée. La position du centre en avant offrait aussi plus d'un péril. En un mot, les dispositions de Brueys étaient telles, que plusieurs écrivains ont cru que, même en voyant l'escadre anglaise cingler à pleines voiles vers la baie d'Aboukir, le commandant français resta convaincu de l'impossibilité d'être, non pas vaincu, mais seulement attaqué dans sa retraite.

Nelson, qui commandait en personne la flotte anglaise, employa un système d'attaque tout nouveau alors et qui a changé entièrement les principes de la stratégie maritime. Ce système consiste à accumuler toutes ses forces sur les points les plus faibles de l'armée ennemie, et à arriver au succès de l'ensemble par les succès de détail et d'éparpillement. C'est, comme on le voit, la grande tactique des armées de terre transporté aux batailles navales. L'amiral anglais forma donc sa flotte sur deux colonnes qui devaient pénétrer au cœur de l'escadre française, la couper, la diviser, de manière que ses diverses parties ne pussent se rejoindre ni se porter mutuellement secours. Le vent le favorisa : il permit à son escadre non-seulement de s'élever jusqu'à la tête de la ligne française, mais encore de passer devant son premier vaisseau, et de réaliser ainsi la conception hardie qui devait assurer la victoire au pavillon britannique. Le *Culloden*, qui marchait en avant, s'échoua, et servit de guide à ses compagnons. Les autres passèrent aisément, et Brueys dut être stupéfait en voyant tout à coup les vaisseaux composant son avant-garde et son centre placés entre deux feux, c'est-à-dire dans la position la plus périlleuse. En ce moment, il dut regretter amèrement sa résolution de combattre à l'ancre que les circonstances ne justifiaient en aucune manière.

Bien que le signal du combat eût été fait à cinq heures et demie, le feu ne commença qu'à six heures. Il était alors visible que toute la valeur des marins français ne les sauverait pas, car une portion de la flotte de Brueys était enveloppée par toutes les forces britanniques. Un mouvement de l'arrière-garde, commandée par le contre-amiral Villeneuve, pouvait seul rétablir les chances, mais cette arrière-garde resta spectatrice impassible du combat !

Les deux premiers vaisseaux anglais furent si chaudement reçus par *le Guerrier* et *le Conquérant*, placés en tête de la ligne, qu'ils durent bientôt se rendre; mais dégagés par ceux qui venaient à la suite, ils reprirent l'offensive, et criblèrent à leur tour leurs deux adversaires, qui, un peu après sept heures, se trouvèrent complétement démâtés par le feu des cinq ennemis acharnés à leur destruction. A la tombée de la nuit, l'engagement était devenu général. *Le Spartiate*, attaqué par le *Vanguard*, que montait Nelson, se défendait comme un tigre, bien qu'il eût à combattre un autre assaillant posté du côté de la terre. Tous les combats partiels furent sublimes d'héroïsme de la part des Français. Brueys racheta ses fautes par une fin glorieuse. Debout sur la dunette du vaisseau amiral *l'Orient*, il est frappé par un boulet qui le coupe en deux. On s'empresse autour de lui, on veut le porter au poste des chirurgiens, mais il ordonne qu'on le laisse expirer à la place où il est tombé et, donnant à sa voix toute la fermeté que lui laisse l'approche de l'agonie, il s'écrie : Un amiral français doit mourir sur son banc de quart ! En même temps il cesse de vivre. Bientôt après le feu se manifeste à bord de *l'Orient*, qui saute avec une explosion semblable au bruit de cinq cents canons déchargés à la fois et couvre la mer de ses débris.

Le contre-amiral Villeneuve resta jusqu'à la fin impassible spectateur de ces combats acharnés, et quand la mer fut couverte des débris de nos navires, des cadavres de nos soldats et de nos matelots, sans s'émouvoir à la vue de ce désastre qu'il aurait pu empêcher, il donna tranquillement aux vaisseaux dont le pavillon flottait encore le signal d'appareiller.

A Trafalgar, on retrouve les mêmes dispositions, les mêmes fautes et une partie des mêmes hommes.

C'est encore Nelson qui commande l'escadre anglaise, place ses bâtiments sur deux files, et pénètre lui-même au centre de l'escadre française, afin d'atteindre le vaisseau amiral *le Bucentaure*.

Sur ce navire se trouvait Parseval-Deschênes, bien jeune alors, puisqu'il était né à Paris le 27 novembre 1790. Mais il avait, dès l'enfance, manifesté pour la marine un goût des plus vifs, et, quoique son père, receveur des finances, eût voulu lui faire suivre une carrière moins hasardeuse, il persista dans sa résolution avec tant d'âpreté, qu'on fut obligé de lui céder. Des relations de famille et d'amitié lui valurent la bienveillante protection de l'amiral Latouche-Fréville, qui le fit nommer enseigne provisoire sur *le Bucentaure*, l'un des plus beaux navires de notre marine.

L'amiral Villeneuve, si blâmable à Aboukir, eut encore à Trafalgar l'impéritie de laisser couper notre ligne par l'amiral Colingwood, qui réussit à placer entre deux bordées plusieurs de nos vaisseaux.

Comme à Aboukir, un commandant de l'une des divisions de notre flotte reste immobile avec douze vaisseaux. A Aboukir, c'était Villeneuve; à Trafalgar, c'est Dumanoir. Villeneuve, désespéré, essaie en vain, par des signaux multipliés, d'appeler Dumanoir. Ces signaux se perdent dans le feu et dans la fumée.

A Aboukir, Brueys expie sa faute par une mort héroïque. A Trafalgar, Villeneuve tente inutilement de se faire tuer. Il a vu ses coques démâtées, ses agrès hachés, le sang coulant à flot de ses batteries; il a épuisé toutes les inspirations du courage et du désespoir : la mort s'obstinant à l'éviter, il va la chercher, et termine par le suicide une vie plus malheureuse que coupable.

C'est à Trafalgar que périt Nelson, le plus grand homme de mer qu'ait produit l'Angleterre.

Foudroyé d'abord par trois vaisseaux, puis par cinq, puis par sept, qui l'entourent comme des limiers altérés de sang, crevassé, percé à jour, démantelé, ras comme un ponton, *le Bucentaure* ne cesse pas un instant son feu. Un homme tombe; un autre le remplace. Les gaillards sont inondés de boulets, de balles, de membres humains, de cadavres. En présence de l'horrible carnage, un officier perd la tête et parle de se rendre. « Se rendre ! » s'écrie d'une voix tonnante l'intrépide commandant ; « le premier qui répète ce mot, je lui fends la tête jusqu'aux épaules. » Et il frappe de son sabre l'escalier de la dunette avec une telle force qu'il en envoie une partie dans la mer. Grâce à cette indomptable énergie, *le Bucentaure* se trouve debout le lendemain du combat, alors qu'on voyait sur les vagues, au milieu des débris, seize vaisseaux français et espagnols presque entièrement désespérés, et vingt-huit vaisseaux anglais en si mauvais état, qu'il était difficile de distinguer les vainqueurs des vaincus.

La conduite intrépide du jeune Parseval-Deschênes dans cette affaire lui valut la confirmation de son grade d'enseigne de vaisseau. En 1809, il assista, sur la frégate *l'Italienne*, au glorieux combat des Sables-d'Olonne. Dans le cours de la même année, il fit partie de l'escadre de l'Escaut, commandée par le vice-amiral Missiessy. En 1810, il reçut la mission périlleuse d'amener de Gênes la frégate *la Dryade*. Il fut obligé de traverser les lignes anglaises, et c'est en grande partie à son courage et à son sang-froid qu'on dut la conservation de ce bâtiment. On le retrouve dans la flotte d'Anvers qui éclaira d'un reflet de gloire les désastres de nos armées. En 1815, il est chargé d'une mission près des puissances barbaresques, et l'accomplit avec une étonnante sagacité. Chargé peu après d'une mission semblable à la Guyane hollandaise, il subit un épouvantable naufrage, et ne réussit pas moins à ramener son équipage presque entier. Son dévouement est récompensé par le grade de lieutenant de vaisseau. En 1825, à la suite de la capitulation de Barcelone, à laquelle avait contribué puissamment Parseval-Deschênes, il fut nommé capitaine de frégate et chevalier de la Légion d'honneur.

En 1830, le capitaine Parseval-Deschênes commandait le vaisseau *l'Euryale* lors de l'expédition d'Alger, et se trouvait dans cette belle escadre dont faisait aussi partie le capitaine Hamelin.

Chaque matin, l'arsenal de Toulon se réveille avec le fracas d'un dortoir de géants. C'est un spectacle superbe. Les larges écluses roulent sur leurs gonds ; on incruste des vaisseaux dans leurs écrins de carénage ; les roues à vapeur soulèvent le marteau des forges ; les câbles se déroulent à la corderie ; les chantiers retentissent du grincement des scies sur la pierre et le bois, mêlé au cliquetis des ferrailles. Partout éclate la grandeur du travail et du paysage ; partout les mâts des vaisseaux raient de lignes verticales l'horizon maritime et agitent des milliers de banderoles qui font la joie de l'air. Un peuple d'ouvriers, à la face rude et intelligente, couvre les dalles cyclopéennes des quais et des bassins, et un continuel flux et reflux de matelots et d'officiers achève de donner à ce coin de la France une animation merveilleuse, en frappant de surprise le voyageur.

Par une matinée de juin 1833, le quai de Toulon offrait un aspect plus animé que de coutume. Une division de 2,000 hommes, commandée par le général Trézel, se disposait à partir pour l'Afrique afin de faire le siége de Bougie. Une division navale devait seconder les troupes de terre. Arrêtés comme des îles noires plantées de mâts devant la Grosse-Tour, les vaisseaux étaient le point de mire de toutes les embarcations qui leur portaient des soldats voyageurs. Là, se balançait la frégate *la Victoire*, ayant pour capitaine Parseval-Deschênes. La proue de ce beau bâtiment regardait la haute mer; les voiles se déroulaient aux antennes; les longues flammes aiguisaient, à la cime des mâts, leurs pointes vers le midi. L'immense rade avait cet air de fête qu'elle emprunte aux rayons du soleil, à la gaieté des collines, au murmure cadencé des avirons, au pavoisement des vaisseaux, à l'éclat des armes et aux fanfares militaires qui semblent les voix harmonieuses de la mer.

La large palissade qui s'avance dans le port devant l'hôtel de ville était couverte de spectateurs : leurs figures exprimaient cette curiosité calme qu'on apporte même aux spectacles les plus solennels, lorsqu'ils sont souvent répétés. On contemplait ces vaisseaux superbes où vivaient dans une activité glorieuse de jeunes officiers déjà revenus des zones polaires ou des archipels du Sud. Avec eux faisaient contraste ces vieux navires invalides dont les noms rappellent tant de travaux merveilleusement accomplis; *le Muiron,* qui parle d'Aboukir; *l'Astrolabe* et *la Zélée,* qui racontent leurs explorations pacifiques à travers tous les écueils du globe. On se montrait, devant la forteresse du cap Brun, la petite rade où le vaisseau *le Romulus,* accablé par le nombre, vit périr sous le feu tous les jeunes et brillants officiers, ce qui renouvela de nos jours l'antique lamentation de Sparte : *l'année a perdu son printemps!*

L'escadre partit accompagnée de mille et mille acclamations.

Peu de temps après, la frégate *la Victoire* s'embossait la première et ouvrait le feu contre les batteries de Bougie. On sait quel fut le rapide succès de cette expédition, et la part active qu'y prit la division navale. Parseval-Deschênes fut mis à l'ordre du jour, et il reçut sa nomination de capitaine de vaisseau.

L'expédition contre la république Argentine, celle beaucoup plus grave dirigée contre le Mexique, et dans laquelle le prince de Joinville fut appelé à figurer avec le titre de capitaine de corvette, commandant *la Créole,* mirent en relief les précieuses qualités de Parseval-Deschênes, qui commandait la frégate de 60 canons *l'Iphigénie.* Dans son rapport, l'amiral Baudin mentionna d'une façon toute spéciale et diverses reprises le nom du capitaine Parseval-Deschênes, accompagné des plus honorables éloges. Ce rapport valut au capitaine sa nomination d'officier de la Légion d'honneur. En 1841, il était préfet maritime à Cherbourg; en 1844, grand officier de la Légion d'honneur; en 1846, vice-amiral; en 1847, membre de la commission mixte des travaux publics, en remplacement du vice-amiral de la Susse, et préfet maritime de Toulon, en remplacement du vice-amiral Baudin; en 1848, inspecteur-général des équipages de ligne pour les ports de Brest, Lorient et Cherbourg; en 1851, membre du conseil de l'amirauté; enfin, en mai 1854, il est nommé commandant de la 3e escadre envoyée contre l'empire russe.

Quoique âgé de soixante-quatre ans, le vice-amiral Parseval-Deschênes est un homme plein de feu et de l'activité de la jeunesse. Sa taille imposante semble faite pour le commandement, tandis que sa figure souriante respire la bonté et communique à ceux qui sont sous ses ordres cet amour pour le chef, dont il résulte tant de grandes choses.

Voici quels étaient, au 1er août 1854, les bâtiments composant la flotte alliée, mouillée devant Cronstadt, sous les ordres des commandants Parseval-Deschênes et Napier.

Vaisseaux français : *l'Inflexible*, de 92 canons; *le Tage*, de 92; *Duguesclin*, de 92; *Austerlitz*, de 100; *Indret*, de 80; et en outre six avisos à hélice.

Vaisseaux anglais : *Duc-de-Wellington*, de 131 canons; *Hogue*, 60; *Saint-Jean-d'Acre*, 101; *Impérieuse*, 51; *Blenheim*, 60; *Princess-Royal*, 91; *James-Watt*, 91; *Edimburg*, 60; *Cressy*, 81; *Cœsar*, 91; *Royal-George*, 121; *Majestic*, 81; *Nile*, 91; *Arrogant*, 49; *Desperate*, 8; *Bulldog*, 6; *Driver*, 6; *Magicienne*, 61; *Penelope*, 18.

Le 12 juillet, les vice-amiraux Napier et Parseval-Deschênes, réunis à bord de *l'Inflexible*, rédigeaient l'acte de notification relatif au blocus de Cronstadt, Saint-Pétersbourg, et de tous autres ports, rades, hâvres ou criques situés dans l'intérieur du golfe de Finlande.

LE PRINCE NAPOLÉON BONAPARTE,

COMMANDANT LA 3me DIVISION DE L'ARMÉE FRANÇAISE EN ORIENT.

Dans cette famille Bonaparte qui a donné au monde le plus grand génie des temps modernes, on retrouve des illustrations de tous genres, qui eussent brillé dans le monde d'un vif éclat si l'homme du destin n'avait accaparé toute l'attention de son époque. En effet, dè

le XIIe siècle, les Bonaparte occupaient à Trévise, dont ils sont originaires, une haute position. De là on les voit se fixer en Toscane, y
jouer un rôle important dans l'histoire de ce pays, et enfin passer en
Corse, où, malgré l'obscurité qui semble les couvrir d'abord, on peut
suivre leur trace et établir complétement leur filiation. Le premier
Bonaparte connu en Corse y vint en 1512, non comme réfugié, mais
comme envoyé de la république de Gênes.

Le premier Bonaparte qu'on trouve dans l'histoire est Jean Bonaparte, consul et recteur de Trévise en 1183 ; son fils Jean, deuxième du
nom, fut syndic d'Ascolo. Toute la postérité de Jean II joua un grand
rôle dans l'histoire de Trévise et ne cessa d'exercer les charges les
plus élevées de l'Etat. Nodius Bonaparte fut podestat de Parme en 1272 ;
Conrad Bonaparte, podestat de Sienne en 1311 et chevalier de l'ordre
impérial de l'Eperon d'or ainsi que de celui de Sainte-Marie-
Glorieuse. Jacques Bonaparte, son fils, fut ambassadeur du pape
Nicolas V. Jean-Jacques-Moccio Bonaparte, mort en 1441, fut l'un des
hommes les plus éminents de son pays. Voici la traduction de l'épitaphe latine placée sur son tombeau dans l'église de Saint-François
à San Miniato : « A l'homme le plus illustre de son époque et de
« sa patrie. Jean-Jacques Moccio de Bonaparte, qui mourut le 25
« septembre 1441, Nicolas Bonaparte, son fils, clerc de la chambre
« apostolique, a élevé ce monument. »

Le Nicolas dont il vient d'être question fonda la chaire de jurisprudence à l'université de Pise et fut auteur d'ouvrages importants.
D'autres Bonaparte se distinguèrent dans les emplois publics, dans
l'armée, dans les sciences et dans les arts. François Bonaparte fut
envoyé en Corse, en 1512, en qualité de grand-capitaine, par le gouvernement génois. Il se fixa dans ce pays et y mourut en 1529. Ses
descendants continuèrent à résider en Corse jusqu'à Charles-Marie
Bonaparte, né le 29 mars 1746, reçu docteur à l'académie de Pise en
1769. Député par la noblesse de Corse auprès du roi de France, il
vint à Paris, se maria en 1769 à Lœtitia de Ramolino et mourut à
Montpellier en 1785. De son mariage naquit l'empereur Napoléon
et toute cette pléiade de rois et de reines qui devait jeter sur les
Bonaparte l'éclat d'une gloire infinie. De nos jours la famille Bonaparte compte encore des littérateurs et des savants, parmi lesquels
brille le prince Charles-Lucien Bonaparte, fondateur des congrès
scientifiques d'Italie.

En 1838, à son retour de Fribourg, où il était allé assister à une réunion de savants naturalistes, le prince proposa au grand-duc de Toscane
d'autoriser dans ses États la réunion d'un congrès scientifique italien,
pour servir d'encouragement et de modèle à des assemblées de même nature dans les autres parties de l'Italie. Les professeurs Antinori, Amici,

Giorgini, Savi et Buffalini, appuyèrent la démarche de Charles Bonaparte, et le grand-duc ouvrit en personne le premier congrès dans sa ville de Pise, au mois de septembre 1839. Des savants de tous les pays assistèrent à cette solennité. Le prince Charles fut nommé président de la section de zoologie, et engagea sur cette science, dans le sein du congrès, une vive discussion avec M. Audoin, alors professeur au muséum de Paris. L'année suivante, Turin suivit l'exemple de Pise, puis Florence, Padoue, Lucques et enfin Milan. Cinq fois le prince Charles fut chargé de diriger les travaux de zoologie et d'anatomie comparée, et cependant il était l'un des plus jeunes des savants admis aux divers congrès. Ce prince, né à Paris le 24 mai 1803, est fils de Lucien et d'Alexandrine Bleschamp. Tout enfant encore, il dut émigrer en Italie avec son père, et se retira à Malte lorsque celui-ci fut emmené prisonnier en Angleterre, où il alla le rejoindre ensuite dans sa retraite de Worcester. Après 1814, Lucien revint en Italie; il y reçut une hospitalité sympathique et acheta, de la chambre apostolique, la principauté de Canino. Le jeune Charles put alors se livrer à son goût pour l'étude des sciences naturelles. A vingt-un ans, il épousa la princesse Zénaïde, fille de son oncle Joseph, et partit aussitôt après pour l'Amérique, où son père l'avait précédé. Durant un séjour de cinq ans dans le nouveau monde il travailla à ses études favorites et rapporta en Europe de précieuses collections. La société linnéenne de Londres lui fit l'accueil le plus flatteur et l'admit au nombre de ses cinquante membres. Il fut l'un des vingt-cinq de la société zoologique de la même ville. Son séjour en Angleterre fut de peu de durée; il vint se fixer à Rome et forma un cabinet d'histoire naturelle qui, sous le rapport de l'ornithologie surtout, est actuellement le plus riche de l'Europe. Ayant perdu son père en 1840, Charles Bonaparte prit dès lors le titre de prince de Musignano. Deux ans plus tard, il fit de nouveau le voyage d'Amérique, pour engager le comte de Survilliers à revenir en Italie; il le ramena en effet à Florence, où ce prince est mort naguère, laissant à son gendre un immense héritage. Nous ne parlerons pas ici des nombreux ouvrages publiés par le prince Charles Bonaparte; l'historien Cantès, qui en a rendu compte dans son *Italia scientifica*, place le neveu de Napoléon au rang des plus savants naturalistes de notre époque.

Le prince qui vient d'être appelé à prendre part à l'expédition d'Orient, Napoléon-Joseph-Charles-Paul Bonaparte, prince de Montfort, naquit à Trieste, le 9 septembre 1822. Il est fils de Jérôme Bonaparte, né à Ajaccio le 15 décembre 1784, roi de Westphalie du 1er décembre 1807 au 26 octobre 1813, et de Frédérique-Catherine Dorothée, princesse royale de Wurtemberg, née le 21 février 1783, morte le 28 novembre 1835. Son frère aîné, Jérôme Napoléon

Bonaparte, né à Trieste le 24 août 1814, colonel du 8ᵉ régiment d'infanterie de ligne au service de son oncle le roi de Wurtemberg, est mort dans l'année 1847. Sa sœur, la princesse Mathilde-Lœtitia Wilhelmine Bonaparte, princesse de Montfort, née à Trieste le 27 mai 1820, mariée en 1841 au prince Demidoff de San Donato, fait aujourd'hui encore, par sa rare beauté, ses grâces exquises et la distinction de son esprit, l'ornement de la cour impériale.

Dans l'hiver de 1834, les Bonaparte proscrits recevaient à leurs soirées, à Florence, les Polonais proscrits et les réfugiés vendéens. En première ligne de ces royales demeures, où le malheur festoyait le malheur, on remarquait le palais Orlandini, résidence du prince de Montfort, Jérôme Bonaparte, le plus jeune des frères de l'Empereur. Ce palais est situé près de la place du Dôme. Sous le vestibule à gauche, était placé le cabinet du prince de Montfort. Là, le prince a commencé les mémoires qui ne verront jour qu'après sa mort et qui renferment, dit-on, des révélations importantes, curieuses et inattendues. Une vaste armoire vitrée, couvrant toute une muraille, était remplie de trophées d'armes et de reliques impériales et militaires. A chacune est attachée quelque histoire. Jérôme montrait aux Français visiteurs, dans le casier de prédilection, les clefs d'or de la ville de Breslaw, que l'Empereur lui donna en le félicitant sur la prise de cette ville, et le sabre à cambrure orientale que portait le premier Consul à la bataille de Marengo. Ce sabre n'est sorti du fourreau que le 14 juin 1800, et Napoléon le donna en présent à son frère bien-aimé.

Parmi les dessins exécutés par toutes les illustrations sur un album placé au milieu d'une table de marbre dans le salon de réception, on remarquait une esquisse de la bataille des Pyramides, exécutée à la manière anglaise, par le jeune et infortuné Napoléon Bonaparte, mort dans les troubles de la Romagne : c'était le neveu du prince de Montfort et le fils de la reine Hortense et du comte de Saint-Leu, le frère enfin de l'Empereur actuel. L'immortelle bataille d'Orient est crayonnée avec une furie d'artiste vraiment admirable ; c'est l'instant décisif où Mourad-Bey tombe avec sa cavalerie sur les carrés de Desaix et de Bonaparte. La grande et calme figure napoléonienne semble luire dans cette tempête sombre qui soulève la fumée de l'artillerie et le sable du désert. La charge des Arabes est rendue avec un élan merveilleux. Mais ce qui achève de donner à ce dessin une noble identité pratique, c'est l'évocation des quarante siècles personnifiés qui se groupent nébuleusement sur les gradins des Pyramides, et assistent à la bataille en spectateurs invisibles debout sur l'amphithéâtre des Pharaons. Les larmes viennent aux yeux lorsqu'on regarde ce petit tableau de famille, où le neveu a écrit une page de l'histoire de l'oncle ; on sent palpiter sur le vélin l'enthousiasme d'un jeune artiste, et l'on est profondément ému en songeant qu'il a péri de mort violente à la fleur de l'âge.

C'est dans cette somptueuse demeure que le célèbre Bartolini a exécuté les bustes de la famille du prince Jérôme, de son fils aîné qui est mort, de la princesse Mathilde et du jeune prince qui fait le sujet de cette notice. Horace Vernet y a également peint un grand tableau représentant la prise de Breslaw par le roi Jérôme. C'est là que Napoléon Bonaparte a passé avec sa famille une partie de ses plus jeunes années.

Le décret promulgué par l'Empereur, le 18 décembre 1852, contient le paragraphe suivant :

« Dans le cas où nous ne laisserions aucun héritier direct, légitime ou adoptif, notre oncle bien-aimé Jérôme-Napoléon Bonaparte et sa descendance directe, naturelle et légitime, provenant de son mariage avec la princesse de Wurtemberg, de mâle en mâle, par ordre de progéniture et à l'exclusion perpétuelle des femmes, sont appelés à nous succéder. »

Le prince Napoléon Bonaparte, aujourd'hui âgé de trente-deux ans, se trouve donc éventuellement appelé à l'empire. Dès son enfance, le prince se fit remarquer par son caractère sérieux et ses dispositions à l'étude. Sa mère, la princesse de Wurtemberg, l'éleva en le nourrissant de cette philosophie et de ces fortes études que, sous ce ciel de la Germanie, les femmes même possèdent comme un don d'en haut. Le prince s'adonnait de lui-même à tous les exercices propres à développer le corps et à lui donner la souplesse et la grâce ; ainsi que tous les membres de la famille Bonaparte, il avait un goût naturel pour l'équitation ; il devint de bonne heure habile écuyer et connaisseur en chevaux. Grâce à la vigueur de constitution que lui donna ce système de développement physique et intellectuel simultanément dirigé, il eut le bonheur, en différentes circonstances, de sauver la vie à plusieurs de ses semblables.

Le prince Napoléon se livrait en même temps à la théorie et à la pratique de l'art militaire et, après avoir passé par les grades de sous-lieutenant et de lieutenant, il fut nommé capitaine au 8e régiment d'infanterie wurtembergeoise, dont son frère était colonel. Il s'occupa de faire manœuvrer, par un nouveau système, sa compagnie dont il avait d'abord gagné l'affection, et il réalisa de notables améliorations tant dans l'équipement que dans le système des armes à feu.

En 1848, Napoléon Bonaparte fut élu, par le département de la Corse, représentant du peuple à l'Assemblée nationale. Il prit part à un grand nombre de votes, défendant toutes les mesures propres à assurer le règne de la véritable liberté, et combattant énergiquement celles qu'il croyait de nature à conduire vers l'anarchie. Son cousin,

Louis-Napoléon, avait été en même temps nommé représentant par quatre départements. Napoléon Bonaparte savait que ce prince était l'héritier direct de l'empire. En effet, le consul à vie fut nommé par le corps législatif empereur en 1804. La question d'hérédité fut soumise à l'acceptation du peuple, qui ratifia par 4,000,000 de votes que l'hérédité était reconnue par ordre de progéniture dans les descendants mâles de Napoléon, de Joseph et de Louis. Les deux premiers étant morts ainsi que leur progéniture, Louis-Napoléon Bonaparte se trouvait, d'après les lois de l'empire, héritier direct. Persuadé que des destins glorieux étaient réservés à son cousin, Napoléon Bonaparte se rangea près de lui et contribua puissamment, pour sa part, à son élévation comme président de la république, puis comme empereur. Lors de son avénement, il fut l'un des premiers à le féliciter et à se reconnaître son fidèle sujet.

La guerre d'Orient a fourni au prince Napoléon Bonaparte l'occasion qu'il cherchait depuis si longtemps de conquérir une réputation militaire. Dès qu'il apprit qu'une expédition se préparait contre la Russie, il écrivit à l'Empereur une lettre d'une noble simplicité, pour demander l'honneur de prendre part à la guerre et d'être placé au poste le plus périlleux. Ce vœu fut immédiatement rempli, et le prince fut appelé à commander le corps d'armée dit *de réserve*, non pas parce qu'il doit rester dans l'inaction, mais parce qu'il est composé des meilleures troupes. Selon toute probabilité, c'est ce corps qui entrera le premier sur le territoire ennemi.

Voici ce qu'on lisait le 1er juillet dans le Journal de Constantinople :

Revue de la troisième division de l'armée française d'Orient.

« Samedi dernier, a eu lieu sur le vaste plateau qui s'étend entre l'hôpital de Maltépé et la caserne de Rami-Tchiflik, la revue de la 3e division de l'armée expéditionnaire française. Dès le matin, toutes les hauteurs qui entourent ce plateau étaient envahies par des milliers de spectateurs venus de toutes parts, les uns en voiture ou à cheval, les autres à pied et rien n'était plus curieux à observer que le spectacle de cette foule immense, pleine d'animation et d'éclat, où les Ottomans et les Européens se mêlaient et se confondaient avec la plus franche cordialité.

Le commandement des troupes était confié à un prince français, neveu d'un grand homme dont le souvenir est encore vivant à l'esprit de toutes les nations ; un nom glorieux venant à l'autre extrémité du globe jeter vaillamment son influence dans la ligue des intérêts européens ne pouvait être accueilli qu'avec reconnaissance par la nation musulmane dont la France vient défendre loyalement les droits. Dans aucune circonstance, S. M. le sultan n'avait déployé plus de courtoisie et d'affabilité; après s'être approchée au galop des lignes françaises, S. M. a parcouru le front des troupes. Son attention s'est attachée avec un soin particulier aux détails de costume et d'équipement rendus si divers par la composition des troupes de la troisième division. Le 19e bataillon de chasseurs à pied, le 2e régiment de Zouaves et le régiment d'infanterie de marine formaient une première ligne qui appuyait sa droite à l'hôpital de Maltépé et sa gauche à la caserne de Rami-Tchiflik, faisant face à Constantinople.

La seconde ligne se composait du 20e et du 22e léger; enfin l'artillerie, le service administratif et l'escadron de spahis venaient en troisième ligne.

Les brigades étaient commandées par les généraux **Monet** et **Thomas.**

S. A. I., qui n'avait cessé de diriger la disposition des troupes, a ordonné ensuite les mouvements préparatoires d'un défilé par bataillons serrés en masse; cette manœuvre a été exécutée avec beaucoup de précision et d'ensemble. S. A. I., suivie du colonel Nesmes-Desmarets, son premier aide de camp, des capitaines Ferri-Pisani et Roux, aides de camp, et du capitaine David, officier d'ordonnance, a défilé devant S. M. le sultan à la tête des troupes.

S. M. le sultan a été très-satisfait de la tenue et des manœuvres des troupes françaises; il en a exprimé son contentement à M. le maréchal de Saint-Arnaud qui assistait aux différents mouvements des troupes, et à S. A. I. qui les dirigeait. La revue a été terminée par le défilé d'une brigade turque composée d'un régiment d'infanterie, d'un régiment de cavalerie et d'une batterie d'artillerie.

S. A. I. le prince Napoléon a été saluer S. M. I. et a suivi sa division. Après le défilé, Mme la maréchale de Saint-Arnaud et Mme Yussuf, en calèche découverte, se sont approchées du cortége impérial, et ont été présentées par M. le maréchal de Saint-Arnaud au sultan, qui leur a fait le plus gracieux accueil. Puis S. M. est descendue de cheval et a pris quelques instants de repos dans une tente dressée sur le plateau.

S. A. I. le prince Napoléon, qui était revenu avec son état-major, a mis également pied à terre et s'est rendu dans une seconde tente située à quelque distance de celle du sultan. S. M. I., prévenue de son arrivée, l'a fait inviter à se rendre dans sa tente. S. M. s'est également entretenue avec M. Benedetti, chargé d'affaires de France, qui assistait à cette cérémonie avec M. Scheffer, premier drogman de la légation. Puis le sultan est remonté à cheval et est parti avec toute sa suite, et escorté jusqu'au-delà de Maltépé par S. A. I. le prince Napoléon et M. le maréchal de Saint-Arnaud.

Cette revue, qui a été constamment favorisée par un temps magni-

fique, a fait une impression profonde sur la foule immense qui y assistait. Tout le monde a admiré ces belles troupes françaises si dignes
de l'admiration qu'elles excitent dans le monde entier, et de la glorieuse réputation qu'elles s'y sont acquise; tout le monde a admiré
aussi les troupes ottomanes qui, par leur tenue fière et martiale et la
précision de leurs mouvements, se sont montrées dignes de marcher
avec cette armée dont la France s'enorgueillit à si bon droit. On a remarqué, comme une heureuse amélioration introduite dans le costume des troupes ottomanes, les guêtres grises montant jusqu'aux genoux, que portaient deux de leurs bataillons. Au milieu de cette foule
serrée de curieux, de voitures, de chevaux, et parmi laquelle des
gendarmes français à cheval maintenaient l'ordre, on n'a eu aucun
accident à déplorer, et rien n'est venu attrister cette belle journée dont
Constantinople gardera longtemps le souvenir. »

On lisait encore dans le même Journal :

« Hier et aujourd'hui un grand nombre de frégates à vapeur et de
steamers ont embarqué le restant des troupes anglaises campées à Scutari, et une partie de la division de S. A. I. le prince Napoléon. En
passant, hier, devant Yénikeuï, où se trouve le quartier général de
M. le maréchal de Saint-Arnaud, les soldats anglais ont poussé un
triple *hurrah*, et les soldats français ont fait entendre de vives acclamations, pendant que les musiques des régiments jouaient des marches guerrières.

«Par suite d'un arrangement concerté entre la Sublime-Porte et le
gouvernement français, une brigade ottomane, composée d'un régiment d'infanterie, d'un régiment de cavalerie et de 20 pièces de canon, est attachée à la division de S. A. I. le prince Napoléon, et 4,000
Bachi-Bozoucks passent sous les ordres et à la solde de la France, et
seront commandés par le général Jussuf. Pareil arrangement a été
fait avec le gouvernement anglais. Le colonel Beatson commandera
les Bachi-Bozoucks faisant partie de l'armée anglaise. »

Cette double décision, dont l'excellence doit frapper tous les esprits,
resserrera de plus en plus les liens de fraternité qui vont s'établir sur
les champs de bataille par la valeur, la gloire, les idées, entre les armées de la Turquie, de la France et de l'Angleterre.

LE GÉNÉRAL COMTE BARAGUEY-D'HILLIERS,

COMMANDANT DE L'ARMÉE FRANÇAISE DE LA BALTIQUE.

On connaît la grande bataille de Leipsick précédée de deux triomphes que la fortune fit aboutir à un désastre: tout fut perdu, fors l'honneur, pour la France; tout fut sauvé, hors l'honneur, pour les étrangers, dans cette mémorable campagne, que ce peu de mots résument tout entière. Baraguay-d'Hilliers qui, de simple soldat, s'était élevé en peu de temps au grade de capitaine, se signala dans cette bataille sanglante par des prodiges de valeur, et eut un bras emporté par un boulet, ce qui ne l'empêcha pas d'assister avec distinction à tous les combats qui furent livrés jusqu'à la fin de l'empire. Pendant la restauration, il demeura effacé, mais après la révolution de 1830, il reprit du service et fit glorieusement toutes les campagnes d'Afrique où il conquit successivement les grades de lieutenant-colonel, de colonel, de général de brigade et de général de division.

Après la révolution de 1848, le 1er mars de cette même année, le général Courtais, en passant l'inspection de la garde nationale montante, remarqua un garde national bien tenu ayant le sabre à la main : « Vous n'avez donc pas de fusil? lui dit le général. — Non, et je n'en porterai pas. — Pourquoi cela? — Est-ce que tu ne vois pas que je n'ai qu'un bras? — Et où donc avez-vous perdu l'autre? — A Leipsick, tu le sais bien : nous y étions ensemble. » Le général le regarde fixement et lui saute au cou : il a reconnu son ancien camarade, le général Baraguey-d'Hilliers. Le général Courtais complimenta la compagnie de la 1re légion d'avoir dans ses rangs un tel soldat.

Le général Baraguey-d'Hilliers fut nommé, par le département du Doubs, représentant à l'Assemblée nationale, puis à l'Assemblée législative. Il combattit pour l'ordre dans les journées de juin, et contribua puissamment au rétablissement de la tranquillité.

Lorsqu'après l'envahissement des principautés danubiennes par la Russie, il devint nécessaire que la France prît en Orient une attitude plus ferme et plus décidée; ce fut sur le général comte Baraguey-d'Hilliers que le gouvernement jeta les yeux pour le représenter, pour représenter le pays tout entier dans cette circonstance solennelle. Nous avons précédemment rapporté les paroles prononcées par l'ambassadeur-soldat en remettant ses lettres de créance au sultan. Ce langage digne et calme comme celui de la force produisit une profonde impression. Reconnaissant le mérite de ce nouvel envoyé, la Porte lui soumit tous ses plans et les modifia d'après les conseils du général qui est ainsi pour beaucoup dans la marche suivie depuis cette époque par la Turquie et dont toute l'Europe a reconnu la sagesse et la fermeté. Cette courte carrière diplomatique n'a pas fait au général Baraguey-d'Hillier moins d'honneur que ses victoires et a prouvé qu'en toute circonstance les hommes supérieurs savent tenir la première place.

En juin 1854, le général Baraguay-d'Hilliers fut nommé commandant en chef du corps d'armée de la Baltique, et il partit aussitôt pour sa destination.

Comme lord Raglan, le général Baraguay-d'Hilliers a donc laissé un bras sur le champ de bataille. Rien ne sied mieux à un homme de guerre que cette mutilation glorieuse. On éprouve un sentiment involontaire d'émotion et de respect en voyant ces hommes de l'empire tout balafrés, cicatrisés, blanchis sous le harnais de tant de guerres qui reparaissent aujourd'hui, rentrant en lice pour donner l'élan aux plus jeunes combattants, et sans doute aussi pour leur prêter l'appui de leur vieille expérience. Tous, généraux et amiraux, Anglais et Français, sont des vétérans appelés à l'activité à l'âge ordinairement consacré au repos, et tous, chose surprenante, ont la vigueur et l'énergie de la jeunesse. Forcé de nous circonscrire dans ce court chapitre, nous ne pouvons crayonner d'autres biographies non moins intéressantes. Contentons-nous de dire que l'amiral Dundas, né en 1785, et dont la vie ressemble beaucoup à celle de l'amiral Napier, a commencé, comme ce dernier, par se signaler dans beaucoup de combats maritimes où il a conquis ses grades, depuis celui d'enseigne jusqu'à celui de capitaine de vaisseau. La dignité d'amiral n'étant donnée, en Angleterre, qu'à l'ancienneté, les hommes les plus remarquables sont forcés de rester longtemps avec le grade de capitaine et d'interrompre souvent leur carrière. Ainsi l'amiral Dundas a fait partie de la chambre des communes et s'est fait connaître par de remarquables travaux sur les armées navales.

V

Commencement de la campagne de 18.4. — Passage du second bras du Danube par les Russes et leur invasion dans la Dobrutscha. — Avantage remporté par les Turcs près de Turtukaï. — Prise et incendie de la ville de Kustendji par les Russes. — Traité de la France et de l'Angleterre avec la Turquie. — Départ d'un convoi de troupes françaises du port de Toulon. — Premières hostilités entre les puissances occidentales et la Russie. — Importance des événements qui se préparent. — Chant de guerre des Cosaques.

Le 23 mars, les Russes opérèrent le passage du Danube sur trois points différents : près de Braïla, en Valachie; près de Toultscha et vis-à-vis d'Ismaïl, en Bessarabie; et près de Galatz, en Moldavie. Leur force était de 40,000 hommes. Dès le 22, les batteries établies au-dessous de Braïla, dans les îles du Danube, ouvrirent un feu violent contre les retranchements turcs, au-dessus et au-dessous de la petite forteresse de Matschin. La canonnade dura toute la journée. Le 23, à sept heures du matin, les Russes recommencèrent le feu. A quatre heures de l'après-midi, six de leurs bataillons avec quatre pièces d'artillerie passèrent le fleuve sur quatorze grands bateaux, sous la protection de la flottille du Danube, pour atteindre la pointe de Gidzeh, au-dessous de Matschin, où ils prirent position, tandis que le corps du génie était occupé à jeter un pont sur le Danube. Ce pont fut achevé dans la soirée. Pendant la nuit, les Turcs, qui avaient tout fait pour défendre le passage, évacuèrent leurs retranchements. Les Russes avaient éprouvé de grandes pertes, et le général du génie Dubroski avait eu la jambe droite emportée.

Dans le même temps où les généraux Schilder et Kotzebue passaient ainsi le Danube près de Braïla, le même passage était effectué par le général Luders, près de Galatz, et par le général Uschakoff, près d'Ismaïl. Un pont construit près de Galatz étant achevé, vingt-six bataillons le traversèrent avec de la cavalerie et de l'artillerie. Le général Luders ne rencontra aucun obstacle; mais le général Uscha-koff eut à vaincre une résistance opiniâtre. Dans cette affaire, les Turcs perdirent un colonel et 50 officiers; les Russes comptèrent 300 morts et un grand nombre de blessés.

N'ayant pas voulu étendre d'une manière qui pouvait être dange-reuse en l'affaiblissant, leur ligne de défense, les Turcs avaient pour ainsi dire abandonné les positions le long du fleuve, depuis Rassova jusqu'aux embouchures, se bornant à avoir trois postes avancés et fortifiés sur leur front. Omer-Pacha, considérant avec raison que la véritable défense de la presqu'île dite *Tartarie de Dobrutscha* n'était pas sur les bords du Danube même, dans un pays marécageux, mal-sain et difficile, mais plus au sud, fit replier ses troupes pour pren-dre une forte position défensive en arrière de la ligne appelée le *Fossé de Trajan*. Située dans la partie la plus étroite de la Do-brutscha, cette ligne n'a pas plus de dix à douze lieues d'étendue. Elle s'appuie, à gauche, au Danube, à Tscherna-Woda, un peu au-dessus de Rassova; à droite, à la mer et au pont de Kustendji. Le front est couvert par le fossé, par plusieurs lacs allongés et par des parties marécageuses présentant de grandes difficultés pour l'attaque. Le Fossé de Trajan rappelle les fameuses lignes de *Torres-Vedras*, en Portugal, en avant de Lisbonne, fortifiées en 1811 par les Anglais, et devant lesquelles vinrent échouer la bravoure de l'armée française et les talents du prince d'Essling. L'étendue de la ligne turque est la même : elle s'appuie, d'un côté, à un grand fleuve, de l'autre à la mer. Elle a de plus sur celle des Anglais l'avantage d'avoir sur son front un terrain marécageux, le plus grand obstacle naturel qui puisse être opposé à une armée ennemie.

Dans la Dobrutscha comme dans les provinces danubiennes, la présence des Russes fut le signal des violences et des exactions de toute nature.

Le 25 mars, une colonne russe, composée de six bataillons d'in-fanterie, d'un détachement de cavalerie et de huit canons, fit une re-connaissance sur l'île située vis-à-vis de Turtukaï et occupée par un corps de 1,000 hommes d'infanterie irrégulière avec un canon. Cette île est naturellement défendue par un bois et les Turcs y avaient aussi élevé d'excellentes fortifications. Les Russes croyaient que le nombre de ses défenseurs ne serait pas suffisant pour résister à leur feu; mais la garnison avait pris toutes ses mesures pour les bien re-cevoir. Le commandant de Turtukaï avait reçu, dans la nuit du 23 au 24, un renfort composé d'un bataillon et demi d'infanterie, d'une compagnie de tirailleurs et de trois canons, et était prêt au combat. Le 26, une colonne russe, forte de seize bataillons d'infanterie, d'un régiment de cavalerie et de vingt-quatre canons de tous calibres, se mit en mouvement pour s'emparer de l'île. Toute l'artillerie s'avança avec quatre bataillons sur le bord du bras du Danube qui sépare l'île de la rive gauche et dont la largeur est à peine de cent vingt pas. Le reste du corps russe était resté en arrière. Les Russes ouvrirent un feu général d'artillerie et d'infanterie avec le projet de faire taire l'artillerie ottomane et de jeter ensuite un pont pour atteindre l'île. Ce projet fut déjoué par les troupes ottomanes, qui causèrent des pertes cruelles aux assaillants. Les Russes néanmoins voulurent commencer la construction du pont sous le feu meurtrier de l'île, mais ils ne tardèrent pas à se convaincre que la position n'était pas tenable. Ils durent donc abandonner l'attaque et se retirer en grand désordre, après avoir perdu près de 2,500 hommes en tués, noyés ou blessés. Trois de leurs pièces furent démontées. Les troupes ottomanes, protégées par leur position, éprouvèrent beaucoup moins de pertes. Parmi les morts se trouva le commandant des troupes irrégulières, Abdullah-Bey, et parmi les blessés le lieutenant-colonel Ahmet-Bey.

Continuant vigoureusement leur mouvement en avant, les Russes avaient pris Matschin. Ils s'emparèrent aussi, le 14 avril, de Kustendji, et réduisirent en cendres cette malheureuse ville, l'un des ports marchands de la Turquie. Kustendji était situé en Bulgarie, sur la côte de la mer Noire, entre Kavarna et les bouches du Danube, c'est-à-dire à l'endroit où se termine la partie de la Bulgarie appelée la Dobrutscha. C'est à Kustendji qu'aboutissait, du côté de la mer, ce qu'on appelle le rempart, le mur ou le fossé de Trajan, bien qu'il n'y ait plus là ni rempart ni mur, mais un fossé en partie comblé, qui s'étend, comme nous l'avons dit, depuis le bord de la mer, près de Kustendji, jusqu'à Rassova.

Le peu de résistance que rencontraient les Russes de ce côté provenait de ce que le général turc Omer-Pacha avait reçu ordre de n'entreprendre aucune opération avant l'arrivée des troupes de France et d'Angleterre. En effet, un traité définitif avait été conclu entre ces deux puissances et la Turquie. En voici le texte :

« S. M. la reine du royaume-uni de la Grande-Bretagne et de l'Irlande, et S. M. l'empereur des Français, ayant été invités par S. H. le sultan à repousser l'agression que S. M. l'empereur de toutes les Russies a dirigée contre le territoire de la Porte Ottomane, agression qui met en péril l'intégrité de l'empire ottoman et l'indépendance du trône du sultan, et LL. MM. étant intimement convaincues que l'existence de l'empire ottoman, dans ses limites actuelles, est essentielle à l'équilibre politique européen, et, en conséquence, LL. MM. ayant consenti à donner à S. H. le sultan le secours qu'elle leur avait demandé dans ce but, LL. MM. et S. H. le sultan ont jugé convenable de conclure un traité afin de fixer leurs vues d'après ce qui précède et de déterminer le mode et la manière dont elles fourniront au sultan le secours dont il s'agit. Dans ce but, LL. MM. ont nommé leurs plénipotentiaires (les ambassadeurs de France et d'Angleterre) et le sultan son ministre des affaires étrangères, qui, après s'être communiqué leurs pouvoirs respectifs trouvés parfaitement en règle, sont convenus de ce qui suit :

« Art. 1er. S. M. la reine de la Grande-Bretagne et S. M. l'empereur des Français ayant déjà donné l'ordre, sur le désir du sultan, à de fortes divisions de leurs flottes de se rendre à Constantinople, pour assurer au territoire et au pavillon ottomans la protection que pourraient exiger les circonstances, LL. MM. prennent, par le présent traité, l'engagement ultérieur de coopérer dans une plus grande extension avec S. H. le sultan à la protection du territoire ottoman, en Europe et en Asie, contre l'agression de la Russie, en fournissant dans ce but, à S. H. le sultan, un nombre de troupes suffisant.

« Les troupes de débarquement seront envoyées par LL. MM. sur tels points du territoire ottoman qui paraîtraient convenables. S. H. le sultan s'engage à ce que les troupes françaises et anglaises de débarquement qui seraient envoyées par LL. MM. reçoivent le même accueil et soient traitées avec le même respect que les forces navales françaises et anglaises qui, depuis quelque temps, sont déjà employées dans les eaux de la Turquie.

« Art. 2. Les hautes parties contractantes s'engagent réciproquement à se communiquer, sans perte de temps, toute proposition que l'une d'elles recevrait directement ou indirectement de la part de l'empereur de Russie relativement à la cessation des hostilités, à un armistice ou à la paix. Et, en outre, S. H. le sultan s'engage à ne conclure aucun armistice et à n'entamer aucune négociation pour la paix, ou à ne conclure aucun préliminaire de paix avec la Russie, sans la connaissance et l'assentiment des autres hautes parties contractantes.

« Art. 3. Aussitôt que le but du traité actuel sera atteint par la conclusion du traité de paix, LL. MM. la reine d'Angleterre et l'empereur des Français prendront des mesures immédiates pour retirer leurs forces de terre et de mer qui ont été employées pour atteindre l'objet du traité actuel, et toutes les forteresses et positions sur le territoire ottoman qui seront occupées temporairement par les forces de l'Angleterre et de la France seront rendues aux autorités de la Sublime-Porte ottomane, dans l'espace de ..... jours, calculé d'après la date de l'échange des ratifications du traité qui aura mis fin à la guerre actuelle.

« Art. 4. Le présent traité sera ratifié et les ratifications échangées aussitôt que cela pourra avoir lieu, dans l'espace de ..... semaines, à compter du jour de la signature.

« Suivent les signatures.

« Le traité ci-dessus reste ouvert à la signature des autres puissances européennes. »

Précédemment, une convention d'alliance entre la France et l'Angleterre, relativement à la guerre d'Orient, avait été conclue à Londres, le 10 avril. L'Autriche et la Prusse s'étaient également liées par un traité, pour sauvegarder mutuellement celles de leurs provinces qui pouvaient se trouver exposées aux hostilités des Russes. Tous les autres États avaient pris des mesures et levé des troupes pour assurer leur neutralité, et il est à remarquer, comme un notable progrès des sentiments d'humanité, qu'aucune puissance ne consentit à délivrer des lettres de marque, en sorte que corsaires ni pirates ne purent profiter de l'état de guerre pour infester les mers et nuire aux affaires commerciales.

Aussitôt après la conclusion de ce traité avec la Turquie, la France avait fait partir pour l'Orient un convoi composé des vaisseaux suivants : le *Montebello*, l'*Alger*, la *Ville-de-Marseille*, le *Jean-Bart* : 5,400 hommes; — l'*Asmodée*, l'*Ulloa*, le *Labrador*, le *Coligny*, le *Météore*, la *Gorgone* : 3,450 hommes, 250 chevaux; — la *Mouette*, l'*Éclaireur*, le *Laplace*, l'*Infernal* : 1,495 hommes, 40 chevaux; — le *Caffarelli*, le *Véloce*, le *Brandon* : 1,130 hommes, 20 chevaux; — le *Napoléon*, le *Suffren* : 3,040 hommes; — le *Montezuma*, le *Panama*, l'*Albatros*, le *Canada*, le *Titan* : 4,633 hommes, 80 chevaux. En totalité, ce convoi, auquel se joignait le contingent du *Christophe-Colomb*, s'élevait à 20,078 hommes et 365 chevaux. 200 bâtiments du commerce avaient été nolisés à Marseille et chaque jour une partie d'entre eux mettait à la voile, emportant la cavalerie, l'artillerie, les munitions, vivres, objets de campement, etc.

Déjà les flottes alliées, mouillées à Beïcos, étaient entrées dans la mer Noire et en avaient reconnu toutes les côtes. Un vapeur anglais, la *Retribution*, avait même poussé l'audace jusqu'à s'introduire, à la faveur du brouillard, dans la rade de Sébastopol, où se trouvait la flotte moscovite. Les Russes brûlaient tous leurs forts sur le littoral, forts qui avaient pourtant coûté à construire des centaines de millions, et se retiraient dans l'intérieur. Ils s'étaient aussi efforcés d'augmenter les dangers de la navigation en supprimant toutes les bouées indicatives des endroits périlleux, et en éteignant les phares, qu'ils remplaçaient par des feux trompeurs. Ils avaient tendu dans les ports, les rades et les baies des chaînes de fer cachées sous l'eau. Les hostilités étaient déjà commencées sur mer entre la Russie et les puissances occidentales. Les Russes avaient coulé bas plusieurs vaisseaux marchands anglais, et les croiseurs de la Grande-Bretagne s'étaient emparés d'un certain nombre de navires russes.

VI

Bombardement d'Odessa. — Notice sur cette ville. — Perte de la frégate anglaise le *Tiger*. — Combats d'Usurguet et d'Ardaghan en Asie. — Proclamation du maréchal Paskewitch. — Siége de Silistrie. — Défense héroïque des Turcs. — Bombardement. — Retraite des Russes. — Bataille de Giurgewo. — Combat d'Oltenitza. — Attaque de Soulina. — Mort du capitaine Parker. — Mort du duc d'Elchingen. — Reconnaissance de Cronstadt. — L'amiral Plumridge dans le golfe de Bothnie. — Bombardement de Bomarsund. — Allocution de l'empereur Napoléon III à l'armée expéditionnaire sous les ordres du général Baraguey-d'Hilliers. — Départ de ce corps de troupes. — Proclamation de l'amiral Parseval-Deschênes. — Composition de l'armée française en Orient. — Préparatifs pour une expédition contre la Crimée. — Importance des événements qui se préparent.

Dans la notice consacrée au vice-amiral Hamelin, nous avons dit comment les Russes avaient violé de la manière la plus flagrante le droit des gens en tirant sur un bâtiment, anglais, le *Furious*, portant le pavillon de parlementaire : cet acte de barbarie réclamait un prompt châtiment; il ne se fit pas attendre, et bientôt il retentit dans le monde entier. Les escadres anglaise et française, sous les ordres des amiraux Napier et Hamelin, s'embossèrent devant Odessa et ouvrirent contre les forts et la partie militaire de cette ville un feu terrible, accompagné d'une pluie continuelle de bombes et d'obus. Devant ces épouvantables décharges, les batteries ennemies, successivement démantelées, furent réduites au silence. Dans le port, les vaisseaux russes, en proie à la plus grande confusion, s'entre-choquaient comme des êtres animés que la terreur agite. Leurs mâts tombaient l'un après l'autre avec leurs agrès en lambeaux; quelques-uns, dont la carène était percée à jour, s'enfonçaient dans la mer, où ils disparaissaient; d'autres prenaient feu, faisaient explosion et jonchaient de leurs débris les bâtiments voisins. Enfin, les boulets ayant atteint l'arsenal et crevé les casemates, une bombe parvint jusqu'à la poudrière, qui sauta avec un bruit formidable et un immense jet de flamme semblable à l'éruption d'un volcan, emportant jusqu'au ciel les débris des bâtiments, du matériel, des canons, mêlés à des cadavres. A ce spectacle les équipages des deux flottes poussèrent des hurras. Les Anglais crièrent : *vive la Reine!* et les Français : *Vive l'Empereur !*

Le feu avait été dirigé avec une telle perfection, et toutes les mesures étaient si bien prises que les équipages n'éprouvèrent qu'une perte tout à fait insignifiante et que, selon les intentions généreuses de l'empereur des Français et de la reine Victoria, la partie commerciale de la ville n'eut aucunement à souffrir. Plusieurs navires de toutes les nations, chargés de blés et détenus dans le port marchand, profitèrent de l'action pour s'en échapper; il importait de ne pas détruire Odessa, cette cité florissante, bien souvent la nourrice de l'Europe, à laquelle elle transmettait les blés de la mer Noire.

Malheureusement une frégate anglaise, le *Tiger*, commandée par le lieutenant Reyer, échoua à la côte, par suite d'une fausse manœuvre, et son équipage, composé de 200 hommes, fut fait prisonnier. Les Russes profitèrent de cet événement dans lequel ils n'avaient eu aucune part pour s'attribuer des succès fabuleux. L'équipage de la malheureuse frégate fut promené dans les rues de Saint-Pétersbourg. Le lieutenant Reyer fut parfaitement accueilli par l'empereur Nicolas, qui lui rendit la liberté. A son retour en Angleterre, il dut passer par un conseil de guerre. Les prisonniers anglais furent plus tard échangés à Odessa contre des prisonniers russes faits en diverses rencontres par l'amiral Dundas.

Tandis que s'accomplissait le bombardement d'Odessa un combat se livrait en Asie près d'Usurguet, entre les Turcs et les Russes.

Ce combat fit le plus grand honneur aux Bachi-Bozoucks de Tchuruk-sou et de Batoum, car ils combattirent pendant dix heures contre les troupes régulières russes protégées par des redoutes et des positions militaires très-fortifiées.

En Europe s'accomplissaient sur terre des faits plus importants. Après avoir passé le Danube, les Russes commirent la grande faute d'éparpiller leurs forces dans une contrée marécageuse et sans ressources. De vifs dissentiments s'élevèrent à ce sujet entre le général Luders et le maréchal Paskewitch, qui blâma énergiquement ces opérations. Ce dernier essaya en vain d'appeler les habitants de la Bulgarie et des provinces circonvoisines à la guerre sainte, en leur adressant une proclamation propre à éveiller leurs sentiments de confraternité religieuse et politique.

La possession de Silistrie pouvait seule racheter les fautes des généraux. De la prise de cette place dépendait le sort de toute la campagne ; aussi le prince Paskewitch n'hésita pas à abandonner la ligne de l'Olta et à évacuer toute la petite Valachie, afin de concentrer ses troupes et de réunir sous les murs de Silistrie des forces imposantes.

L'Autriche ayant fait connaître sa détermination d'intervenir en fa-

veur de la Turquie et ayant conclu avec cette puissance un traité que
nous avons précédemment fait connaître, les Russes ne pouvaient
plus songer sérieusement à prendre l'offensive : ils devaient borner
leur espoir à se maintenir sur la défensive ; encore fallait-il qu'ils eussent Silistrie en leur pouvoir. La possession de cette place les rendait
maîtres de tout le bas Danube, et leur permettait de garder leurs
positions dans la Dobrudscha : menaçant les routes qui mènent à
Varna et à Schumla, et libres de pénétrer à tout instant dans la Bulgarie, ils auraient tenu en échec l'armée d'Omer-Pacha en l'empêchant
de s'éloigner des Balkans. La droite ainsi appuyée à Silistrie et au Danube, l'armée russe avait pour se couvrir le cours du Sereth et des
autres rivières de Moldavie; elle continuait d'occuper une moitié de la
Valachie et toute la Moldavie et pouvait attendre dans ses lignes l'armée autrichienne, sans craindre de se trouver prise entre deux feux.

L'héroïque résistance de Silistrie fit avorter tous ces plans; les sorties
continuelles que faisaient les Turcs causaient aux Russes de grandes pertes. Dans l'un des nombreux assauts qui furent donnés, le maréchal Paskewitch fut blessé à la jambe; dans un autre assaut, le général Luders reçut
une blessure très-grave. Le général Gortschakoff fut également blessé.
L'arrivée d'Omer-Pacha, et la présence des troupes alliées sur le territoire de cette contrée, contraignirent les Russes à lever le siége. Mais
avant de se retirer, ils se vengèrent de cet échec en faisant subir à Silistrie un bombardement dont l'histoire n'offre pas d'exemple. Ce
bombardement, qui dura trois jours et trois nuits, détruisit un grand
nombre de mosquées, de minarets, de maisons. Il fit périr des femmes,
des enfants, des vieillards, et au point de vue militaire, il était complétement inutile. La garnison entière de la ville et particulièrement les
défenseurs du fort Arab-Tabia montrèrent un courage, une résigna-
tion, un dévouement admirables. Après ces sanglants adieux, les Russes
s'éloignèrent, laissant devant Silistrie 15,000 cadavres. Beaucoup de
leurs officiers généraux ou officiers supérieurs avaient été tués ou
blessés. De son côté, la garnison turque comptait 3000 morts et un
nombre à peu près égal de blessés. Le général anglais Bulder, de l'armée des Indes, qui se trouvait parmi les assiégés, avait été tué en
conduisant une sortie.

Quand Omer-Pacha arriva, il trouva la ville délivrée; après quelques
jours de repos bien nécessaire pour tout le monde, tant à Schoumla
que dans un camp près de Rasgradt, le général turc dirigea toutes les forces
qu'il avait concentrées près de lui sur Roustchouck pour enlever aux Russes établis à Giurgewo et dans les deux îles qui se trouvent entre Routschouck et cette place la possession du Danube en ce point, comme
il l'avait fait à Silistrie. 100,000 hommes marchèrent sur Roustchouck.
La bataille s'engagea le 12 à la pointe du jour, et dura jusqu'au 13 à

la nuit. Dans tout cet intervalle, il n'y eut quelques instants de répit que dans la nuit du 12 au 13, et encore tira-t-on constamment des bombes et des boulets rouges de Routschouck sur les îles, et réciproquement. On se battit avec un acharnement sans pareil de part et d'autre pendant ces deux jours; plus de trente mille coups de canon et bombes furent tirés : c'était un chaos, un tapage infernal. Les Russes furent battus et mis en fuite avec une perte de 6,000 hommes dans cette seule bataille. Ils abandonnèrent d'abord les îles, faisant sauter derrière eux les ponts qui les ralliaient entre elles et à Giurgewo abandonnant leurs canons, qu'ils avaient encloués, et se repliant sur la place. Des vapeurs turcs étaient à l'ancre dans Routschouck, qui recevaient aussitôt l'infanterie et l'artillerie nécessaires à l'occupation des îles; ces vapeurs effectuèrent hardiment et heureusement leur mission, sous une grêle de boulets tirés par des gens déjà en déroute, et qui leur firent peu de mal : le feu continua toute la journée entre Giurgewo et les îles, et à la nuit, comme à Silistrie, les Russes battirent en pleine retraite, sur la route de Bucharest, abandonnant leur camp et un grand matériel. Le combat était engagé en même temps à Giurgewo et à Oltenitza, où les Russes furent également battus, après avoir toutefois fait une résistance acharnée. A Routschouck, les Ottomans perdirent 2,000 hommes et eurent autant de blessés. Un général de division, Oman-Pacha, fut blessé très-grièvement d'un biscaïen; un autre général reçut une blessure analogue. Un colonel d'artillerie fut tué; trois autres colonels furent blessés. Cinquante autres officiers furent tués ou blessés. Un général anglais, conduisant une brigade turque, fut atteint d'une balle à l'épaule. Il n'en persista pas moins à rester à son poste, jusqu'à ce qu'une autre balle vint le frapper à la tête et le renverser sans vie.

Les Russes continuèrent leur mouvement de retraite, harcelés par les Turcs, et finirent par se concentrer sur le Sereth, de manière à faire face à la fois aux troupes d'Omer-Pacha, qui venait de faire sa jonction avec l'armée franco-anglaise, et aux forces allemandes qui eussent pu se réunir contre eux. En se retirant, les Russes brûlèrent la ville de Matchin, incendièrent un grand nombre de villages, coupèrent les récoltes et emmenèrent 3,000 familles bulgares.

Le capitaine de vaisseau anglais Parker, fils de l'amiral de ce nom, avait été chargé de s'emparer des batteries russes établies à l'embouchure du Danube, près de Sulina. Il se rendit dans la baie avec huit canots montés par des soldats. Le débarquement de ces troupes s'opéra sous le feu des batteries ennemies; au moment où le capitaine montait à l'escalade des murailles, il fut frappé mortellement d'une balle de carabine Minié. Sa mort accrut encore le courage de ses soldats, qui s'emparèrent du fort et brûlèrent le village de Sulina. Le corps du capitaine Parker fut rapporté à Constantinople sur le *Fire-Brand*, son vaisseau, et inhumé au cimetière du Grand Camp à Péra. La dépouille mortelle était accompagnée des officiers et matelots des vaisseaux français *le Napoléon* et *le Charlemagne* en station dans le Bosphore.

Vers le même temps, les Français faisaient une perte non moins regrettable, celle du duc d'Elchingen, petit-fils du maréchal Ney, succombant, à Constantinople, à une courte maladie.

A la suite du bombardement d'Odessa, les flottes alliées avaient fait une reconnaissance devant Cronstadt, ville très-fortifiée, regardée par les Russes comme imprenable, et couvrant Saint-Pétersbourg, avec laquelle elle fait corps pour ainsi dire, quoiqu'elle en soit séparée par une assez grande distance. Cependant la plus grande défense de Cronstadt consiste dans la circonstance qu'il y a en cet endroit très-peu d'eau; le pays qui avoisine Cronstadt est très-bas, mais il y a une grande quantité de sapins. Saint-Pétersbourg paraît dans un bas-fond et la Newa a l'air de l'envelopper. La force totale des amiraux alliés était de 63 bâtiments; à Cronstadt les Russes avaient 18 vaisseaux de ligne, 5 frégates, 6 corvettes, 6 bateaux à vapeur. 3 vaisseaux à trois ponts et 1 à deux ponts étaient embossés à l'entrée principale, entre les forts Menschikoff et Cronslot. Ces bâtiments n'osèrent se montrer, et les amiraux reconnurent l'impossibilité d'attaquer Cronstadt sans bateaux plats et sans troupes de débarquement.

Du 15 mai au 10 juin, l'amiral Plumridge, qui opérait dans le golfe de Bothnie, détruisit 46 navires russes à flot et en chantier, jaugeant ensemble 11,000 tonneaux. Cette expédition, qui ne coûta pas un seul homme aux Anglais, ne put s'accomplir sans de grandes difficultés; l'on eut à lutter contre les écueils sans nombre et contre les glaces flottantes qui persistèrent jusqu'au 30 mai. Tous les forts russes à la côte furent détruits.

Une frégate russe, le *Wladimir*, ayant, à l'aide d'une ruse et sous pavillon autrichien, parcouru les côtes de Turquie et coulé plusieurs bâtiments de transport, en emmenant les équipages prisonniers, on répondit à cette bravade par le bombardement de Bomarsund dans les îles d'Aland. Bomarsund avait une grande batterie casematée et trois tours sur des positions élevées; l'un de ses forts était défendu par 80 canons. Le bombardement fut exécuté le 21 juin par les vaisseaux anglais l'*Hecla*, l'*Odin* et le *Valouroux*; il dura 7 heures, et l'on lança une grande quantité de bombes dont l'effet fut terrible; on voyait des soldats russes sauter en l'air avec des débris de canon. L'attaque avait commencé à 5 heures du soir : à 7 heures, la batterie masquée était démontée et abandonnée; à 10 heures, les magasins russes étaient en flammes. L'un des tambours de roue de l'*Hecla* fut

traversé par un boulet; une bombe tombée sur le pont du même navire fut jetée à la mer par le midshipman Lucas avant d'avoir produit son effet. Quoique les Russes se fussent courageusement défendus, les Anglais perdirent peu de monde.

L'empereur Napoléon III, s'étant rendu au camp formé par ses ordres à Boulogne, passa, le 12 juillet, la revue de l'armée expéditionnaire sous les ordres du général Baraguey-d'Hilliers. Après la revue, l'Empereur adressa aux troupes la proclamation suivante :

« Soldats !

« La Russie nous ayant contraints à la guerre, la France a armé cinq cent mille de ses enfants. L'Angleterre a mis sur pied des forces considérables. Aujourd'hui nos flottes et nos armées, unies pour la même cause, vont dominer dans la Baltique comme dans la mer Noire. Je vous ai choisis pour porter les premiers nos aigles dans ces régions du Nord. Des vaisseaux anglais vont vous y transporter, fait unique dans l'histoire, qui prouve l'alliance intime des deux gouverments, et la ferme résolution de ne reculer devant aucun sacrifice pour défendre le droit du plus faible, la liberté de l'Europe et l'honneur national !

« Allez, mes enfants ! l'Europe attentive fait ouvertement ou en secret des vœux pour votre triomphe. La patrie, fière d'une lutte où elle ne menace que l'agresseur, vous accompagne de ses vœux ardents : et moi, que des devoirs impériaux retiennent encore loin des événements, j'aurai les yeux sur vous, et bientôt, en vous revoyant, je pourrai dire : Ils étaient les dignes fils des vainqueurs d'Austerlitz, d'Eylau, de Friedland, de la Moscowa. Allez ! Dieu vous protége. »

Le défilé terminé, les troupes se mirent en route pour Calais, où l'embarquement eut lieu le 14.

Cette division se composait de deux brigades commandées par les généraux d'Hugues et Grésy. La première comprend le 12e bataillon de chasseurs à pied, le 2e régiment d'infanterie légère et le 3e régiment d'infanterie de ligne; la seconde, les 48e et 51e régiments d'infanterie de ligne. Le général de division du génie Niel faisait partie de l'expédition. L'artillerie était sous les ordres du lieutenant-colonel de Rochebouet, du 14e régiment d'artillerie à cheval.

L'escadre anglaise, destinée à emporter les troupes, était placée sous les ordres du commodore Grey, et composé du *Royal-William,* de 120 canons; de *l'Hannibal,* de 91, à hélice; du *Saint-Vincent,* de 101; de *l'Algiers,* de 91, à hélice; de trois frégates, et de corvettes, transports et avisos.

L'escadre française, destinée au transport de l'artillerie, du génie et du matériel, se composait de quatre vaisseaux, de 100 et 90 canons, de deux frégates, et de corvettes et avisos, dont les noms suivent : *le Tilsitt*, de 90 canons; *le St-Louis*, de 90; *la Cléopâtre*, frégate de 50; *la Syrène*, de 50; *l'Asmodée*, frégate à vapeur de 450 chevaux; *le Laplace*, corvette à vapeur de 400 chevaux; *la Reine-Hortense*, de 320 chevaux; *le Laborieux*, de 220 chev.; *le Cassini*, de 220 chev.; *le Goëland*, de 200 chev.; *le Cocyte*, de 160 chev.; *le Fulton*, de 160 chev., *l'Ariel*, de 120 chev., *le Daim*, de 120 chev., *le Corse*, de 120 chev., *le Favori*, *le Lévrier* et *le Myrmidon*, bâtiments à voiles, plus six chalands.

Les soldats qui composent cette armée d'expédition étaient satisfaits de partir pour aller, comme ils le disaient, châtier l'ogre russe. Le départ de tous les corps se fit aux cris mille fois répétés de : *Vive l'Empereur! Vive la France! Vive l'Angleterre!* Les chants de guerre n'étaient pas épargnés, et on voyait avec plaisir les officiers unir leur voix à celle des soldats. Le général Baraguey-d'Hilliers s'embarqua à bord de *la Reine-Hortense*, qui transportait dans la Baltique l'état-major général de l'expédition. La musique municipale ne voulut pas laisser partir le général Baraguey-d'Hilliers, sans lui faire ses adieux; elle se réunit sur le vaste quai de marée, pour donner une sérénade à l'illustre général au moment de son départ du port de Calais. Grâce à l'efficacité des dispositions prises, la sécurité fut tellement grande, que pas un seul accident n'arriva pendant l'embarquement de ces 10,000 hommes, et que chaque convoi de troupes fut transporté avec une rapidité extraordinaire. Les ressources qu'offre le port de Calais permirent de prendre des dispositions qui ont facilité cet embarquement, tout en assurant la plus prompte et la plus sûre exécution.

Le départ d'une seconde division eut lieu du même port vers la fin du mois d'août.

L'amiral Parseval-Deschênes signala l'arrivée de ce corps de troupes par un ordre du jour qui se terminait ainsi :

« Le brave général Baraguey-d'Hilliers arrive à la tête de 10,000 hommes de nos vaillantes troupes.

« L'Empereur envoie ses aigles rejoindre nos vaisseaux pour montrer aux régions du Nord ce que peut la puissante volonté de la France armée pour une noble cause, le droit du plus faible et la liberté de l'Europe.

« La marine et l'armée sont depuis longtemps accoutumées à s'appuyer l'une sur l'autre, n'ayant d'autre rivalité que celle de bien faire.

« Qu'ils soient donc les bienvenus, nos frères d'armes de l'armée : notre concours loyal et entier les attend, et bientôt, devant l'ennemi, comme toujours, nous serons unis dans une même pensée, la gloire de la France, dans un même cri : *Vive l'Empereur !*

L'armée française en Orient, sous les ordres du maréchal Saint-Arnaud, se compose actuellement de 5 divisions d'infanterie, d'une brigade de la légion étrangère et d'une division à trois brigades de cavalerie. La 1re division d'infanterie est sous les ordres du général Canrobert; la 2e sous ceux du général Bosquet; la 3e sous le prince Napoléon; la 4e sous le général Forey; la 5e sous le général Levaillant. Les généraux de Lourmel, d'Aurel et Carbuccia commandent les autres corps de troupes. Le général en chef a concentré à Varna 60,000 hommes d'excellentes troupes d'infanterie française, 3,000 chevaux et 12 batteries de campagne. Ces troupes sont continuellement exercées; et le maréchal Saint-Arnaud a introduit des modifications importantes dans les manœuvres et l'ordre de bataille. De leur côté, les Anglais ont augmenté leurs forces terrestres et maritimes, et tout se prépare pour une grande expédition dont le but ne peut tarder à être dévoilé.

La création de l'escadre de l'Océan, que commande M. le vice-amiral Bruat, a été décidée dans les premiers jours de juillet 1853. Après avoir laborieusement concouru au transport des troupes et du matériel de l'armée d'Orient, emportant en dernier lieu, d'un seul coup, 10,000 hommes qu'elle conduit à Varna, elle vient d'entrer dans la mer Noire et elle accroît de 6 vaisseaux (dont 3 à vapeur ou mixtes) et 3 frégates ou corvettes à vapeur les forces navales qui opèrent dans ces parages.

Dans la prévision de l'orage qui menace de fondre sur lui, l'empereur Nicolas épuise ses États d'hommes et d'argent. Il a concentré aux environs de Saint-Pétersbourg un corps d'armée composé de :

	bataillons.	escadrons.	pièces.
Garde	24	77 1/2	70
Grenadiers	24	32	68
Corps de Finlande	16	6	24
	64	115 1/2	162

soit 60,000 baïonnettes, 20,000 sabres, et 162 pièces desservies par 5,193 artilleurs.

Avant même qu'il eût été possible à nos armées et à nos flottes de livrer une bataille qu'elles ont vainement offerte à la Russie sur les rivages du Danube et dans les ports de la mer Noire et de la Baltique, d'importants résultats ont été obtenus au profit de la cause du droit européen. Il faut bien s'imaginer que ce n'est pas en quelques jours que l'on peut réduire et dominer une puissance comme la Russie, qui se défend plus encore par son inertie et sa position topographique que par la force et le courage de ses armées. La Russie s'est résignée à l'humiliation de voir nos flottes défier ses pavillons et bloquer étroitement tous ses ports militaires et commerciaux; elle s'est résignée à la honte de fuir devant nos drapeaux aussitôt qu'ils se sont montrés sur les bords du Danube. C'est d'ailleurs l'usage et la stratégie habituelle de ce colosse, plus fantastique que réel, qui recule devant ceux qui marchent sur lui, n'accepte presque jamais une bataille rangée et compte toujours sur le temps et l'espace pour lasser la patience de ses ennemis, ou sur le feu et la neige pour lui servir d'auxiliaires. Tels on a vu les Russes dans la fatale campagne de 1812, tels on les retrouve aujourd'hui, subissant en silence ces défis que leur jettent chaque jour nos escadres et nos armées, et devant lesquels il serait impossible de retenir l'élan et le courage de nos soldats. Néanmoins, par suite des mesures énergiques qui viennent d'être prises pour frapper un grand coup, et qui menacent en premier lieu Sébastopol et cette superbe flotte qui craint tant les regards, il va falloir que le fantôme se montre, ou qu'il demande merci et qu'il incline aux pieds des alliés son drapeau et son pavillon avilis.

Aussi, quoi qu'il arrive, on peut dire que, dès aujourd'hui, le but principal est atteint : la Russie se voit condamnée à l'impuissance et son prestige est détruit. Les succès partiels qu'elle pourrait accidentellement obtenir ne changeraient rien à la situation. Nous sommes tout-puissants contre elle, elle est sans force contre nous. L'Angleterre et la France peuvent aujourd'hui se croiser les bras et attendre; le temps est pour elles contre leur ennemi, qui, chaque jour, fait un pas de plus vers sa ruine. Qu'est devenue la principale source de sa richesse, son commerce d'échange? Il est anéanti. Elle a besoin de nous vendre ses produits et d'acheter les nôtres; nous pouvons nous passer des siens, et le marché du reste du monde reste ouvert à notre industrie. Tandis que notre pavillon flotte triomphant d'un bout du monde à l'autre, celui de la Russie se blottit honteusement dans ses ports, et si quelqu'un de ses navires ose se montrer par surprise, c'est en se parant de nos couleurs. Toutes les mers lui sont fermées, non-seulement celles où elle prétendait régner en souveraine, la Baltique et la mer Noire, mais encore tous ces golfes, tous ces détroits qui semblaient lui appartenir en propre : les puissances alliées en ont les clefs, et les établissements que la Russie y a fondés à si grands frais, les navires que depuis si longtemps elle y construit, tout cela est sur le point d'être anéanti ou de passer en d'autres mains.

Que sont devenues les nombreuses forteresses dont la Russie avait emprisonné toute la côte du Caucase? Nos flottes n'ont eu qu'à se montrer pour forcer les Russes à les abandonner et à les détruire. Si Odessa n'est pas réduite en cendres, c'est parce que nos marins ne l'ont pas voulu; il a suffi d'un trait d'audace d'un navire anglais pour rendre libre l'embouchure du Danube, et bientôt, sans doute, l'Europe apprendra que, pour avoir été retenus par la prudence, les coups des puissances alliées n'en sont pas moins redoutables.

Le temps n'est pas bien éloigné où l'opinion commune croyait qu'il suffisait au Czar de marcher sur Constantinople pour y entrer en triomphe. Il a mis en ligne 300 mille soldats, depuis longtemps préparés pour réaliser ses rêves ambitieux; la Turquie n'avait à lui opposer ni généraux, ni armée, ni matériel de guerre. Elle a tout improvisé, et cet ennemi que la Russie croyait mort lui a résolûment tenu tête et l'a repoussée. Abandonnée à elle-même, la Turquie n'eût peut-être point tenté ce sublime effort; aussi reporte-t-elle une partie de sa gloire à ceux qui lui ont dit : « Résiste; nous sommes là pour te soutenir ou pour te venger. »

La seule barrière de la Turquie d'Asie et de la Perse contre la Russie, le Caucase, malgré le courage de ses intrépides montagnards et de leur chef héroïque, allait enfin tomber sous le coup du czar. La Perse devenait sa vassale; l'Asie entière s'ouvrait à ses hordes d'envahisseurs, et bientôt l'Europe à son tour voyait réaliser la menace prophétique de Sainte-Hélène. Il ne fallait pour cela qu'un instant de faiblesse de la part de l'Occident. Cette faiblesse, l'Occident ne s'en est pas rendu coupable. Appuyée sur la France et l'Angleterre, la civilisation s'est montrée dans tout l'éclat de sa puissance, et le fantôme de la barbarie s'est évanoui.

Quelle merveilleuse transformation ! Cette proie que, depuis tant d'années, la Russie s'apprête à dévorer, lui échappe pour jamais; le Caucase et la Perse reprennent leur indépendance; la Turquie s'est réveillée de son long sommeil, un nouveau sang s'est infusé dans ses veines sous l'influence de la civilisation moderne, et bientôt cette nation de 34 millions d'hommes, qui occupe les plus magnifiques contrées du globe, offrira une nouvelle source de richesses aux nations qui l'ont ranimée en la défendant.

Quels précieux débouchés la guerre actuelle va ouvrir à notre commerce, à nos arts, à notre industrie ! Quelle action bienfaisante nos marins et nos soldats, ces admirables missionnaires du génie de la France, vont exercer sur cet Orient qui ne nous avait pas vus depuis les croisades ! Tout abonde dans ces contrées bénies du ciel; il n'y manque que l'activité de l'Occident pour tirer de la terre les minéraux, les métaux précieux qu'elle recèle et les fruits qu'elle ne demande qu'à produire. Ces cités opulentes, ces nombreuses populations que la civisation grecque et romaine y avait multipliées vont en quelque sorte sortir de leurs tombeaux. La civilisation moderne, avec les chemins de fer, la vapeur et l'électricité, qui bientôt mettra Constantinople en communication instantanée avec Paris et Londres, produira bien d'autres merveilles.

VII

Prise de Bomarsund. — Débarquement en Crimée. — Bataille d'Alma. — Mort du maréchal de Saint-Arnaud. — Investissement de Sébastopol.

Ainsi que nous l'avons dit, la forteresse de Bomarsund, dans les îles d'Aland, avait été bombardée le 21 juin par les vaisseaux anglais l'*Hecla*, l'*Odin* et le *Valourous*; mais ce bombardement n'était que le prélude d'un fait plus important. Il fut décidé que le fort serait attaqué et que l'on s'emparerait des îles d'Aland enlevées à la Suède par les trahisons de la Russie. Les troupes du corps expéditionnaire embarqué à Calais le 16 juillet et jours suivants devaient se réunir au nord de l'île de Gothland. Par le seul fait de la présence de toutes les forces navales dans la baie de Ledsund, située à l'extrémité sud de l'île d'Aland, il devenait difficile de cacher à l'ennemi le but que l'on se proposait; mais ces dispositions avaient l'avantage d'intercepter toute communication entre Aland et Abo, et privaient la place des secours que sans cela elle eût pu recevoir de la Finlande.

De concert avec les amiraux Napier et Parseval, le général en chef Baraguey-d'Hilliers avait reconnu à l'avance les points les plus favorables du débarquement. L'île d'Aland est découpée dans la direction nord et sud par des bras de mer qui s'enfoncent dans les terres et dans lesquels se jettent une multitude de lacs qui, joints entre eux par des ruisseaux de déversement, permettent d'isoler presque entièrement quelques points de l'île. Ainsi, en partant de Bomarsund, cette forteresse, située sur le bord de la mer, avait derrière elle un bras de mer et deux lacs ou marais qui en défendaient les approches. A cette première enceinte ou défense naturelle s'en joignait une seconde d'un rayon plus étendu, qui prenait de Castelhorn, allait ensuite à Siby et se reliait à la mer par une langue de terre facile à garder.

Pour détourner l'attention de l'ennemi, le débarquement s'effectu sur trois points différents. Les troupes furent mises à terre le 8 à trois heures du matin; à 9 heures, elles occupaient les premières positions indiquées d'avance. Après bien des travaux et des fatigues, la route, dont les Russes avaient augmenté les difficultés naturelles en la couvrant d'abatis, fut déblayée par le génie et rendue praticable à l'artillerie. Alors tous nos corps se portèrent en avant, s'approchèrent de la place et en firent le complet investissement. Le feu de la marine avait contraint l'ennemi à abandonner les batteries et les redoutes qu'il avait préparées. Il tirailla sur les avant-postes anglo-français, mais les mesures avaient été si bien prises que ses boulets et ses obus ne nous firent que peu de mal. Dans la nuit du 12, on ouvrit la tranchée au moyen de sacs à terre, et cette opération, toujours si délicate, coûta aux Français 12 hommes tués ou blessés. Le lieutenant Nolfe, du 12ᵉ bataillon de chasseurs à pied, fut au nombre des premiers. La tour du Sud, sur laquelle se concentraient nos efforts, couvrit nos soldats de son feu, mais les tirailleurs y répondirent avec tant de précision que les hommes sortis de la place furent obligés d'y chercher un refuge. Le 13, à trois heures du matin, une batterie de 4 pièces de 16 et de 4 mortiers, élevée et armée pendant la nuit par les Français, commença son feu. D'abord et jusqu'à midi la tour conserva sur nous l'avantage, mais à partir de cette heure son feu se ralentit; les embrasures étaient à peu près détruites, et les parements de la tour étaient disjoints; beaucoup de bombes étaient tombées sur la toiture; tout faisait donc espérer que, le lendemain, on pourrait lui donner l'assaut, lorsqu'à sept heures du soir elle arbora le drapeau blanc. Toutefois, après une suspension d'armes d'une heure, pendant laquelle on ne put s'entendre, le feu recommença. Mais ces derniers efforts de l'ennemi durent céder bientôt à la foudroyante précision de notre tir; la tour se tut de nouveau, et le lendemain matin deux officiers français, le sous-lieutenant Gigot, du 12ᵉ bataillon de chasseurs à pied, et le sous-lieutenant Gibon, du 51ᵉ de ligne, suivis d'hommes déterminés, pénétrèrent résolûment dans l'ouvrage. En voulant repousser cette attaque imprévue, le commandant russe fut atteint de deux coups de baïonnette, et 32 de ses soldats, qui n'avaient pu s'échapper, furent amenés au quartier général. Le 15 août, à 8 heures du matin, une nouvelle batterie de mortiers et d'obusiers jette force projectiles creux dans la place pendant que la flotte embossée envoie aussi sur Bomarsund les projectiles de quatre vaisseaux. *Le Léopard*, monté par l'amiral anglais Chads, tire avec des pièces dont le boulet plein, de 120 livres, fait éclater le granit. Le feu de l'ennemi couvrait comme d'une éruption volcanique la tour du Sud tombée au pouvoir des Français, ils furent obligés de la quitter sans avoir pu en retirer les poudres, et bientôt cette tour, sautant avec un bruit épouvantable, lança de tous côtés ses débris.

Le même jour, le général anglais Marry Jones tourna vers la tour du Nord les efforts de son artillerie, et vers quatre heures du soir il avait fait une large brèche à cette tour, qui ne tarda pas de capituler. Dans la nuit, la batterie de brèche fut établie à 380 mètres du corps de la place et l'on se préparait à l'armer. L'ennemi fit un dernier effort et ne cessa de lancer des bombes et de la mitraille qui tuèrent et blessèrent un certain nombre de soldats ; mais au point du jour, il reconnut avec effroi et découragement que la marine s'était emparée de l'île de Presto et qu'il était enveloppé d'une ceinture de bouches à feu vomissant sans interruption un déluge de projectiles. Reconnaissant dès lors l'impossibilité d'une plus longue défense, le général russe Bodisco, vieillard à cheveux blancs et officier du plus grand mérite, qui commandait le fort, hissa le pavillon parlementaire et se rendit sans condition. A la suite de cette reddition, un grave désordre surgit dans les rangs de la garnison russe. Les plus irrités voulaient faire sauter la forteresse ; mais l'attitude des soldats français leur imposa ; l'ordre se rétablit. La garnison prisonnière défila devant les troupes françaises et anglaises réunies, et fut embarquée dans la soirée.

Deux mille quatre cents prisonniers, cent quatre-vingts pièces de canon, des approvisionnements considérables, tels furent les trophées de la victoire. L'intention de l'empereur Nicolas était de faire de Bomarsund un immense camp retranché dont l'abord eût présenté de grands obstacles et qui eût été une constante menace pour les États riverains de la Baltique. La destruction de cette forteresse a été pour la Russie une perte immense, non-seulement sous le rapport matériel, mais encore plus sous le rapport moral. En moins de huit jours, les armées alliées avaient détruit le prestige attaché à ces remparts de granit que le canon, disait-on, ne pouvait ébranler. Des récompenses furent décernées par l'Empereur à l'armée et à la flotte, qui avaient si bien soutenu l'honneur du drapeau et du pavillon ; le général Baraguey-d'Hilliers fut créé maréchal de France et l'amiral Parseval-Deschênes fut élevé à la dignité de grand-croix de la Légion d'honneur.

Éprouvant de continuelles défaites dans les principautés danubiennes, sans cesse harcelée en Asie par Schamyl, la Russie obtint cependant de ce dernier côté, par surprise, un avantage important, par suite duquel, après la bataille de Kars, dans laquelle les Turcs furent défaits, la ville de Bayazid tomba en son pouvoir. En même temps elle enleva deux caravanes, l'une de trois mille chevaux, l'autre de six mille qui se dirigeaient vers la Perse ; mais ces succès ne se soutinrent point et elle reçut de nouveaux échecs partout, jusque dans l'océan glacial arctique, où la frégate anglaise la *Miranda*, après sommation faite au gouverneur de lui livrer les marchandises et les bateaux qui se trouvaient dans le port de Kola, bombarda cette ville et incendia quatre-vingt-douze maisons, plusieurs églises et divers magasins.

Cependant des préparatifs considérables étaient faits pour une expédition en Crimée, dont le but principal était la prise de Sébastopol. Toutes les dispositions furent prises avec tant de soin que le débarquement, qui paraissait l'opération la plus difficile, fut opéré sans coup férir. L'armée alliée était pleine d'enthousiasme. La plus grande partie débarqua à Vieux-Fort et l'avant-garde, sous les ordres du prince Napoléon, aborda la côte près d'Eupatoria. A l'exception de Sébastopol, aucune place du littoral ne pouvait sérieusement empêcher un débarquement opéré sous la protection de 3,000 bouches à feu. L'amiral prince Menschikoff, qui avait été chargé de la défense de la Crimée, fut donc obligé de livrer les différents points de la côte à l'armée alliée. Le prince Napoléon transféra immédiatement son quartier général à Sak. Les détachements de Cosaques postés près de ce village n'avaient pas attendu l'arrivée des Français et s'étaient retirés sur la ville de Simféropol. Le 20 septembre, les troupes alliées rencontrèrent l'ennemi sur la rivière Alma. Il était fort de 50,000 hommes.

L'armée russe était en position sur les hauteurs qui dominent l'Alma; elle était forte de trois divisions d'infanterie, d'une division de cavalerie, de quatre brigades d'artillerie de campagne, dont deux à cheval, d'une batterie tirée du parc de réserve de siége et servant douze pièces de gros calibre, et enfin d'une brigade de chasseurs tirailleurs.

Dans les armées russes, les divisions d'infanterie sont à deux brigades, une d'infanterie de ligne et une d'infanterie légère; chaque brigade a deux régiments et chaque régiment *quatre* bataillons, dont deux de réserve. Le bataillon est de quatre compagnies; la première est composée moitié de grenadiers et moitié de chasseurs occupant les ailes dans l'ordre de bataille. La compagnie a un effectif de 260 hommes. Les quatre bataillons d'un régiment, les états-majors compris, donnent 4,190 hommes à l'effectif.

Ainsi donc les douze régiments d'infanterie de bataille et les chasseurs tirailleurs ne peuvent être évalués à moins de 45 à 50,000 combattants. La cavalerie était forte de cinq mille sabres, dont 3,000 dragons, cavalerie estimée en Russie. L'artillerie russe est endivisionnée; chaque division est de trois brigades, chaque brigade contient quatre batteries; il y a en outre une batterie de réserve dans chaque brigade. Or, comme chaque batterie sert huit bouches à feu, il s'ensuit que les seize batterie ennemies qui ont pris part à la bataille n'avaient pas moins de 110 à 120 pièces de canon ou obusiers.

Ces troupes occupaient d'excellentes positions. Leur gauche s'appuyait à une redoute de campagne et à des escarpements tels que le prince Menschikoff n'a pas cru devoir les faire occuper, les considérant comme infranchissables. Leur centre était formé sur un plateau mamelonné dominant complétement le cours de l'Alma et les berges accidentées par lesquelles la position pouvait être abordée. Leur droite était renforcée par une grande partie de leur cavalerie. Le front de ce champ de bataille défensive était hérissé de bouches à feu. L'armée russe à quelques lieues de Sébastopol, sa place de réserve, avait tous ses approvisionnements complets, et derrière elle deux autres positions formidables à occuper avant de se replier sous les forts qui dominent la place. Elle était donc dans les plus belles conditions pour repousser nos attaques.

L'armée alliée avait en ligne quatre divisions d'infanterie française, deux d'infanterie anglaise, et 10,000 Turcs; un régiment de cavalerie anglaise et les batteries divisionnaires, c'est-à-dire huit batteries françaises et cinq ou six batteries anglaises ou turques.

Les quatre divisions d'infanterie française, Canrobert, Bosquet, Napoléon et Forey, chacune à deux brigades de deux régiments, donnaient un total de neuf bataillons, dont un de chasseurs à pied, par division; c'est donc trente-deux bataillons d'infanterie de ligne et quatre de chasseurs, pouvant présenter un effectif de 30,000 hommes au plus. Si à ces forces on ajoute les 20,000 combattants anglais et turcs, on aura 50,000 hommes et 80 bouches à feu. Ainsi ces cinquante mille soldats avaient à lutter contre un nombre égal d'ennemis couverts par des positions formidables et ayant une artillerie supérieure en nombre.

Le 20 septembre au matin, les troupes alliées ayant pris les armes, s'avancèrent vers l'Alma; dont les cours sinueux devaient être franchis malgré les difficultés de terrain et les tirailleurs nombreux jetés par l'ennemi dans les jardins et derrière les haies et les arbres. Le plan du maréchal de Saint-Arnaud était d'opérer sur le centre de l'ennemi avec les deux divisions Napoléon et Canrobert, en leur faisant enlever la position russe, dès que les deux ailes de la ligne de bataille, formées, l'aile droite par la division Bosquet et les Turcs en réserve, l'aile gauche par les Anglais, auraient assez débordé les ailes de la ligne russe pour que l'ennemi ne pût échapper facilement. Malheureusement les Anglais étant un peu en arrière, l'attaque sur l'aile gauche des Russes par la division Bosquet précéda l'attaque des Anglais, ce qui donna moins d'ensemble aux deux opérations.

En marche dès le matin, l'armée alliée fut enveloppée vers neuf heures par un brouillard épais qui la força à s'arrêter. Vers onze heures, le brouillard s'étant dissipé, les troupes reprirent leur mouvement offensif. La division Bosquet opérant sur la droite des Russes et de façon à la tourner, arriva après les plus grandes difficultés à se loger avec une de ses brigades sur les hauteurs; mais la voyant isolée, le maréchal ordonna à l'intrépide général Canrobert de se porter sur le centre de l'ennemi avec sa division, pour faire une diversion utile au général Bosquet, et il le fit soutenir dans cette attaque péril-

leuse par une des deux brigades de la quatrième division (Forey) tenue en seconde ligne pour former la réserve avec les troupes turques.
L'autre brigade (général de Lourmel) fut chargée d'appuyer le mouvement du général Bosquet.

Pendant que ces mouvements avaient lieu à la droite et au centre
de la ligne française, la division Napoléon à la gauche de cette ligne,
ayant à sa propre gauche lord Raglan et ses braves Anglais, abordait
résolûment l'ennemi placé en face de lui. Ses tirailleurs délogeaient
les tirailleurs russes ; son infanterie de marine et ses zouaves gravissaient la berge, et s'emparaient de vive force de la position, tuant les
Russes sur place à coups de baïonnette. Les deux attaques sur le
centre ayant réussi malgré le feu terrible des Russes, la manœuvre
tournante du général Bosquet ayant eu également un plein succès, et
les Anglais ; longtemps inquiétés par la nombreuse cavalerie russe,
ayant à leur tour abordé de front la position russe, que les Français
commençaient à prendre à revers, le prince Menschikoff ne put empêcher une retraite qui eût été bien vite convertie en déroute complète, si l'armée française avait eu de la cavalerie.

Tel est l'ensemble des mouvements qui ont eu lieu dans cette
belle bataille qui a duré quatre heures, et où l'orgueil du général
russe a dû souffrir une rude atteinte, puisqu'il croyait sa position si
inexpugnable, qu'il prétendait être en état de résister à 200 mille
Français.

Après une journée de halte sur le champ de bataille de l'Alma, les
armées alliées ont successivement franchi la Katcha et le Belbeck sans
rencontrer l'ennemi, qui s'était réfugié dans les murs de Sébastopol.
Rien ne l'avait arrêté dans sa retraite, ni le soin de relever ses blessés,
ni les avantages topographiques d'un terrain qui lui permettait de
s'établir et d'attendre nos troupes dans des retranchements en quelque
sorte inexpugnables.

La bravoure et l'audace de nos soldats, abordant à la baïonnette
des positions formidables, les pertes considérables qu'ils avaient fait
essuyer aux Russes dans cette première rencontre de l'Alma, avaient
jeté dans les rangs de ces derniers le trouble et la démoralisation.
N'osant accepter une seconde fois la bataille, ils se sont mis à l'abri
de Sébastopol, en comblant l'entrée du port avec leurs propres vaisseaux pour en fermer l'accès à nos escadres. Cet acte de désespoir
prouve, non moins que la retraite précipitée de l'ennemi, qu'il voit
approcher le terme de sa puissance dans la mer Noire.

Cependant, à peine le récit de ces glorieux événements était-il parvenu à Paris, qu'une profonde affliction vint se mêler à la joie générale.

Après avoir rendu de si grands services, le héros de cette prodigieuse
campagne avait succombé au moment où il venait d'acquérir d'im-

périssables titres à la reconnaissance du pays. Les navires qui nous apportaient ses bulletins si vaillants et si pleins d'une ardeur guerrière furent suivis de celui qui nous ramena son corps inanimé. Il décrivait la bataille comme il l'avait gagnée, du même souffle ardent et puissant, et c'était son dernier soupir. On savait le maréchal de Saint-Arnaud malade, affaibli, miné par de cruelles souffrances, mais qui eût pensé que la mort était là, si près, et qu'un homme pût à ce point la voir et l'oublier, ou plutôt lui commander d'attendre ?

Il calculait ses approches, il sentait ses étreintes, à force de volonté il lui arrachait quelques jours, quelques heures. Quels jours et quelles heures! Les jours de l'arrivée en Crimée; les heures de la bataille de l'Alma! C'est au dernier terme d'une maladie de langueur, lorsque la vie fuyait de ce corps épuisé et secoué par des crises terribles, comme l'eau fuit d'une main tremblante; c'est dans cet état qu'il organisait cette expédition incomparable, qu'il en bravait les périls, qu'il en surmontait les obstacles, qu'il plantait son drapeau sur le sol ennemi, qu'il restait douze heures à cheval, qu'il donnait à la France une victoire, qu'il dictait ces ordres du jour et ces rapports aussi beaux que son triomphe, qu'il disposait l'investissement de Sébastopol, qu'il disait à ses soldats : Vous y serez bientôt !

Il s'arrête là, aux portes de Sébastopol menacé, au milieu de l'ennemi défait, comme s'il avait dit à la mort : Maintenant, tu peux venir.

L'armée passe sous le commandement du général Canrobert. — Investissement de Sébastopol. — Ouverture de la tranchée. — Bombardement par terre et par mer.

Soit en réalité, soit par l'esprit et la pensée, tout Paris assista aux obsèques du maréchal de Saint-Arnaud, pompeusement célébrées aux frais de l'État, et les restes du grand homme de guerre, surpris par la mort dans son triomphe, allèrent s'abriter, pour le long sommeil, sous cette coupole des Invalides, qui recouvre tant de gloire. Une circonstance singulière signala ces remarquables funérailles. Un professeur au Gymnase militaire s'était rendu, pour voir le cortége, chez son fils, compositeur de musique, dont l'appartement avait un balcon sur le boulevard Beaumarchais. Dès que parut la tête du défilé, le professeur, qui avait été intimement lié avec l'illustre défunt, donna des signes de la plus vive émotion, et fut en proie à une sorte de fièvre. Ces symptômes devinrent d'instant en instant plus alarmants, et lorsque s'avança le char funèbre, l'ami du maréchal, pâle comme la tombe, s'affaissa sur un fauteuil placé à la hâte derrière lui. Il avait cessé d'exister.

Cependant, le commandement de l'armée, remis par le maréchal Saint-Arnaud au général Canrobert, était confirmé à ce dernier par un décret impérial. Ce choix fut accueilli avec enthousiasme par les troupes, qui connaissaient l'indomptable énergie, le brillant courage et la science stratégique du nouveau chef, mûri de bonne heure sur cette terre d'Afrique, pépinière d'habiles généraux. Sous son commandement, l'armée, retrempée par la victoire, entreprit immédiatement l'investissement de Sébastopol.

Au commencement d'octobre, le bruit s'était généralement répandu que le boulevard de la Russie dans la mer Noire était tombé par surprise entre les mains des alliés, avec ses canons, son arsenal, ses immenses approvisionnements, la flotte enfermée dans son port, et que la garnison, laissée libre de se retirer, avait préféré demeurer prisonnière. Quelque incroyable que fût cette nouvelle qui circula en Europe avec la rapidité d'une traînée de poudre, elle paraissait venir de sources si authentiques, elle répondait si bien au vœu général, qu'elle fut accueillie partout comme une suite merveilleuse de l'heureuse chance avec laquelle l'armée de la civilisation avait opéré en Crimée un débarquement des plus difficiles, délogé de positions en apparence inexpugnables une force de 50,000 hommes, appuyée par une formidable artillerie, et frappé de terreur, au seul aspect de ses drapeaux, l'ennemi démoralisé. Constantinople, exaltant de joie, s'illumina pendant huit jours; Marseille, la cité phocéenne, sentinelle penchée vers l'Orient pour en recueillir tous les bruits, répondit par des tressaillements à cet éclat d'allégresse; Paris lui-même s'émut, et Londres, par l'agitation de ses banquets et de ses meetings, montra la part que prenait l'Angleterre à ce gigantesque événement.

Pendant plusieurs jours, les canonniers des Invalides restèrent, mèche allumée, près de leurs pièces, attendant l'ordre d'y mettre le feu. Cet ordre ne vint pas, car aucune dépêche officielle ne confirma la grande nouvelle, et, en remontant à la source de tout ce bruit, on acquit la conviction que l'Europe entière avait été dupe d'une mystification imaginée par un Tartare obscur et resté inconnu.

C'est qu'en effet Sébastopol n'était pas une de ces villes qui se prennent en un jour, en une semaine, en un mois. Assise sur le roc, entourée de murailles de granit, présentant un front immense garni de 400 bouches à feu d'une énorme puissance, défendue par six forteresses pourvues chacune de 100 à 190 canons, renfermant une armée entière, ne pouvant être complètement investie et communiquant par conséquent avec le dehors, disposant des ressources considérables, en hommes et en munitions, de sa flotte sacrifiée comme inutile, correspondant avec une armée extérieure dont les continuelles attaques occupaient les assiégeants, elle était dans des conditions de résistance dont les sièges les plus mémorables de l'histoire n'offrent pas d'exemple et qui devaient faire de sa réduction un événement d'une incalculable portée. En 1793, la ville de Valenciennes supporta, pendant 42 jours et 42 nuits, un bombardement continu; 180,000 projectiles, dont 48,000 bombes, tombèrent dans son enceinte. Elle était assiégée par deux armées alliées. Le feu des Anglais était dirigé par le colonel Congrève, inventeur des fusées qui portent son nom; celui des Autrichiens, par le célèbre baron de Unterberger. L'armée de siége comptait 100,000 hommes, 344 canons et mortiers, tandis que la place n'était défendue que par 10,000 hommes et 176 canons. La nature du terrain était excellente; les impériaux avaient en abondance vivres et munitions; l'investissement était complet. Cependant le duc d'York et ses alliés demeurèrent six semaines devant ces murs foudroyés et ne purent entrer dans la ville qu'à la suite d'une capitulation. Gaëte, en Italie, à laquelle, il est vrai, une ceinture de rochers formait un solide rempart, résista trois mois à une armée aguerrie, commandée par Masséna. Dans la citadelle d'Anvers, simple fort isolé, une poignée de Hollandais tint tête pendant cinquante jours à des forces considérables, pourvues d'un matériel puissant et d'excellents officiers du génie. Enfin, le siége de Silistrie, où l'ennemi ne put prendre même un seul des ouvrages extérieurs, prouve la force de résistance qu'ont des soldats braves — et les Russes le sont — derrière de bons retranchements.

Pour avoir une idée des ressources que les assiégés tirèrent de la flotte russe immobilisée, il faut savoir que cette flotte se composait de 17 vaisseaux de ligne, savoir : *Douze-Apôtres*, 120 canons; *Paris*, 120; *Trois-Saints*, 120; *Wladimir*, 120; *Grand-Duc-Constantin*, 120; *Swiatoslaw*, 100; *Rostislaw*, 100; *Uriel*, 84; *Chabrié*, 84; *Yagudiel*, 84; *Salathiel*, 84; *Trois-Patriarches*, 84; *Trosviatitalia*, 84; *Varna*, 84; *Gabriel*, 84; *Impératrice-Marie*, 84; *Tchesmé*, 80, plus 4 frégates, 5 corvettes ou bricks, 82 bâtiments de rang inférieur et 12 vapeurs; soit, en résumé, 108 bâtiments, représentant au moins 2,200 bouches à feu de tout calibre. L'armée de siége était composée de 60,000 Français, dont 3,000 hommes de cavalerie, de 30,000 Anglais et de 14,000 Turcs. Elle était appuyée par une flotte comprenant 25 vaisseaux de ligne français : *la Ville-de-Paris*, *le Mogador*, *le Napoléon*, *le Montézuma*, *le Charlemagne*, *le Vauban*, *le Montébello*, *le Henri IV*, *le Cacique*, *le Jean-Bart*, *l'Infernal*, *la Pomone*, *le Pluton*, *le Descartes* et *la Mouette;* 10 vaisseaux de ligne anglais, 29 frégates, corvettes, etc., à voiles ou à vapeur, dont 15 françaises et 14 anglaises, soit 54 bâtiments de guerre, auxquels furent réunis 6 vaisseaux turcs. Les approvisionnements par mer étaient assurés; des bâtiments-hôpitaux se tenaient prêts à transporter à Constantinople malades et blessés; le service médical était merveilleusement organisé, et les aumôniers qui, avec leur chef, l'abbé Parabère, à cheval sur un canon, avaient suivi les zouaves à travers la mitraille sur les hauteurs inaccessibles de l'Alma, assuraient à ceux qui devaient trouver devant Sébastopol une mort glorieuse tous les secours de la religion.

Sur le Danube et en Asie, la guerre se bornait à de simples reconnaissances et à quelques escarmouches. Omer-Pacha avait suspendu sa marche agressive dans la Daorudscha. Tout se taisait pour être attentif au drame qui se jouait en Crimée.

Le 1er octobre, furent réglées d'une manière définitive les dispositions du siége. L'armée française fut chargée de la gauche et l'armée anglaise de la droite des attaques contre la place. L'armée française fut divisée en deux corps : l'un, d'observation, composé des 1re et 2e divisions, commandé par le général Bosquet, occupa les positions dominant les vallées de Balaclava et de la Tchernaya; il se reliait par sa gauche près d'Inkermann aux Anglais, et était destiné à protéger les opérations du siége contre les entreprises d'une armée de secours venant de l'intérieur de la Crimée.

L'autre corps, formé des 3e et 4e divisions, sous les ordres du général Forez, fut spécialement chargé des travaux du siége. La division turque était destinée à servir de réserve, selon le cas, à l'un ou l'autre de ces deux corps. La 4e division devant s'éloigner de la baie de Kamiesch pour prendre ses positions de siége, quatre bataillons appartenant aux 1re, 2e et 3e divisions françaises et à la division turque furent placés autour de cette baie pour assurer au besoin la sécurité de débarquement et pour fournir le service et les corvées nécessaires. Ces bataillons furent placés sous les ordres du lieutenant-colonel d'état-major Raoult. La 4e division vint prendre position à 3,000 mètres de la ville, appuyant sa gauche à la mer vers la petite baie de Strelitza, et sa droite à 3,200 mètres de là, à une grande construction dite la *Maison Blanche.*

L'armée anglaise opéra son mouvement de concentration vers la droite pour prendre ses positions définitives; elle appuya sa gauche, formée des divisions England, au grand ravin de Sébastopol, séparant les deux attaques française et anglaise, et sa droite, formée par la division Lacy-Evans, aux escarpements d'Inkermann. Le centre se composait des divisions Cathcart et duc de Cambridge, ayant en avant d'elles la division légère George Brown, et en arrière les grands parcs de l'artillerie et du génie, ainsi qu'un corps de cavalerie. Dans une des premières reconnaissances, un corps de 600 hommes de troupes russes fut battu et mis en fuite. Le capitaine de Dampierre, officier d'ordonnance du général Bosquet, s'étant égaré et jeté très-près de la place, fut fait prisonnier par un poste cosaque. Dans une autre reconnaissance le capitaine du génie Schmitz fut tué par un boulet.

Les reconnaissances et le feu ouvert sur elles ayant démontré que la place avait un armement considérable, composé de pièces de très-fort calibre et de grande portée, on fit débarquer de l'escadre, pour prendre part aux opérations du siége, 30 bouches à feu, dont vin ' canons de 30 et dix obusiers de 22, ainsi que trente fuséens d'artillerie de marine; 1000 marins furent mis à terre avec ces pièces, 500 pour les servir et 500 pour les soutenir. Le capitaine de vaisseau Rigaud de Genouilly, de *la Ville-de-Paris,* en prit le commandement.

Après plusieurs petits combats dans lesquels les Russes eurent constamment le dessous, la tranchée fut ouverte le 9 octobre à 9 heures du soir, par 1600 travailleurs divisés en reprises. Favorisés par un vent violent et par l'obscurité que la lune empêchait toutefois d'être complète, ces travaux parurent ne pas être aperçus de l'ennemi et n'en furent nullement inquiétés. 936 mètres de boyaux ou gabionnades furent ouverts dans la nuit à une profondeur suffisante pour qu'au point du jour les hommes fussent à couvert. Le lieutenant-colonel d'état-major Raoult était major de tranchée; les colonels Lebœuf, de l'artillerie, et Trépier, du génie, étaient chargés, sous les ordres des généraux Thiry et Bizot, de la direction de leur arme.

Le lendemain, le feu de la place commença avec une vivacité extrême. Mal dirigé d'abord, il ne tarda pas à prendre plus de précision et continua pendant la nuit. Trois points se faisaient remarquer par leur puissance : le bastion du *Mât*, sur la droite; le bastion de la *Tour* au centre, et celui de la *Quarantaine* qui enfilait diverses parties des ouvrages des assiégeants. Plusieurs sorties commencèrent à inquiéter les travaux. Le 11, un bâtiment autrichien, chargé de vivres pour l'administration, fut poussé par le vent sous le feu de la place, qui l'accabla de projectiles. Il y échappa heureusement et vint s'échouer en arrière de la gauche de la 4e division. La marine le renfloua pendant la nuit sous la protection d'un bataillon du 74e de ligne. Le 14, le feu de la place, partant de tous les points ayant des vues sur les ouvrages français, fut d'une vivacité extrême. De une heure à deux de l'après-midi, il y eut environ 800 coups : canons, obusiers et mortiers. Les travaux furent forcément suspendus, néanmoins ce tir excessif n'occasionna que peu de pertes et de dégâts. Le 16, les batteries furent mises en état de faire feu. Le feu de la place était toujours très-vif. N'obtenant pas du tir de plein fouet et à ricochet l'effet qu'il s'en promettait, l'ennemi lui fit succéder un tir à bombes fréquent qui devint fort juste.

Le 17, à 6 heures du matin, au signal de trois bombes tirées coup sur coup par la batterie française n° 3, le feu est ouvert simultanément par toutes les batteries françaises et anglaises; 53 pièces du côté des Français et 73 du côté des Anglais; total 126 pièces. La place répondit aussitôt très-vivement de toutes les batteries ayant des vues sur les deux attaques et dont l'armement ne pouvait être évalué à moins de 250 pièces. Pendant vingt jours que les Russes avaient tiré sans qu'il fût possible de leur répondre, ils avaient tellement rectifié leur tir que dans plusieurs batteries anglaises et françaises les boulets ennemis entraient d'abord par les embrasures comme si on les jetait avec la main. Une pièce venait d'être mise en position lorsqu'un boulet l'atteint et la renverse. Elle est remplacée par une autre. Cette fois c'est dans la gueule même du canon que pénètre le projectile moscovite; mais comme il est d'un calibre trop fort, il n'y peut entrer qu'à moitié. La pièce si singulièrement enclouée est portée comme une curiosité dans la tente du général en chef. Dans le commencement les Russes poussaient la témérité jusqu'à tirer à découvert; mais les nombreux tirailleurs armés de carabines Minié, organisés sous le nom de *francs tireurs*, devaient bientôt les faire repentir de cette audace. Pendant trois heures, le feu continua avec la même vivacité de part et d'autre, sans qu'on pût encore constater aucun résultat, lorsqu'à 9 heures 1/2 une bombe, tombant sur le magasin à poudre de la batterie n° 4, le crève et le fait sauter. Malheureusement cette poudrière était l'une des plus importantes, et son explosion, accueillie par les hurrahs de l'ennemi qui redouble son feu, désorganise la batterie et tue ou blesse une centaine d'hommes. Trois quarts d'heure après, une caisse à gargousses fait explosion dans la batterie n° 1, servie par la marine. A 10 heures 1/2, les batteries françaises, sur lesquelles se concentre le feu de l'ennemi, ne pouvant, réduites à trois, répondre sans désavantage au canon de la place, cessent momentanément leur feu; celui des Anglais continue. Vers 3 heures de l'après-midi, un magasin très-considérable de la grande batterie russe dite du *Redan*, en face des Anglais, fait explosion, et n'y laisse que trois pièces en état de tirer. A 4 heures, un caisson de munitions saute en arrière de la batterie de droite des Anglais. C'est la quatrième explosion de cette brûlante journée.

Il avait été décidé, seulement la veille au soir, que les escadres feraient diversion en attaquant les batteries de la marine les plus extérieures, principalement la formidable batterie de la Quarantaine. Afin que tous les vaisseaux pussent prendre position, on avait déterminé une ligne courbe se dirigeant vers le nord nord-est; les bâtiments français au sud, deux vaisseaux turcs ensuite, puis les anglais. Les quinze vaisseaux français s'étaient placés sur deux lignes très-rapprochées pour laisser un espace suffisant aux marines alliées. A midi et demi, la bombarde *le Vautour*, embossée dans une petite crique, commença le feu, qui fut pour les Russes le signal du leur. Ils s'attachèrent à diriger leur tir vers un groupe très-compacte formé par *la Ville-de-Paris*, *le Valmy*, *le Friedland* et *le Jupiter*. Au milieu d'une grêle de boulets et d'obus qui pleuvaient sur les vaisseaux et dont beaucoup allaient tomber à cinq ou six cents mètres plus loin, *le Jupiter* seul fut préservé. *La Ville-de-Paris* reçut un grand nombre de boulets : un obus qui, après avoir traversé le pont de la dunette, éclata par-dessous, détruisit toutes les chambres et enleva le tiers des planches de la dunette avec tous ceux qui se trouvaient dessus; l'amiral Hamelin, le chef d'état-major, etc. L'amiral, par un hasard miraculeux, n'eut aucun mal; mais de ses quatre aides-de-camp, l'un, le capitaine Sommeillé, fut coupé en deux; un autre eut les deux jambes emportées; un aspirant égyptien fut tué. Ce vaisseau eut 10 hommes tués et 30 blessés; *le Valmy*, 4 tués et 30 blessés; *le Montébello*, 10 tués et 30 blessés; *le Friedland*, 11 tués et 35 blessés; *le Charlemagne*, 2 tués et 43 blessés. Les autres vaisseaux éprouvèrent moins de pertes. Parmi les vaisseaux anglais, *la Retribution* eut son grand mât coupé en deux. *L'Albion, le Sans-Pareil, l'Agamemnon, le Bellérophon*, vaisseau qui conduisit Napoléon à Sainte-Hélène, eurent un assez grand nombre de morts et de blessés. Les pertes étaient bien plus considérables du côté des Russes, dont les ouvrages étaient démantelés. Le but que se proposait la flotte dans cette attaque avait été atteint par l'extinction du feu des batteries de la Quarantaine qui gênait beaucoup les opérations françaises. Les batteries de mer se trouvaient réduites en silence; une partie de la garnison avait été occupée de ce côté, et cette heureuse diversion avait prêté à l'armée de terre une assistance matérielle et morale. Les Russes n'avaient pas fermé l'entrée du port de Sébastopol en y coulant cinq vaisseaux et deux frégates; les vaisseaux des escadres, après le premier feu essuyé, eussent pu donner dans les passes avec succès, venir s'échouer au fond du port et se mettre en communication avec l'armée; mais la mesure extrême prise par l'ennemi de sacrifier une partie de sa flotte eut pour résultat de retarder sa perte, et, après avoir accompli leur œuvre, les escadres retournèrent à leur mouillage.

Dans le précédent chapitre nous avons dit que ce qui empêchait la flotte alliée de communiquer avec l'armée, c'était l'obstacle formé par les cinq vaisseaux et les deux frégates que les Russes avaient coulés à l'entrée du port. La passe de Sébastopol a partout de 40 à 50 pieds de profondeur; généralement un vaisseau de ligne a en moyenne 25 pieds environ dans l'eau, et autant dehors. Les bâtiments coulés arrivaient donc au ras de l'eau, et pour passer il eût fallu d'abord attaquer cette digue sous-marine. La masse représentée par les cinq vaisseaux et les deux frégates équivalait à 21,700 tonneaux ou 21 millions 700,000 kilogrammes. Il est aisé de comprendre qu'il n'existe pas de machines capables de soulever un poids aussi considérable. Dans des circonstances analogues, on a donc ordinairement recours à la mine. Des charges de 50, de 100, de 1,000 kilogrammes de poudre sont enfermées dans des cylindres en fer forgé terminés en cône. Aux extrémités, deux ouvertures sont pratiquées, l'une pour introduire la poudre, l'autre pour recevoir un tube renfermant la charge d'amorce. Cette charge est formée par 85 grammes environ de poudre fine à laquelle le feu est porté ou par des fusées spéciales ou par des saucissons de mines, ou enfin à l'aide de l'électricité. Au moyen d'une batterie galvanique à courant constant, on produit à

150, à 200 mètres de distance l'ignition instantanée d'un fil de platine qui enflamme la charge de poudre. L'explosion des barils de fer, que des plongeurs ont convenablement logés dans le corps des navires, démolit quelquefois d'un seul coup cette sorte d'estacade, ou du moins ouvre des bordages qui rendent plus faciles les opérations ultérieures. La mer, passant par ces ouvertures, enlève la vase accumulée et les autres obstacles. Puis, à l'aide de *scaphandres* ou cloches à plongeurs, on retire les canons et les matériaux coulés à fond.

On voit qu'on ne pouvait songer pour le moment à débarrasser la passe de ces vaisseaux, dont on n'apercevait que les sommets des mâts et dont les Russes avaient utilisé le matériel pour armer leurs fortifications du côté de terre avec les gros canons servis par les marins. Les alliés, de leur côté, avaient à terre des batteries de marine servies par 1,600 matelots. Ainsi le siége de Sébastopol offre cet exemple, peut-être unique dans l'histoire militaire, d'officiers et marins quittant leur élément naturel, la *mer*, pour se livrer combat *sur terre* avec leur *artillerie navale*.

Les vaisseaux échoués obstruant la passe, le fort Constantin empêchant l'investissement au nord, la difficulté d'ouvrir des tranchées dans le roc vif, la puissance des bouches à feu ennemies, tout se réunissait pour accroître les difficultés sans cesse renaissantes devant les assiégeants. On ne se fait pas d'idée des opérations complexes qu'exige le siége d'une place importante. Pour nos lecteurs peu versés dans l'art militaire nous croyons devoir les résumer en quelques lignes.

Lorsqu'à la suite d'une opération de guerre quelconque, on a résolu le siége d'une place forte, on commence par la *resserrer*, c'est-à-dire qu'on s'en approche en rétrécissant le terrain dans le milieu duquel peuvent se mouvoir les défenseurs, où l'ennemi tient encore la campagne, absolument comme les chasseurs resserrent le repaire d'une bête fauve. On rassemble ensuite le matériel de siége : les *fascines*, fagots de bois destinés à soutenir les terres jetées en avant des tranchées; les *gabions*, paniers remplis de terre qu'on place debout pour former les batteries, garantir les travailleurs, dessiner les embrassures ; les *sacs à terre*, employés pour amortir les coups de la place, et dont on fait usage surtout sur les terrains rocailleux, quand la nature du sol empêche de faire des tranchées. On forme après cela les *parcs* ou emplacements à l'abri du feu de l'ennemi, et dans lesquels on réunit les bouches à feu de gros calibre, les boulets, bombes, obus, poudres, grenades, artifices. Une fois ces préliminaires terminés, lorsqu'on connaît parfaitement les abords de la place, lorsqu'on a un bon plan des ouvrages, qu'on n'ignore ni les côtés forts ni les côtés faibles, on combine le *plan d'attaque*. Mais quand sur toutes ces choses on n'a que d'imparfaites notions, il faut procéder plus lentement, et envoyer des *reconnaissances* pour protéger les officiers du génie, de l'artillerie et d'état-major chargés de s'approcher assez pour dessiner, apprécier, en un mot *reconnaître* les ouvrages avancés et le corps de place. A Sébastopol, on se trouvait dans ce dernier cas : la place n'était pas connue ; on ignorait si depuis quelques mois des fortifications n'avaient pas été entreprises ; il fallut donc procéder avec prudence. C'est dans une de ces reconnaissances, faite le 6 octobre par un bataillon du 19e de ligne, que le capitaine du génie Schmilt perdit noblement la vie ayant eu la cuisse emportée par un boulet parti de la place, tandis qu'il dessinait le terrain.

Nous avons supposé que rien n'entravait les travaux des assiégeants, mais il en est autrement. Une garnison nombreuse fait de fréquentes *sorties* de jour et de nuit, qu'il faut sans cesse combattre et ramener dans la ville. Au point où nous arrivons, les troupes de siége *investissent* la place, c'est-à-dire qu'elles rejettent les défenseurs, par la force s'il est nécessaire, dans l'intérieur des fortifications du corps de place ou des ouvrages avancés. L'investissement est plus ou moins complet. Lorsqu'on peut le compléter entièrement, les assiégés ne peuvent faire entrer dans leurs murs ni renforts ni munitions de guerre et de bouche. Nous avons dit que l'investissement de Sébas-topol était incomplet. Seulement on avait pu couper l'aqueduc portant de l'eau à la ville, qui avait beaucoup à souffrir du manque de cet indispensable élément.

Après l'investissement, vient une des opérations les plus difficiles, *l'ouverture de la tranchée.* Lorsque la garnison d'une place est forte par le nombre et par le *moral* surtout, elle fait tout ce qu'elle peut pour découvrir de quel côté aura lieu l'ouverture de la tranchée et pour y mettre des obstacles, soit par le feu des pièces de ses ouvrages avancés et du corps de place, soit par des sorties combinées. L'ouverture de la tranchée se fait la nuit et à environ 5 ou 600 mètres de la place, à moins que les difficultés du terrain ne s'y opposent ; dans ce cas, on commence sur un point plus éloigné. Désignés d'avance dans les régiments, les travailleurs sont conduits en silence ; ils portent les outils nécessaires, pelles, pioches et fascines ; des détachements armés sont établis à proximité des travaux pour les soutenir contre les sorties. Les officiers du génie et d'état-major désignent aux hommes l'emplacement qu'ils doivent occuper et on procède à creuser la terre. Chaque travailleur s'enterre le plus promptement possible, plaçant devant lui, du côté de la place, sa fascine sur laquelle il jette les pelletées qu'il retire de l'excavation. Dès que la tranchée est faite de façon à garantir les travailleurs des boulets et obus, d'autres soldats viennent perfectionner les travaux.

La première parallèle achevée, on s'avance en zigzag vers la place ou les ouvrages avancés que l'on doit attaquer d'abord, en ayant soin de se défiler ; c'est ce qu'on appelle *cheminer*. Ce cheminement se fait en garantissant les soldats du génie qui en sont chargés par un énorme gabion qu'ils poussent devant eux pour éviter les projectiles. C'est une opération très-dangereuse. De la première on passe ainsi à la seconde parallèle ; puis, lorsqu'on juge être assez près de la place pour pouvoir agir efficacement par le tir, on établit des batteries dans la situation la plus favorable : c'est l'affaire de l'artillerie. Quelquefois on construit des batteries dès la première parallèle, surtout des batteries armées de mortiers qui lancent des bombes sur les ouvrages et sur la place. C'est habituellement pendant cette première période des opérations du siége que les défenseurs essaient de sortir pour ruiner les ouvrages, combler les tranchées, s'emparer des batteries, détruire le matériel, enclouer les pièces. Dans ces sorties, d'après le rapport même du général Menschikoff, la garnison russe perdit 500 hommes et plusieurs officiers supérieurs, notamment l'amiral Korniloff, chef de l'état-major à bord de l'escadre qui détruisit la flotte turque à Sinope et qui depuis commandait le fort Constantin. L'amiral Nachimoff, commandant de cette escadre, fut grièvement blessé.

Les batteries établies, le feu commence. Les ouvrages avancés ruinés et rendus inhabitables pour l'ennemi ou enlevés de vive force, on chemine sur le chemin couvert en s'approchant de plus en plus de la place. Quelquefois les défenseurs essaient des travaux souterrains ayant pour but de déboucher, sans être aperçus des assiégeants, au milieu de leurs travaux, mais il est rare que ces attaques réussissent. Quelquefois aussi les assiégés contre-minent dans la direction où ils entendent le bruit des travaux, et il s'engage sous terre de terribles combats. Une fois parvenu sur le *glacis* ou chemin couvert, l'assiégeant s'y établit fortement ; c'est ce qu'on appelle *couronner* le chemin couvert ; puis il y construit ses batteries de brèche, les arme, et, tout étant disposé, le feu de la place étant éteint soit parce que les bouches à feu en batterie sur les remparts ont été démontées, soit parce que les artilleurs ont été tués, il procède à la *brèche*. En quelques heures, surtout quand on possède, comme à Sébastopol, des moyens aussi prodigieux, des pièces d'un calibre aussi fort, on pratique, par l'éboulement des murs et des terres, une brèche assez large pour donner passage de front à une ou deux compagnies. La brèche, reconnue par les officiers du génie, étant déclarée praticable, on somme la place de se rendre, et si les défenseurs refusent, on dispose tout pour l'*assaut*.

Des troupes sont désignées pour cette rude opération. Les soldats s'empressent de se faire inscrire pour y prendre part, car ce grand péril est un grand honneur. D'autres troupes sont désignées pour les soutenir dans les boyaux de tranchée ; toute l'armée attaquante prend les armes. A un signal donné, les premières colonnes s'élancent au pas de course, opèrent la descente du fossé, gravissent la brèche et cherchent à se loger sur les remparts mêmes du corps de la place, soutenues ou remplacées par d'autres colonnes. Souvent on a encore à combattre l'ennemi qui, comme à Sébastopol, a élevé dans l'intérieur de la ville des fortifications nouvelles et s'est retranché jusque dans les maisons.

Tel est l'ensemble des opérations d'un siége régulier.. Souvent un siége dure fort longtemps. A ceux que nous avons précédemment cités, il faut ajouter Dantzig et Saragosse qui, sous l'Empire, se sont défendus de cinq à six mois. Si l'on songe à tous les soins qu'exigent ces opérations complexes, les approvisionnements de bouche et de munitions, le service sanitaire et chirurgical, on comprendra quels soins multipliés occupent un général en chef et quelle forte tête il lui faut pour ne pas être au-dessous d'une telle tâche! Heureusement l'armée assiégeante était; comme nous l'avons dit, pleine de confiance dans son chef. C'est ici l'occasion d'esquisser en quelques traits la vie du général de l'armée d'Orient.

Né en 1809 dans le département du Lot, à quelques lieues du village qui donna le jour à Murat, François Certain-Canrobert entra en novembre 1826 à l'école de Saint-Cyr, s'y distingua parmi les plus studieux élèves, en sortit en 1828 pour être placé comme sous-lieutenant au 47e de ligne, passa lieutenant le 20 juin 1832 et s'embarqua en 1835 pour l'Afrique, où, dans la province d'Oran, depuis la triste affaire de la Macta, Abd-el-Kader tenait nos armes en échec. Il prit part à l'expédition de Mascara, suivit les mouvements dirigés par les généraux Clauzel, d'Arlanges et Létang. La prise de Tlemcen, l'expédition du Chéliff, celle d'Aarchgoun, de la Mina, le ravitaillement de Tlemcen, les combats de Sidi-Yacoub, de la Taffna, de la Sikkah révélèrent ses brillantes qualités militaires et lui valurent, le 26 avril 1837, le grade de capitaine. Passé la même année dans la province de Constantine, où le duc de Nemours et le général Damrémont se préparaient à laver un sanglant affront, il reçut, à l'assaut de cette place, un coup de feu à la jambe à côté du colonel Combes, vieux soldat de l'île d'Elbe dont il était officier d'ordonnance et qui fut lui-même mortellement blessé sur la brèche. Avant de quitter la vie, le colonel Combes recommanda le jeune capitaine au maréchal Vallée, comme un officier plein d'avenir.

Rentré en France en 1839 avec la croix, Canrobert fut chargé d'organiser pour la légion étrangère un bataillon tiré des bandes espagnoles refoulées avec Cabrera sur le territoire français. Grâce à sa persévérante activité, ces débris de guerre civile formèrent promptement une troupe capable de s'associer à nos combats. Au camp de Saint-Omer, en 1840, Canrobert rédige avec succès, par ordre du duc d'Orléans, un manuel militaire. En 1841, il retourne en Afrique avec le 6e bataillon de chasseurs à pied, et se signale au combat des cols de Mouzaïa et du Gontas, ainsi que dans la lutte opiniâtre contre les Beni-Menasser. Chef de bataillon au 15e léger le 22 mai 1842, il tient la campagne sur les rives du Cheliff à la tête du 5e bataillon de chasseurs, et, sous les ordres du général Gentil, prend part à l'affaire des Grottes, à celle des Sbéah et à plusieurs combats sur le Riou. En 1843, tantôt avec le 3e, tantôt avec le 5e bataillon de chasseurs, il accompagne le colonel Cavaignac dans l'expédition de l'Ouarensis, le général Bourjolly dans sa marche contre les Flittas, et dans le pays des Kabyles de Garboussa. Depuis deux ans officier de la Légion d'honneur, il est, en 1845, employé contre Bou-Maza par le colonel de Saint-Arnaud, succédant au colonel Cavaignac dans le commandement d'Orléansville. Les affaires de Bahl, d'Oued-Metmour, d'Oued-Gri, d'Oued-Senzig, le mettent brillamment en relief. Avec 250 baïonnettes, il tient tête à 4,000 hommes qui ne peuvent l'entamer. Lieutenant-colonel le 26 octobre, il se voit bloqué par des Kabyles dans la ville de Tenez, où il venait de remplacer le colonel Claparède, et se dégage par un coup hardi. En huit mois, il pacifie tout le pays soulevé, et, sur le terrain de ses conquêtes, il reçoit les épaulettes de colonel. Après avoir commandé le 2e de ligne, il passe, le 31 mars 1848, au 2e régiment de la légion étrangère et occupe Bathna. Mis par le général Herbillon à la tête d'une colonne chargée de châtier les montagnards de l'Aurès, il surprend l'ennemi au pied du Djebel-Chelia, le pousse l'épée dans les reins jusqu'à Kebech, dans l'Amar-Kraddou, et fait prisonnier le bey Ahmed. De retour à Bathna, il va prendre à Aumale le commandement du régiment de zouaves, et avec ces braves soumet les Kabyles et les tribus remuantes du Jurjura. En 1849, le choléra sévit sur les troupes qu'il conduit à Zaatcha. Il se multiplie, soigne les malades, encourage les blessés, relève le moral de tous, jette un renfort dans la ville de Bou-Sada bloquée, trompe l'ennemi qui lui barre le passage en annonçant qu'il porte avec lui la peste et qu'il la donnera à ses assaillants, attaque Zaatcha, monte le premier à l'assaut, voit périr à ses côtés 16 des 20 officiers et soldats qui l'ont suivi, s'empare de la ville, et reçoit en récompense sa nomination comme commandeur de la Légion d'honneur. Après le combat de Narah, il est élevé, le 13 janvier 1850, au grade de général de brigade, vient à Paris commander une brigade d'infanterie, est attaché en qualité d'aide de camp au président de la république, et nommé, le 14 janvier 1853, général de division. Trois mois après, il est appelé au commandement d'une division d'infanterie au camp d'Helfaut et désigné pour inspecter le 5ᵉ arrondissement de la même arme. Placé en dernier lieu à la tête de la 1ʳᵉ division d'infanterie de l'armée d'Orient, il y joua, depuis le commencement de la guerre, un rôle des plus actifs, soit en préparant la difficile opération du débarquement, soit en contribuant puissamment à la victoire de l'Alma, où il reçut une nouvelle blessure. Le maréchal Saint-Arnaud qui le connaissait bien, avait dans sa bravoure et ses talents une confiance absolue, et, avant son départ, le jeune général semblait lui-même pressentir, en se livrant au dépôt de la guerre à de profondes études sur le théâtre de l'expédition, qu'il lui était réservé de planter sur les murs de Sébastopol le drapeau de la France et de la civilisation.

A la suite de la chaude journée du 17 octobre, le général Canrobert adressa à l'amiral Hamelin la lettre suivante :

« Devant Sébastopol 18 octobre 1854.

« Mon cher amiral, en rentrant à mon bivouac, je m'empresse de vous adresser les remercîments de l'armée et le mien tout particulièrement, pour le vigoureux concours que vos vaisseaux lui ont prêté hier. Il ajoute à la dette que nous avons, d'ancienne date, contractée envers la flotte, et soyez sûr que, le cas échéant, tous s'empresseraient de l'acquitter.

« J'ai appris avec de vifs regrets que vous aviez perdu deux officiers de votre état-major, et qu'entre tous les vaisseaux qui ont fait des pertes, *la Ville-de-Paris* est celui qui a le plus souffert. C'est un honneur qui appartenait au vaisseau amiral, et je ne crains pas d'en féliciter vos officiers et votre équipage.

« Je ne terminerai pas cette lettre sans vous dire combien je suis satisfait de l'énergique conduite de vos marins à terre et de l'excellent esprit qui les anime.

« Recevez, etc.   « *Signé :* CANROBERT. »

Pour donner une idée du bombardement de Sébastopol le 17 octobre, nous citerons ce fait que le vacarme était parfaitement entendu à Balaclava, éloignée de 56 kilomètres, et qu'un grand nombre de vitres furent brisées dans cette ville. Pendant la nuit, la pluie de boulets rouges, de fusées et d'obus, reflétée au loin dans la mer, offrait l'image de l'éruption d'un volcan. Près des remparts, la terre tremblait comme un drap qu'on secoue, et les boulets sifflaient en l'air comme des oiseaux de proie.

A la suite du bombardement, les travaux de siége continuèrent activement. Les francs tireurs commençaient à tuer avec leurs carabi-

nes Minié tous les artilleurs qui se montraient dans les batteries ennemies, en sorte que les Russes se virent obligés de faire servir leurs
pièces par des soldats d'infanterie, et même plus tard par des forçats,
dont, à l'aide de longues vues, on apercevait les têtes rases dans les
embrasures. L'immense supériorité du tir des carabines des francs
tireurs tient surtout à l'emploi d'un projectile allongé, rendu possible par deux modes différents de forcement, savoir : le forcement par
aplatissement, par le choc de la baguette, et le forcement par *dilata-*
tion, par l'action de la charge enflammée dans un creux réservé à la
partie postérieure du projectile. Ce système est maintenant adopté en
France pour l'armement des vingt bataillons de chasseurs à pied, les
trois régiments de zouaves, pour l'infanterie de marine et pour les
mousquetons de l'artillerie. Abattus par ce tir d'une étonnante précision, les Russes se gardaient bien de tirer à découvert; ils avaient, au
contraire, établi des sortes de portières fermant leurs embrasures
après chaque coup tiré ; mais cet obstacle n'arrêtait pas les francs
tireurs. Calculant le temps que mettaient les artilleurs à charger, ils
attendaient, l'arme au bras, que la portière s'ouvrît, et alors la tête ou
le bras qui se montrait recevait immédiatement une balle. Cependant
un vieux seigneur russe avait encore la témérité de faire traîner à bras,
chaque jour, une pièce hors de l'enceinte, et de se donner le plaisir
d'y mettre le feu lui-même; les servants tombaient à tout instant,
mais il les remplaçait aussitôt. Comme il se couvrait d'un burnous
blanc, afin de mieux attirer les regards, les Français le nommaient le
Singe blanc. Un autre individu, placé en vigie au sommet d'un mât
très-élevé pour pouvoir, de la ville, plonger dans les tranchées, était
appelé le *Singe vert.* Ces deux personnages servaient de point de mire
aux carabines. Les Russes faisaient travailler à leurs fortifications les
femmes et les enfants ; on voyait les jeunes filles apporter des paniers
remplis de terre ; les Français avaient la galanterie de ne pas tirer sur
ces travailleuses, et un motif d'humanité les portait aussi à épargner
les enfants qu'on envoyait avec de petits tonnelets puiser de l'eau à
un ruisseau hors de la ville. Précédemment, ils avaient accordé aux
femmes et aux enfants l'autorisation de se retirer, et un grand nombre
avait profité de cette permission pour fuir les horreurs du siége. Le
général avait également fait demander au commandant de la place où
étaient les hôpitaux, afin de les épargner. Malgré l'attention apportée
à ne pas atteindre l'asile des malades et des blessés, les bombes mirent le feu à un grand hôpital, et 2,000 malheureux qui s'y trouvaient
furent dévorés par les flammes. Il est juste de dire que, si les alliés
déployaient en toute occasion ces procédés qui enlèvent à la guerre
son cachet de barbarie, les officiers russes n'y étaient pas non plus
complétement étrangers. Le capitaine Duval de Dampierre, tombé,

comme on l'a vu plus haut, au pouvoir de l'ennemi, ayant demandé à être conduit près d'un officier général russe, le pria de vouloir bien faire dire aux avant-postes français qu'il était prisonnier, mais sans blessures, afin de rassurer sa famille et ses amis. L'officier répondit avec courtoisie à M. de Dampierre qu'il avait pleine et entière confiance dans la loyauté des officiers français, et qu'il n'hésitait pas à lui accorder l'autorisation d'aller lui-même donner de ses nouvelles à ses amis, à la condition qu'il s'engagerait à revenir immédiatement. M. de Dampierre accepta avec reconnaissance, et, peu d'heures après, il revenait dans les lignes des avant-postes russes dégager sa parole et reprendre sa captivité. Des deux côtés, du reste, les blessés et les prisonniers recevaient sans distinction de nation les mêmes soins et les mêmes égards.

Le 21 octobre, douzième jour de tranchée ouverte, l'assiégé fit une sortie pendant la nuit dans l'intention d'enclouer les batteries françaises ; il pénétra dans les batteries 3 et 4. Déjà il avait encloué plusieurs pièces, lorsque les canonniers, sautant sur leurs armes, secondés par la garde de tranchée, et très-vigoureusement surtout par la 1re compagnie de voltigeurs du 74e, repoussèrent l'ennemi, qui laissa dans la tranchée bon nombre de morts et de blessés. Dans les combats qui eurent lieu le lendemain, les Anglais perdirent le lieutenant Ruthven et le lieutenant Greathead, deux braves officiers de marine. Le colonel Hood, des grenadiers de la garde, fut également frappé de mort. Le capitaine lord Dankellin, des gardes de Coldstream, fut fait prisonnier, et le duc de Saxe-Weimar reçut une blessure à la jambe.

Cependant, dans la crainte d'une éminente catastrophe, la Russie dirigeait vers la Crimée de nombreuses troupes pour faire diversion au siége en attaquant les armées alliées. Le 25 novembre, eut lieu une affaire importante que nous allons raconter avec quelques détails :

Les alliés occupaient entre Sébastopol et Balaclava une ligne trés-fortement retranchée, formée par des collines naturelles. En bas de ces retranchements, et à peu près en droite ligne à travers la vallée, sont quatre monticules s'élevant successivement l'un plus haut que l'autre, et dont le dernier et le plus élevé, qui rejoint la chaîne de montagnes en face, est appelé mont Canrobert, parce que c'est là que le général français joignit le général anglais après la marche sur Balaclava. Chacun de ses monticules était occupé par les Turcs, parce qu'il n'y avait pas d'autres troupes disponibles. Les Turcs avaient élevé quelques retranchements en terre, et sur chacune de ces positions étaient deux ou trois canons. C'étaient des gros canons de la flotte, que les Anglais avaient prêtés aux Turcs, en ayant soin toutefois d'attacher à chaque redoute un artilleur anglais. Il était évident que Menschikoff et Gortschakoff avaient tâté cette route depuis quelques jours, et probablement quelques Cosaques étaient venus de nuit observer la faiblesse d'une position trop étendue pour que l'armée alliée pût la défendre, et occupée par leurs ennemis méprisés, les Turcs ; car en dépit de tous les échecs qu'ils ont éprouvés sur le Danube, les Russes continuent à avoir le plus ineffable mépris pour les champions du croissant.

Vers sept heures et demie du matin, un officier d'ordonnance arriva au quartier général prévenir qu'un fort parti de cavalerie russe, soutenu par de l'infanterie et de l'artillerie, était descendu dans la vallée, et avait déjà à peu près expulsé les Turcs de la redoute n° 1, c'est-à-dire la plus éloignée, celle du mont Canrobert, et que le feu était ouvert sur les trois autres redoutes, qui seraient bientôt prises si les Turcs ne les défendaient pas mieux. Le général Cathcart et le duc de Cambrige reçurent l'ordre de se mettre en mouvement avec leurs divisions, et en même temps le général Canrobert donna l'ordre au général Bosquet d'appuyer les Anglais dans la vallée avec de l'artillerie et 200 chasseurs d'Afrique. Le général Colin Campbell avait déjà rangé ses Highlanders en bataille sur la route de Balaclava. La cavalerie anglaise, commandée par lord Lucan, était en mouvement ; les hommes avaient à peine eu le temps de se mettre en selle. Il était clair qu'il ne fallait pas compter sur l'infanterie ni sur l'artillerie turques. Tout ce qu'on avait raconté sur leur bravoure derrière des remparts prouve seulement combien les mêmes hommes sont différents dans des circonstances différentes. Quand les Russes avancèrent, les Turcs leur tirèrent quelques coups de feu, prirent peur en voyant la distance à laquelle étaient les renforts, regardèrent autour d'eux, firent quelques décharges, puis filèrent avec une agilité tout à fait incompatible avec les idées qu'on se forme vulgairemens sur l'attitude des Orientaux dans un champs de bataille. Mais les Turcs sur le Danube paraissaient des êtres très-différents des Turcs en Crimée, de même que les Russes de Sébastopol ne ressemblaient pas du tout aux Russes de Silistrie.

« Les Russes avançaient donc, précédés par une ligne régulière d'artillerie forte d'environ vingt pièces. Deux batteries d'artillerie légère étaient encore à un mille en avant ; puis, en arrière et précédant l'infanterie, venaient d'énormes masses de cavalerie formant six carrés compactes, et faisant étinceler la vallée de l'éclat de leurs sabres, de leurs lances, et de leurs brillants uniformes. Ayant enlevé la redoute n° 1, les Russes donnèrent la chasse aux Turcs dans l'intervalle qui la séparait du n° 2. Du haut de la première redoute, ils tournèrent contre les Anglais leurs propres canons, et le régiment des montagnards fut obligé de se replier un peu plus loin. En même temps la cavalerie ennemie avançait rapidement sur la seconde redoute. « A notre inexprimable dégoût, dit un des acteurs de ce drame, nous vîmes les Turcs de la seconde redoute prendre la fuite à leur approche. Ils coururent en groupes épars vers la redoute n° 3 et du côté de Balaclava, mais les Cosaques allaient encore plus vite qu'eux, et le sabre et la lance se donnèrent du jeu dans la troupe en déroute. On entendait distinctement les cris des fuyards et des poursuivants. Les lanciers et la cavalerie légère des Russes avançaient en excellent ordre, et les éclaireurs se rassemblaient et reformaient des colonnes compactes. Puis arriva l'artillerie, et alors les artilleurs envahirent a seconde redoute abandonnée, et bientôt les canons du n° 2 envoyèrent des

volées meurtrières aux défenseurs découragés du n° 3. Nous voyons répondre deux ou trois coups de canon, puis tout se tait. Les Turcs se sauvent en
désordre du côté de la ville, tirant en se sauvant leurs coups de fusil sur l'ennemi. De nouveau, la colonne compacte de cavalerie s'ouvre et s'étend
comme un éventail, et se transforme en éclaireurs; ils tombent sur les
fuyards, les sabres brillent, et les pauvres Turcs jonchent la plaine. Il est
clair que les Russes sont allés plus vite que nous. Les Turcs aussi sont allés
trop vite, car ils n'ont pas tenu assez longtemps pour que nous pussions arriver à leur secours... »Les Turcs continuèrent ainsi leur marche jusqu'à ce
qu'ils fussent arrivés à l'abri des Écossais, et alors ils se formèrent en compagnies sur leurs flancs. Les montagnards attendaient avec calme l'approche
de l'ennemi. La cavalerie russe se rassemble et se resserre de nouveau, puis
tout d'un coup fait une charge furieuse sur la ligne rouge des Écossais. A la
distance de six cent mètres, les montagnards font feu; mais c'était de trop
loin, et l'élan des Russes n'est pas arrêté. On attendait le choc avec anxiété,
mais à la distance de cent cinquante mètres, les Écossais renouvellent un
feu général de leurs carabines Minié, et jettent la terreur et la déroute dans
les rangs de l'ennemi. Les Russes tournent et s'enfuient au galop; et les armées qui des hauteurs assistent à cette scène crient : *Bravo, Highlanders*
Le général Campbell, pour recevoir la charge, n'avait point jugé nécessaire
de changer la disposition de ses rangs, qui, selon le système anglais, n'é-
taient que de deux hommes en profondeur.

« Maintenant allait venir la rencontre des deux cavaleries. Les Russes, vi-
siblement un corps d'élite, avec leurs habits bleu clair brodés en argent, et
soutenus par des dragons, avançaient au petit galop. Bientôt ils firent halte;
leur première ligne était deux fois aussi longue, trois fois aussi profonde que
celle des Anglais; en arrière était une seconde ligne pareille. Du haut des
collines on pouvait, comme du haut d'un amphithéâtre, embrasser toute la
scène. Lord Raglan, son état-major et son escorte, des groupes d'officiers,
des généraux français, des zouaves et quelques corps d'infanterie française
étaient là à regarder. Presque tous étaient descendus de cheval et s'étaient
assis; on ne disait pas une parole. Les trompettes résonnèrent, et les Ecos-
sais gris et les dragons d'Enniskillen chargèrent.

Tournant un peu à gauche pour défoncer la droite des Russes, les gris se
précipitent en poussant un cri qui fait frissonner tous les cœurs, et au même
instant y répond le cri des Enniskillen. Comme la foudre traverse le nuage,
ainsi ils passent à travers les masses noires des Russes. Le choc ne dura
qu'un instant. Il y eut un bruit d'acier et un miroitement de lames dans
l'air, puis les gris et les rouges disparaissent au milieu des colonnes défon-
cées. Aussitôt on les voit sortir de l'autre côté, un peu diminués et rompus,
et fondant sur la seconde ligne qui s'avance contre eux. Ce fut un moment
terrible. On cria : « Dieu les protège! ils sont perdus! » Avec un indomptable élan, les nobles cœurs fondirent sur l'ennemi; c'était une bataille de héros.
La première ligne des Russes, qui s'était ralliée, revenait sur eux pour les
envelopper. Déjà les chevaux gris et les habits rouges apparaissaient de
l'autre côté après avoir encore traversé la seconde ligne, lorsque, avec une
force irrésistible, les dragons à leur tour fondent sur la première la ligne,

raversent comme du carton, tombent sur la seconde ligne déjà rompue et la mettent en pleine déroute. Une acclamation d'enthousiasme jaillit de toutes les bouches ; officiers et soldats ôtent leurs chapeaux et les agitent en l'air, et sur tout l'amphithéâtre éclatent des salves répétées d'applaudissements. Lord Raglan envoie sur-le-champ féliciter le brigadier général Scarlet ; le vaillant vieil officier était radieux de joie en recevant ce message, et il dit à l'aide de camp : « Veuillez faire tous mes remercîments à Sa Seigneurie. » Il était onze heures, et le général Canrobert, avec son état-major, vint trouver lord Raglan et le félicita sur la magnifique charge de sa cavalerie. On croyait à une bataille générale dans la journée, et les deux généraux en chef tinrent conseil. Ce fut à cet instant qu'eut lieu un fatal épisode qui coûta bien cher à la cavalerie légère anglaise. Les Russes, en se retirant, avaient laissé de l'infanterie dans trois des redoutes qu'ils avaient prises, en abandonnant la quatrième. Ils avaient aussi placé des canons sur les hauteurs à leur gauche. Leur cavalerie joignait leurs réserves en six divisions compactes, derrière lesquelles étaient six bataillons d'infanterie et environ 30 canons. Les canons pris aux Turcs étaient des canons anglais, et naturellement on tenait à ne pas les laisser à l'ennemi. Un officier d'état-major, le capitaine Nolan, apporta à lord Lucan, qui commandait la cavalerie, l'ordre de les reprendre s'il était possible. C'est à cette occasion qu'il y eut un fatal malentendu. Le général ne comprit peut-être pas exactement l'ordre qui lui était envoyé, et crut qu'il fallait attaquer à tout hasard. Il trouva cet ordre insensé, mais il devait obéir. Il donna à son tour l'ordre à lord Cardigan de charger les canons. Pour arriver jusque-là, il y avait à faire un mille et demi à travers la plaine. La brigade, forte de 600 hommes, marche en avant en essuyant des volées de canon et de mousqueterie des redoutes. « Nous ne « pouvions, dit un témoin, en croire nos yeux. Est-ce que cette poignée « d'hommes allait réellement charger une armée rangée en bataille? Hélas ! « ce n'était que trop vrai. » Du haut des collines, on les voyait marcher au-devant d'une mort certaine. A leur approche, les trente pièces d'artillerie russe vomissent un flot de flammes, de fumée et de fer ; les rangs sont décimés, les hommes tombent, les chevaux s'échappent. Mais les Anglais ne s'arrêtent pas, et, dans un élan irrésistible, ils arrivent jusque sur les pièces et sabrent tous les artilleurs. Au moment où, décimés et dispersés, ils faisaient leur retraite, ils sont pris en flanc par un régiment de lanciers, puis se trouvent au milieu d'un corps d'infanterie qui tire sur eux à bout portant. A peine se sont-ils fait un passage, qu'ils sont salués par le feu plus meurtrier encore des batteries. On ne comprend pas comment un seul homme put échapper à cette boucherie. Sur les 600 hommes il n'en revint que 180 ! »

Un officier, qui était de cette meurtrière affaire, écrivait une lettre dont voici quelques passages :

« Avant de partir, nous voyions clairement que c'était un coup désespéré ; ce fut pire encore que nous ne pensions. En face de nous étaient de la cavalerie et 9 canons ; pour y arriver, il nous fallait traverser la vallée ; des deux côtés, l'ennemi avait placé de l'artillerie et de l'infanterie avec des carabines Minié. Toutefois il n'y eut pas d'hésitation ; nos hommes partirent au galop, avec le feu devant eux et le feu sur leurs deux flancs qui renversaît hommes et chevaux par douzaines. Pas un ne broncha. Nous allâmes tout droit; nous sabrâmes sur leurs pièces les artilleurs, qui avaient fait feu jusqu'à ce que nous fussions à sept ou huit mètres d'eux; puis nous continuâmes à travers une seconde ligne de cavalerie, que nous rejetâmes sur la troisième ligne. Mais là il nous fallut faire halte; les Russes se formèrent sur quatre en profondeur; nos hommes et nos chevaux brisés ne purent les entamer, d'autant plus que de la cavalerie toute fraîche venait nous prendre par derrière. Il nous fallut la traverser pour retourner à nos lignes, criblés en même temps par l'artillerie et la mousqueterie. Ce fut un cruel moment, quand, après avoir pris les canons et culbuté la cavalerie, je me retournai et vis que nous n'avions pour soutien que notre pauvre petite brigade presque anéantie. Et quand les Russes se formèrent sur une quadruple ligne, je vis que c'était fini, et je criai à nos hommes de se rallier.... »

Telle fut cette affaire du 25 octobre, dans laquelle les Anglais ont fait des pertes cruelles, mais qui les a couverts de gloire aux yeux des deux armées. Sur 600 hommes d'infanterie légère engagés, il en revint 200; il y eut 9 officiers tués, 21 blessés et 4 manquant à l'appel. Le 17e lanciers avait été presque complétement anéanti. Les pertes des Turcs furent considérables. Les Russes entonnèrent dans Sébastopol un grand *Te Deum* pour ce qu'ils appelaient leur victoire; mais leur joie ne fut pas de longue durée. Le lendemain, 26, ils voulurent faire une attaque sur la droite du corps de siége anglais. 7 à 8,000 hommes, avec 8 pièces, se présentèrent du côté d'Inkermann. Sir Evans était prêt à les recevoir. Les Anglais les laissèrent approcher à trente pas de leur batterie. Ce qui eut lieu ensuite fut terrible. L'action ne dura que quelques instants. Les Russes s'enfuirent en laissant sur le terrain 900 morts ou blessés; les Anglais n'eurent que 50 morts et une centaine de blessés. Les Russes fuyaient en pleine déroute vers la ville; alors une batterie anglaise, renforcée de 2 pièces de 68, prit en flanc cette masse de fuyards et chacun de ses boulets y fit une épouvantable trouée.

Les troupes russes, sans cesse grossies par des renforts, harcelaient sur tous les points les alliés en combinant leurs attaques avec les sorties de la garnison. Plusieurs attaques furent dirigées par eux contre Eupatoria. Depuis le débarquement de l'armée française en Crimée, la ville d'Eupatoria fournissait à l'armée de terre et à la flotte de grandes ressources; il était donc d'un véritable intérêt de conserver cette place. Eupatoria, plus connue sous le nom de Kozloff, est une ville du littoral occidental de la Crimée, et à gauche dans une baie largement échancrée qui porte le même nom. C'est, dans toute l'acception du terme, une ville turque. La plupart des rues sont étroites, salles et tortueuses; les maisons sont basses, en briques et en clayonnage, et n'ont d'ouvertures que sur des cours et des jardins.

Ses édifices se bornent à plusieurs bazars presque déserts, à quelques mosquées, une église orthodoxe, un palais du gouvernement. La ville est située sur un promontoire faisant saillie sur la mer. Elle était autrefois fortifiée, mais ses fortifications furent détruites par les Moscovites. Le voisinage d'Odessa porta un coup funeste au commerce d'Eupatoria, autrefois très-florissant; avant l'entrée des Russes dans la Crimée elle avait plus de 30,000 âmes; c'était, après Kaffa, la plus puissante cité de la presqu'île, et l'une des plus riches et des plus importantes places de la mer Noire. Le recensement fait en 1851 n'accuse plus que 8,200 âmes. La calle est magnifique. L'eau y est assez profonde jusqu'à un kilomètre du rivage, où le fond commence à décroître. A cette distance un homme peut gagner terre, n'ayant de l'eau que jusqu'à la ceinture. La ville était occupée par les Français sous les ordres du commandant Osmont, du corps d'état-major, et par les Anglais commandés par le capitaine de vaisseau Brock. Il y avait aussi quelques troupes turques. Des fortifications élevées à la hâte avaient fait de la ville un poste de campagne. Le 11 octobre, les Russes l'attaquèrent pour la première fois et furent repoussés. Le lendemain ils revinrent à la charge. Une division entière de cavalerie, composée d'un régiment de dragons, un régiment de lanciers et 4 régiments de cosaques réguliers, avec 4 pièces d'artillerie, vint se déployer à peu de distance de la ville, et l'artillerie, se mettant en batterie, commença une vive canonnade contre les ouvrages de défense. Ce fut contre la partie de l'enceinte défendue par les Français que fut dirigée l'attaque. Pour tenir tête à des forces aussi considérables, le commandant Osmont n'avait que deux compagnies du régiment d'infanterie de marine et la compagnie de débarquement de l'Iéna, venues pour renforcer la garnison avec 2 obusiers de montagne. Mais ces intrépides soldats ne se laissèrent ébranler ni par le feu de l'artillerie, ni par le nombre des ennemis couvrant toutes les hauteurs environnantes. Répondant à l'ennemi par des coups bien dirigés, protégés ensuite par une pièce anglaise qui vint jusque dans les moulins voisins de la ville pour contre-battre les pièces russes, ils arrêtèrent la marche des assaillants et les forcèrent à battre en retraite. Ainsi, par leur bonne contenance, quelques hommes résolus parvinrent à contraindre toute une division ennemie, armée d'artillerie, à renoncer à l'attaque d'une ville presque ouverte et protégée seulement par quelques ouvrages faits à la hâte.

Le 5, de grand matin, une armée russe, forte d'environ 40,000 hommes, dont 30,000 étaient des renforts arrivés la veille, sous le commandement du général Dannenberg et des grands-ducs Michel et Alexandre, profitant d'un brouillard des plus intenses, se porta à Inkermann sur les extrêmes limites anglaises et les attaqua avec vigueur.

9

Le général Cathcart réunit environ 8,000 hommes, qu'il opposa aux Russes, et depuis plus de deux heures cette poignée de braves luttait avec la plus héroïque intrépidité contre une armée si supérieure en nombre, lorsque des troupes françaises arrivèrent en toute hâte, et se joignant, dans un admirable élan de fraternisation, aux Anglais, opposèrent à l'ennemi un corps de 3,000 hommes environ, qui chargèrent, un contre cinq, les masses russes, et les repoussèrent avec la plus irrésistible impétuosité.

La brigade Monet arriva bientôt après, et son arrivée acheva la déroute des Russes, qui se retirèrent en désordre vers quatre heures de l'après-midi.

Pendant cet engagement, 8,000 hommes de la garnison de Sébastopol faisaient une sortie et attaquaient quelques compagnies de soutien des lignes françaises, qui ne se trouvaient plus alors qu'à 100 mètres de la place.

Le général de Lourmel se porta aussitôt, avec quelques bataillons, au secours de ces compagnies qui soutenaient avec intrépidité l'attaque, repoussa les Russes, et, les mettant en fuite, les poursuivit jusqu'à vingt pas du bastion de la Quarantaine.

Là une blessure mortelle le força à s'arrêter, et les Russes purent se réfugier dans la place.

Dans ces deux affaires, les Russes ont eu, entre tués et blessés, plus de 15,000 hommes hors de combat. Parmi les morts était le général Seymonoff. Les pertes des armées alliées s'élevèrent à environ 3,000 hommes, entre tués et blessés.

Les généraux anglais Georges Cathcart, Strangways et Goddie périrent sur le champ de bataille; les généraux Brown, Bentink, Bullan et Forens, furent blessés. Les alliés eurent 15 canons démontés.

La bataille d'Inkermann et les conséquences graves qu'un succès de l'armée russe pouvait avoir pour le siége de Sébastopol ont paru mériter de sérieuses réflexions. Il ne s'agissait de rien moins pour les Russes que de faire lever de vive force le siége de Sébastopol : tel était l'ordre formel du czar, et ce plan fut au moment de réussir. Les Anglais, au nombre de 8,000 seulement pendant les premières heures, se sont héroïquement sacrifiés au salut de la grande opération du siége, et les bataillons français accourus bientôt sur le théâtre du carnage ont décidé par leur fougueux élan la victoire que préparait l'admirable solidité des troupes anglaises. La combinaison des qualités particulières aux soldats de l'une et de l'autre nation, la noble émulation et la parfaite fraternité d'armes qui règnent entre eux paraissent les avoir rendus invincibles.

Les généraux Menschikoff et Dannenberg, accompagnés des deux jeunes grands-ducs, faisaient avancer leurs épaisses colonnes par l'étroite vallée de la Tchernaïa, contre la droite des Anglais, à la petite pointe du jour et à la faveur d'un brouillard pluvieux. Le camp anglais s'appuie à une hauteur qui devenait la clef de la position. Si les Russes parvenaient à s'en emparer, ils descendaient comme un torrent sur le terrain du siége, coupaient les communications de l'armée assiégeante avec Balaclava, et prenaient à revers la ligne de circonvallation, pendant que le général Liprandi, pénétrant par la route de Balaclava, faisait sa jonction avec le reste de l'armée russe, entre cette ligne et celle des tranchées. Si cette grande et habile manœuvre réussissait, l'armée combinée, attaquée à dos, était forcée d'abandonner ses travaux de siége et de se faire jour au travers de l'armée ennemie pour regagner les deux ports de dépôt, Balaclava et la baie de Kamiéh. Dès lors, chacune des deux armées alliées pouvait se trouver acculée à la mer.

Tel était le plan d'opération des Russes, comme ils en sont convenus eux-mêmes depuis, plan un peu ambitieux peut-être, mais savamment concerté à Saint-Pétersbourg, et, dit-on, par l'empereur Nicolas lui-même, qui envoyait deux de ses fils en Crimée pour en assurer l'exécution par tous les moyens imaginables.

Nous disions que le plan russe fut sur le point de réussir et qu'il se serait développé rapidement avec des conséquences désastreuses pour l'armée assiégeante sans la ténacité opiniâtre des troupes anglaises. Mais une faute avait été commise dans cette armée. Les ingénieurs anglais ou l'état-major avaient négligé de fortifier convenablement la hauteur qui couvre leur droite; il n'y avait là qu'une petite redoute pour deux canons seulement, et d'un relief insuffisant pour mettre une grand'garde à l'abri de l'escalade. Cette hauteur fut occupée facilement et dès le principe de l'action par les Russes.

Quelques mots sur la topographie du terrain feront comprendre comment l'occupation de cette hauteur a cruellement compromis les braves troupes anglaises et toute l'opération du siége pendant deux grandes heures, car les heures sont longues sous les balles et la mitraille. Devant la droite des Anglais s'étendait le marécage de la Tchernaïa ; leur droite était dominée par la hauteur dont nous parlons. A la suite de cette hauteur jusqu'auprès de Balaclava règne une ligne de monticules d'un escarpement inaccessible où étaient établies les redoutes et les autres fortifications de campagne destinées à couvrir le siége du côté de l'ennemi, et où campaient les deux divisions d'observation. Sur toute cette ligne, la hauteur du camp anglais était la seule accessible et surtout la seule où l'ennemi pût amener du canon.

Or elle n'était défendue sur son plateau que par une étroite redoute, avons-nous dit, redoute inachevée, insuffisante, dépourvue même de banquettes pour faire la fusillade par-dessus le parapet, de sorte que les Russes, quand ils vinrent l'attaquer, pouvaient se tenir en dehors contre l'épaulement, sans avoir un seul coup de fusil à craindre. Une fois maîtres de cette redoute impossible à défendre, les Russes y ont monté une nombreuse artillerie qui a foudroyé à volonté le camp anglais situé au bas, pendant que des colonnes serrées descendaient avec impétuosité jusque sur ce même camp. C'est alors que 8,000 Anglais ont soutenu avec un courage désespéré, ou, pour mieux dire, avec une solidité inébranlable les assauts terribles et redoublés des masses russes que secondait une artillerie formidable. Après deux heures de cette lutte gigantesque, les Français, appelés des extrémités de la ligne, parurent à leur tour sur le flanc des Russes, et les chargèrent à la baïonnette, pendant que les Anglais les chargèrent de même avec la plus grande vigueur. La hauteur et sa redoute étaient ensuite attaquées par les alliés, énergiquement défendues par les Russes, prises et reprises trois fois, et reconquises enfin tout à fait.

En même temps que ces sanglants épisodes avaient lieu à l'extrême droite, la garnison exécutait contre l'extrême gauche des tranchées occupées par les Français une sortie très-vigoureuse qui fut repoussée d'une manière brillante par le brave de Lourmel, ce jeune général d'un si grand avenir, dont l'armée pleure aujourd'hui la mort. Cette sortie, combinée avec l'attaque de la droite, montre bien le plan des généraux russes. S'ils avaient pu passer sur le corps des Anglais et déborder ainsi en arrière des tranchées, il eût fallu évacuer la ligne des travaux et abandonner le matériel de siége. La gauche, voyant la droite en retraite, eût été contrainte de se retirer devant la sortie, tout en combattant. Liprandi venait alors se joindre au gros de l'armée russe sur ce terrain, comme nous l'avons dit plus haut.

Il n'y a pas lieu de penser toutefois que les Russes auraient pu accomplir leur projet de nous refouler sur la côte. L'armée combinée aurait pris position sur les grands coteaux qui s'élèvent en arrière des tranchées et où campaient les troupes françaises; là on eût disputé la bataille. Mais les travaux et le matériel de siége étaient forcément abandonnés pour le moment. Aussitôt la place faisait sortir plusieurs milliers de travailleurs tout prêts, armés de pelles et de pioches, qui auraient comblé les tranchées, démoli les batteries, et rasé en quelques heures le travail de vingt-deux jours.

Grâce à l'énergie des Anglais et à l'impétuosité des Français, une bataille qui pouvait embrasser un vaste terrain a été contenue, concentrée sur les pentes et le sommet d'une hauteur où les forces russes ne pouvaient se déployer, mais où le poids et l'impulsion de leurs masses compactes pouvaient sembler irrésistibles à des troupes moins vaillantes que les alliés. Dans les luttes corps à corps qui s'engagèrent à ce moment, il fallut en quelque sorte démolir homme par homme ces colonnes massives pour y faire brèche, les rompre et les forcer à la retraite. Les soldats russes se sont aussi très-bien battus, mais, à vrai dire, passivement et sans intelligence. C'est ce dont conviennent eux-mêmes les officiers russes prisonniers. Les généraux russes et une partie des officiers entendent la guerre et la font très-bien; mais leurs soldats n'ont pas la mobilité, la rapide intelligence et l'élan des nôtres. Les généraux russes, pour suppléer à ce qui manque de ce côté à leurs soldats, font la guerre à coups d'hommes; ils les sacrifient par milliers, comme on l'a vu à Silistrie et à Inkermann. Un ordre impératif leur parvient de prendre Silistrie, de rejeter les Anglais et les Français dans la mer : dès lors les généraux russes ne ménagent rien, car la faveur du maître est tout à leurs yeux, et il leur faut le succès à tout prix.

Mais les attaques redoublées, le courage et tous les efforts des soldats russes à Silistrie et à Inkermann ont échoué malgré les généraux, malgré les deux princes, qui sont repartis pour Odessa après avoir assisté à une sanglante défaite. Les forces déployées par les Russes dans la bataille ont été évaluées à environ 70,000 hommes, en y comprenant la division Liprandi qui menaçait la ligne de Balaclava, et la sortie exécutée par la garnison de Sébastopol sur la gauche des travaux. Il est avéré également que 18,000 hommes seulement de l'armée alliée se sont trouvés engagés contre les masses de l'ennemi, 15,000 Anglais et Français à la droite, et 3,000 Français à la gauche.

La perte des Russes a été évaluée au chiffre énorme de 15,000 hommes, ce qui paraîtrait incroyable sans la preuve que l'on a pu en acquérir par les 5,000 morts comptés et enterrés sur le champ de bataille par les alliés, ce chiffre comportant au moins 10,000 blessés. Les Russes ont fait d'abord retraite en bon ordre et avec lenteur, emmenant toute leur artillerie, s'arrêtant souvent pour faire front et protégés par leurs batteries mobiles. Mais à partir des derniers mamelons jusqu'au pont de la Tchernaïa, qu'il fallait traverser, ils se sont trouvés sur un terrain découvert, en prise à la mousqueterie de nos hommes, qui avaient gravi un mamelon à leur suite, et foudroyés par six batteries anglaises et françaises (36 pièces ou obusiers) vomissant la mort sur ces masses entassées dans un étroit espace. C'est là que les Russes ont perdu le plus de monde. Leur retraite est alors devenue tumultueuse et désordonnée aux abords du pont. Outre le feu très-vif de mitraille et de mousqueterie qui les décimait cruellement, les queues de leurs colonnes désunies ont été chargées sur la fin par les

chasseurs d'Afrique, sabrant les traînards. Toutes ces circonstances
expliquent les pertes énormes attribuées à l'ennemi.

Aussi depuis cette bataille les généraux russes n'ont plus rien voulu
hasarder contre une armée qui a si bien constaté sa supériorité militaire, malgré son infériorité numérique.

Le journal des *Débats*, qui a fourni ces renseignements sur l'ensemble de la bataille, d'après les journaux anglais, en a donné des détails
avec leurs particularités et même tout leur pittoresque. Bien que ces
narrations n'ajoutent rien aux faits principaux, le lecteur nous saura
gré de lui faire connaître ces terribles scènes de fureur corps à corps,
cette boucherie à la baïonnette, ainsi que les monceaux hideux de
cadavres gisant par milliers sur une terre sanglante. On se sent le cœur
serré à de pareils tableaux. Mais que dire? c'est la guerre.

« Il avait plu presque sans interruption pendant la nuit, et le matin ne
nous promettait pas la fin des averses qui étaient tombées pendant les vingt-
quatre heures précédentes. Au point du jour, un brouillard épais couronnait
les hauteurs et couvrait la vallée d'Inkermann. Les grand'gardes et les sentinelles avancées étaient transpercées, leurs armes étaient humides, en
dépit de toutes les précautions, et il n'y a pas lieu de s'étonner si beaucoup
des hommes de ces postes n'étaient pas aussi vigilants qu'on doit l'être en
présence de l'ennemi, car il faut se rappeler que notre petite armée est
presque épuisée par d'incessantes fatigues, et que les gens qui montent les
grand'gardes sont souvent des hommes qui viennent de quitter à peine le
travail des tranchées ou les corvées des régiments. Le brouillard et la pluie
étaient si épais que l'on pouvait à peine voir à six pieds devant soi. A quatre heures du matin, on entendit les cloches des églises de Sébastopol qui
sonnaient, mais on est si habitué à les entendre, qu'on n'y fit pas attention.
Pendant la nuit cependant, un sergent de la division légère, à la fine oreille,
et qui était de service aux avant-postes, avait cru entendre comme un
bruit de roues dans la vallée, comme si des voitures essayaient de gravir les
hauteurs sur lesquelles il était lui-même posté. Il rendit compte du fait au
major Bunbury ; mais on supposa que le bruit qu'il avait entendu venait de
chariots de munitions et d'arabas allant à Sébastopol par la route d'Inkermann.

« Personne n'imagina que des masses énormes de Russes essayaient à ce
moment même d'escalader les hauteurs à pic qui dominent la vallée d'Inkermann, sur le flanc de la 2e division, que l'on n'avait pas encore songé à
couvrir autrement. Tout était repos et sécurité. Quant aux troupes, endor-
mies dans le camp, elles étaient bien loin de croire qu'un ennemi adroit et
infatigable amenait en ce moment sur les hauteurs une artillerie formidable destinée à jouer sur les tentes aussitôt que les premiers rayons du jour
permettraient de pointer les pièces.

« Il faut remarquer que sir de Lacy Evans avait signalé depuis longtemps
les dangers qu'offrait cette position et qu'il les avait dénoncés à ceux dont
le devoir était de mettre les troupes à couvert. C'était, sur l'ensemble de
nos positions, le seul point où nous fussions exposés à une surprise, et, en
effet, un certain nombre de ravins de courbes inégales dessinés sur les
pentes des hauteurs conduisent à leurs sommets sur lesquels notre flanc
droit s'appuyait, alors dégarni de canons, de retranchements, d'abatis, de
tous moyens de défense. Chacun admettait la justesse des représentations
adressées aux autorités sur ce sujet ; mais soit par indolence ou par un sentiment de fausse sécurité et de confiance aveugle, on n'avait rien fait.

« A l'aide de sacs à terre, de gabions et de fascines, on avait préparé une batterie sur le penchant des hauteurs qui dominent Inkermann du côté de l'est, mais on n'y avait pas monté de canons, attendu que sir de Lacy Evans avait pensé que deux canons isolés dans cette position, sans être reliés à notre système général de défense, ne seraient qu'un appât de plus pour l'ennemi, qui ne manquerait pas de s'en emparer.

« Dans l'affaire du 26, l'ennemi avait essayé ses forces sur le terrain où il s'est présenté ce matin ; mais il ne faut pas oublier qu'en cette occasion il ne semble avoir fait qu'une reconnaissance en masse, et qu'il attendait des renforts pour attaquer la position là où elle était vulnérable et où il pouvait compter avec quelque certitude sur les effets d'une surprise tentée contre un camp endormi pendant une matinée d'hiver.

«. Bien que les mesures prises par sir de Lacy Evans, lorsqu'il repoussa cette sortie du 26, aient été, comme lord Raglan l'a reconnu, si parfaites qu'elles ne pouvaient manquer de réussir, il est évident que si les Russes eussent déployé des forces plus considérables, ils l'auraient contraint d'abandonner le terrain ou de soutenir pour le défendre une bataille où les autres divisions de l'armée auraient dû donner, et cependant, malgré tout. on n'avait rien fait : on n'avait pris aucune mesure pour élever des retranchements, on n'avait pas donné un coup de pioche ni remué une pelletée de terre, on n'avait pas songé à découvrir le terrain, à abattre les taillis, à former des abatis. Tout cela, on croyait que ce n'était pas nécessaire. Une lourde responsabilité pèse sur ceux dont la négligence a permis à l'ennemi de nous attaquer là où nous étions le moins bien préparés pour le recevoir, ou dont l'indifférence a dédaigné de prendre les précautions qui auraient pu nous conserver tant d'existences précieuses, qui auraient rendu triple la perte de l'ennemi s'il avait osé nous attaquer derrière des retranchements, au lieu de nous trouver à découvert.

« Nous n'avons dans la bataille d'Inkermann que bien peu de sujet de nous réjouir, et nous avons beaucoup à y déplorer. Nous avons battu l'ennemi, mais nous n'avons pas fait un pas de plus vers Sébastopol. Nous avons abattu, humilié, mis en déroute un ennemi nombreux, exalté par le fanatisme, animé du courage le plus résolu, enthousiasmé par la présence des fils de celui qu'il regarde comme le vicaire de Dieu sur la terre ; mais nous avons à regretter des pertes immenses alors que nous n'avions pas un homme de trop. Il faut que l'Angleterre nous fournisse des hommes, il faut qu'elle soit prodigue de ses enfants comme elle l'est de son argent et de ses navires, qu'elle en soit aussi prodigue qu'eux l'ont été de leur vie dépensée à son service.

« Il était un peu plus de cinq heures, ce matin, lorsque le brigadier-général Codrington visita, selon sa coutume, les gardes avancées de sa brigade de la division légère. On lui dit que tout allait bien, et le général eut un instant de conversation avec le capitaine Preytman, du 33ᵉ régiment, qui était de service, et dans laquelle il remarqua qu'il ne serait pas fort étonnant que les Russes profitassent de l'obscurité du matin pour attaquer notre position, en calculant comme ils le devaient faire sur les effets de la pluie qui devait naturellement engourdir notre vigilance et faire rater nos fusils. Le brigadier, qui a fait toutes ses preuves en tant qu'officier brave, résolu et intelligent, tourna alors la tête de son cheval pour rentrer dans son camp. Il avait à peine fait quelques pas qu'un feu de mousqueterie assez vif éclata dans le fond de la vallée sur la gauche des grand'gardes de la division légère. C'était là que se tenaient les postes avancés de la 2ᵉ division.

« Le général se retourna aussitôt du côté du feu, et, lorsqu'il eut reconnu d'où il venait, il se lança au galop pour aller réveiller lui-même sa division. Les Russes avançaient en force. Leurs grandes capotes grises les rendaient presque invisibles au milieu du brouillard, même à quelques pas de distance. Les sentinelles de la deuxième division avaient à peine signalé les masses d'infanterie qui avançaient, escaladant les hauteurs escarpées sur lesquelles nous étions établis, qu'un feu violent de mousqueterie les força à se replier, mais en défendant le terrain pas à pas et en soutenant leur feu aussi longtemps qu'il leur resta une cartouche pour répondre à l'ennemi. Les postes avancés de la division légère furent ensuite attaqués et obligés à leur tour de battre en retraite; il n'y avait plus à douter qu'une sortie très-considérable était dirigée sur la droite des positions occupées par les armées alliées, dans le but de les forcer à lever le siége, et, s'il était possible, de les rejeter dans la mer.

« En même temps que l'attaque commençait de ce côté, une démonstration était faite dans la vallée de Balaclava par l'infanterie, la cavalerie et l'artillerie réunies, afin d'attirer sur ce point l'attention des Français campés sur les hauteurs qui le dominent; mais tout se borna à quelques coups de canon et de fusil qui ne produisirent aucun effet, et l'ennemi se contenta de déployer sa cavalerie en bataille soutenue par l'artillerie prête à attaquer les hauteurs et à couper la retraite à nos troupes si la grande attaque réussissait.

« Un télégraphe avait été placé sur les hauteurs d'Inkermann en rapport avec un autre qui occupait le sommet de la colline, centre des positions russes dans la vallée de Balaclava : c'était par là qu'on devait annoncer notre défaite à la cavalerie; de semblables mesures avaient été prises du côté de Sébastopol pour encourager en temps opportun la garnison à faire une sortie générale sur tous nos ouvrages. Tout ce qui pouvait enchaîner la victoire à leurs aigles, si toutefois ils en ont, avait été mis en œuvre par les généraux russes.

« La présence des grands-ducs, qui disaient que le czar avait donné l'ordre de jeter les Français et les Anglais dans la mer avant la fin de l'année, exaltait au plus haut degré les soldats, qui regardent les fils de l'empereur comme une émanation de la présence divine. Ils avaient employé aussi d'autres stimulants plus matériels et plus grossiers; on les trouva dans les gourdes des soldats après la bataille; mais ce qui les enflammait par-dessus tout, c'étaient leurs prêtres, qui les bénissaient avant de les envoyer remplir leur sainte mission, et qui les assuraient de l'aide et de la protection du Très-Haut. Une messe solennelle avait été dite pour l'armée, les joies du ciel étaient promises à ceux qui succomberaient dans la bataille; et quant aux faveurs de l'empereur, elles attendaient tous ceux qui survivraient aux balles des hérétiques.

« Dans nos camps, les hommes commençaient à lutter contre la pluie, essayant d'allumer les feux pour faire le déjeuner, lorsqu'on annonça que les Russes avançaient en force. Le brigadier-général Pennefather, à qui la maladie de sir Lacy Evans avait fait remettre le commandement de la 2e division, fit mettre en toute hâte les troupes sous les armes. Une brigade, sous les ordres du brigadier-général Adams, composée des 41e, 47e et 49e régiments d'infanterie, fut lancée sur la pente des hauteurs pour tenir l'ennemi en échec sur la route par laquelle il s'avançait du fond de la vallée, couvert par des taillis. L'autre brigade, composée des 30e, 55e et 95e régiments d'infanterie, reçut l'ordre de se porter sur ses flancs. Toutes les deux furent accueillies par un feu furieux d'obus et de boulets des pièces que l'ennemi avait conduites jusque sur les hauteurs situées en avant de notre droite, et bientôt on s'aperçut que les Russes avaient quarante pièces de grosse artillerie en batterie contre nous.

« Cependant l'alarme avait été donnée dans tous les camps; sir Georges Cathcart faisait mettre sur pied, avec la plus grande promptitude, tous ceux de ses soldats qui n'étaient pas de service dans les tranchées, et conduisait à l'ennemi tout ce qui était disponible des 20e, 21e, 46e, 57e, 63e et 68e régiments d'infanterie, leur faisant prendre position à la gauche de la 2e division. L'ordre avait été donné qu'une brigade commandée par le brigadier-général Torrens allât soutenir la brigade commandée par le brigadier-général Goldie; mais on reconnut bientôt que l'ennemi était en si grande force, que toute la division, composée en totalité de 2,200 hommes, devait être employée sur le lieu même. Sir George Brown s'était précipité au feu avec ses braves de la division légère, les restes des 7e, 19e, 23e, 33e

77ᵉ et 88ᵉ régiments, commandés par les brigadiers Codrington et Buller. Comme ils traversaient les positions de la 2ᵉ division, ils rencontrèrent le feu d'un ennemi invisible.

« Le triste aspect de la matinée n'avait pas changé. Des averses de pluie tombaient à travers le brouillard et faisaient du terrain un marécage labouré par les boulets des Russes, qui, ayant sans doute calculé à l'avance la portée de leurs canons, tiraient avec la plus grande vivacité, mais aussi avec une certitude funeste à nos colonnes. Tandis que toute l'armée se mettait en mouvement, le duc de Cambridge ne restait pas en arrière et amenait en ligne la brigade des gardes, commandée par le brigadier Bentinck : tout ce qui lui restait en réalité de sa division, les Highlanders étant à Balaclava avec sir Colin Campbell. Ces magnifiques troupes s'élancèrent au front de bataille avec la plus admirable ardeur, à la droite de la 2ᵉ division, prenant position sur le sommet d'une élévation que de leur côté les Russes essayaient de gravir en masse et en aussi bon ordre que le terrain le permettait. La 3ᵉ division, commandée par sir Richard England, se forma en réserve, et une partie des régiments qui la composent, le 50ᵉ, le 28ᵉ et le 4ᵉ étaient engagés avec l'ennemi avant la fin de la bataille.

« Alors commença une des plus sanglantes mêlées qu'on ait vues depuis que le fléau de la guerre est déchaîné sur le monde. Des écrivains militaires ont mis en doute qu'aucune troupe ait jamais reçu une charge à la baïonnette; mais dans cette journée, la baïonnette a été souvent la seule arme employée. Nous avons aimé à nous persuader qu'aucun ennemi ne ferait face sans fléchir au soldat anglais faisant usage de son arme favorite, et qu'à Maïda seulement l'ennemi avait osé croiser la baïonnette avec lui : mais à la bataille d'Inkermann nous n'avons pas seulement fait des charges inutiles, nous n'avons pas seulement vu des chocs désespérés entre des masses d'hommes luttant avec la baïonnette, nous avons encore été obligés de résister baïonnette à baïonnette à des masses d'infanterie russe qui revenaient sans cesse à la charge et qui s'élançaient sur nos bataillons avec la fureur et la résolution la plus incroyable. La bataille d'Inkermann défie toute description. Ç'a été une série d'actes d'héroïsme terribles, de combats corps à corps, de ralliements découragés, d'attaques désespérées dans des ravins, dans des vallées, dans des broussailles, dans des trous cachés aux yeux des humains et d'où les vainqueurs, Russes ou Anglais, ne sortaient que pour se lancer de nouveau dans la mêlée, jusqu'au moment où notre ancienne supériorité si vigoureusement assaillie brilla d'un nouvel éclat par une nouvelle victoire, jusqu'au moment où les bataillons du czar cédèrent devant notre solide courage et le chevaleresque élan des Français. Personne, en quelque endroit qu'il eût été placé, n'aurait pu voir même une faible partie des épisodes de cette glorieuse journée, car les vapeurs de l'atmosphère, les brouillards et la pluie obscurcissaient si profondément le ciel sur le point où la lutte s'est livrée, qu'il était impossible de rien discerner à quelques pas de soi. De plus, l'aspect irrégulier du sol, la pente rapide de la montagne du côté d'Inkermann, là où le combat a été le plus terrible, auraient empêché, même dans les circonstances les plus favorables, de voir plus que quelques détails insignifiants de l'horrible tragédie qui se jouait dans la vallée.

« A six heures, le quartier général était éveillé par des décharges répétées de mousqueterie sur la droite et par le bruit du canon. Lord Raglan recevait presque en même temps la nouvelle que l'ennemi avançait en force, et quelques minutes après sept heures il partait pour le champ de bataille, suivi de son état-major et accompagné de sir J. Burgoyne, du brigadier-général Strangways et de quelques aides de camp. Comme ils approchaient du lieu de l'action, l'augmentation du volume des sons qui parvenaient jusqu'à eux, le bruit incessant du canon, des carabines et de la mousqueterie, leur annonçaient que le combat éclatait dans toute sa fureur. Les obus jes Russes, lancés avec une grande précision, éclataient en si grand nombre au milieu de nos troupes, qu'on eût dit de continuelles décharges d'artillerie, et leurs éclats allaient répandant la mort de tous les côtés. Une des premières choses que firent les Russes lorsqu'une éclaircie de brouillard leur permit de voir le camp de la 2ᵉ division, ce fut d'ouvrir sur les tentes un feu violent d'obus et de boulets, et l'on vit les tentes disparaître les unes après les autres, emportées par les explosions, déchirées en mille pièces, livrées aux vents du ciel, tandis que les hommes restés au camp et les malheureux chevaux attachés à des piquets dans nos lignes étaient ou tués ou mutilés. Le colonel Gambier avait reçu dès les premiers moments l'ordre de mettre en batterie sur une élévation du terrain deux pièces de 18 et de répondre avec elles au feu de l'ennemi que nos pièces légères ne réussissaient pas à atteindre. Tandis qu'il s'acquittait de cet ordre, en compagnie du capitaine Daguilar, il fut blessé et obligé de se retirer du feu.

« Le lieutenant-colonel Dickson prit alors sa place, et la conduite de cet officier, en dirigeant le feu de ces deux pièces, qui contribuèrent puissamment à décider du sort de la journée, lui a mérité l'admiration de l'armée. Mais déjà, avant que ces pièces fussent en position, l'ennemi et nous nous avions perdu beaucoup de monde. Les généraux ne pouvaient voir où ils allaient, et ils ne savaient pas où était l'ennemi ni d'où il venait, ni sur quel point il se dirigeait. Au milieu de l'obscurité, du brouillard et de la pluie, il leur fallait conduire les soldats à travers des broussailles, des bouquets d'arbustes épineux qui rompaient nos rangs, qui faisaient jurer les soldats, et à chaque pas tombait un cadavre, ou un homme blessé par un ennemi dont la position n'était reconnaissable qu'aux éclairs de sa mousqueterie, ou à la direction des balles et des obus qu'il nous envoyait.

« Sir George Cathcart voyant ses hommes mis en désordre par le feu d'une colonne d'infanterie russe qui débordait sa position, tandis que des fractions des divers régiments qui composaient sa division soutenaient à grand'peine un combat inégal contre des forces supérieures, s'élança à cheval dans le ravin où ses soldats étaient engagés pour les rallier. Il reconnut alors que les Russes étaient les maîtres d'une hauteur située en arrière du flanc de sa division; mais son indomptable courage ne se troubla pas. Il s'élança à la tête de ses soldats, les encourageant du geste et de la voix, et comme un cri s'élevait pour annoncer que les munitions commençaient à manquer : « Eh bien ! dit-il avec le plus grand sang-froid du monde, n'avez-vous pas vos baïonnettes? » Il conduisait ainsi ses soldats lorsqu'on lui fit remarquer qu'un fort détachement avait gagné le sommet d'une hauteur placée sur la droite et en arrière de sa division; mais il était impossible de savoir si c'étaient des amis ou des ennemis. Au même moment une décharge meurtrière vint résoudre le problème. Néanmoins il avançait toujours, encourageant son monde de la voix, et déjà il en avait conduit une partie à l'abri d'une élévation du terrain, lorsqu'une nouvelle décharge le fit tomber de son cheval auprès de la colonne russe. Les nôtres eurent à se frayer un chemin à travers une mer d'ennemis et firent d'effroyables pertes. Ils étaient entourés, assaillis de tous les côtés à coups de baïonnette; cependant ils parvinrent à s'ouvrir un chemin jusque sur la hauteur, au milieu d'un monceau de cadavres, mais en perdant eux-mêmes près de 500 hommes. Le corps de sir George Cathcart a été retrouvé depuis avec une balle dans la tête et trois coups de baïonnette dans le corps.

« Dans cette lutte, où les Russes se sont conduits avec la plus hideuse barbarie, où ils achevaient à coups de baïonnette les blessés tombés sur le champ de bataille, le colonel Swyney, du 63ᵉ, le lieutenant Dowling, du 20ᵉ, le major Wynne, le brigadier Goldie et une foule d'autres braves officiers trouvèrent la mort. Sur la droite le combat était également incertain et également meurtrier. Dans la division légère, le 88ᵉ s'avança si loin, qu'il était entouré et mis en désordre lorsque quatre compagnies du 77ᵉ, commandées par le major Straton, chargèrent les Russes, rompirent les rangs ennemis et dégagèrent leurs camarades. Dès le commencement de l'action il était évident que les Russes avaient reçu l'ordre de tirer sur les officiers montés. Sir George Brown fut frappé d'une balle qui lui traversa le bras et vint mourir sur une côte. J'ai vu avec douleur sa mâle et pâle figure qui ne voulait trahir aucune émotion, tandis que nous le portions dans une litière, ses cheveux blancs flottant au 'vent ; je sentais que l'armée venait de perdre, pour quelque temps au moins, les services d'un brave soldat.

« Plus loin sur la droite, une mêlée, qui n'a peut-être jamais eu de pareille, s'était engagée entre les gardes et d'épaisses colonnes d'infanterie russe, cinq fois plus nombreuses peut-être que leurs adversaires. Les gardes les avaient chargées et chassées devant eux lorsqu'ils s'aperçurent que les Russes les avaient débordés ; pour comble de malheur, on manquait de munitions, et l'on ne savait pas alors si les gens qu'on voyait sur les derrières étaient amis ou ennemis. Les gardes n'étaient soutenus par personne, ils n'avaient pas de réserve ; ils se battaient à la baïonnette contre l'ennemi qui leur disputait le terrain pied à pied, lorsque tout à coup une autre colonne russe montra sa tête loin derrière eux sur leur droite. Au même instant un feu terrible de mitraille, accompagné de décharges de mousqueterie, décime leurs rangs. Du coup ils furent mis en désordre ; ils avaient perdu douze officiers tués sur le champ de bataille ; ils étaient réduits de moitié ; ils se retiraient en suivant le fond du ravin, mais bientôt ils furent renforcés et firent payer cher leurs pertes à l'ennemi. Les Français étaient arrivés sur le terrain vers dix heures et avaient pris l'ennemi en flanc.

« Les Russes commencèrent à battre en retraite vers dix heures quarante minutes, ayant perdu environ 9,000 hommes tués ou blessés.

« Cependant la 2e division, qui occupait le centre de notre ligne de bataille, était serrée de très-près. Le 41e régiment surtout avait été exposé à un feu terrible, et le 95e avait essuyé des décharges de mitraille et de mousqueterie si violentes qu'à deux heures il ne comptait plus que 64 hommes dans les rangs. De fait, toute la division rassemblée par le major Eman après la bataille ne se composait pas de plus de 300 hommes. Les régiments n'avaient pas porté leurs drapeaux au feu, néanmoins les officiers étaient frappés partout où ils se montraient, et il n'était pas besoin des drapeaux pour indiquer à l'ennemi le lieu où l'on pouvait les rencontrer. On m'a assuré cependant qu'un régiment avait apporté son drapeau sur le champ de bataille. Dans une si sanglante mêlée il y a eu certainement quelques désordres parmi les nôtres, mais il n'en pouvait être autrement. Quelques-uns ont montré un trop vif désir de s'éloigner du feu sous le prétexte de porter les blessés aux ambulances ; c'est d'ailleurs très-positivement interdit par les règlements militaires. Un officier a été tué lorsqu'il courait après un certain nombre de ses hommes pour les empêcher de quitter le lieu du combat. J'ai vu moi-même à diverses reprises six et huit hommes porter une litière dans laquelle il n'y avait qu'un blessé. Du reste, nos ambulances furent de très-bonne heure remplies de blessés, et avant neuf heures elles évacuaient sur les camps des charges d'hommes tout couverts de sang.

« Vers neuf heures et demie, lord Raglan et son état-major avaient pris position sur une éminence, dans le vain espoir de pouvoir juger de là la bataille qui se livrait à leurs pieds ; c'est là que le général Strangways fut blessé mortellement. Un obus vint éclater au milieu du groupe, dans le ventre du cheval du capitaine Somerset ; un des éclats alla tuer le cheval du capitaine Gordon et ensuite fracasser la jambe du général Strangways ; elle ne tenait plus au tronc que par un lambeau de chair. La figure du vieux général resta impassible, il dit seulement à voix basse et d'un ton calme : « Qui est-ce qui sera assez bon pour m'aider à descendre de cheval ? » On lui rendit ce triste service, et on le porta à l'ambulance ; mais le vieux héros n'avait pas assez de force pour supporter une opération ; moins de deux heures après, il avait rendu l'âme, laissant derrière lui des souvenirs qui seront toujours chers à l'armée.

« Le combat engagé autour de la batterie dont j'ai parlé au commencement de cette lettre fut des plus sanglants. Il se trouva qu'il n'y avait pas de banquettes dans cette batterie et que les hommes qui étaient chargés de la défendre ne pouvaient pas y faire le coup de fusil avec l'ennemi. Les

Russes lancèrent contre elle colonnes sur colonnes. Dès que l'une était rompue et rejetée en désordre, une autre la remplaçait. Pendant trois longues heures, 8,500 Anglais ont combattu contre un ennemi quatre fois supérieur en nombre. Aussi ne faut-il pas s'étonner s'ils durent quelquefois plier, mais ce ne fut que pour retourner à la charge. On ne saurait trop louer l'admirable dévouement des officiers qui savaient que les coups de l'ennemi s'adressaient spécialement à eux. A un certain moment, dans l'obscurité du matin, les Russes avancèrent jusque sur les canons des batteries commandées par les capitaines Wodehouse et Turner. Ne sachant à qui ils avaient affaire, nos canonniers hésitaient à tirer. Les Russes, les chargeant au pas de course, emportèrent tout devant eux, chassant les canonniers ou les tuant à coups de baïonnette et réussissant à enclouer plusieurs pièces. De là leurs colonnes gravissaient la hauteur, et pendant quelques instants le succès de la journée était compromis; mais les brigades Adams et Pennefather, soutenues par les gardes et par la 2ᵉ division, tout réduits qu'étaient ces corps, parvinrent à reprendre la position par des charges désespérées. Les décharges de la mousqueterie, le cliquetis de l'acier, le bruit du canon étaient étourdissants: les Russes hurlaient comme des démons. Ils avançaient, faisaient halte, reprenaient leur mouvement, recevaient et rendaient un feu terrible; mais la carabine Minié est la reine des armes, Inkermann l'a prouvé. Les régiments de la 4ᵉ division et les soldats de marine, armés du vieux fusil de munition *(old brown bess)*, ne produisaient rien sur les masses épaisses des Russes, tandis que les décharges des troupes armées de carabines couchaient les rangs par terre comme l'épée de l'ange exterminateur; ils tombaient comme les feuilles d'automne au souffle du vent du nord.

« Vers dix heures, un corps d'infanterie française se montra sur notre droite, nouvelle heureuse pour nos régiments accablés. Les zouaves arrivaient au pas de charge. L'artillerie française avait déjà ouvert un feu meurtrier sur l'aile droite des Russes. Trois bataillons des chasseurs d'Orléans accouraient, la figure animée d'un feu martial; ils étaient suivis d'un bataillon des tirailleurs algériens. Leurs clairons dominaient le tumulte de la bataille, et lorsque nous vîmes leur vive attaque sur le flanc de l'ennemi, nous sûmes que la victoire était à nous. Attaqués de front par les nôtres, rompu sur plusieurs points par l'impétuosité de nos charges, pris sur leur flanc par l'infanterie française, les Russes commencèrent à battre en retraite, et à midi ils étaient rejetés en désordre dans le fond de la vallée, où c'eût été folie de les poursuivre, car les routes étaient toutes couvertes par leur artillerie. Ils laissaient des monceaux de morts derrière eux. Longtemps avant qu'ils fussent en déroute, les chasseurs à cheval d'Afrique avaient fourni contre eux plusieurs charges des plus brillantes sur le terrain le plus difficile; l'ennemi avait perdu beaucoup de monde sous le sabre de ces intrépides cavaliers, et le résultat de cette foudroyante attaque soutenue par nos troupes avait été de nous rendre nos canons, encloués seulement avec des chevilles de bois, et qu'en très-peu de temps on avait remis en état de recommencer le feu. Notre cavalerie, le reste de la brigade légère, si maltraitée au combat du 25 octobre, avait été aussi remise en position, mais elle était trop faible pour rien entreprendre, et pendant qu'on la rangeait en bataille, elle perdit encore quelques hommes et plusieurs chevaux. Un officier, le cornette Cleveland, fut frappé d'un éclat d'obus dans le côté, et depuis il est mort. Avec les débris du 17ᵉ lanciers, il ne reste plus aujourd'hui que deux officiers, le capitaine Morgan et le cornette Wombwell.

« A midi, la bataille d'Inkermann paraissait être gagnée; mais le ciel, qui depuis une heure s'était éclairci, commença à s'obscurcir de nouveau; le brouillard et la pluie recommencèrent. Nous ne pouvions pas poursuivre l'ennemi, qui se retirait sous la protection de son artillerie, et nous nous contentions d'occuper le champ de bataille si chèrement gagné, lorsque les Russes, se trompant sur notre inaction, firent un retour offensif, revinrent avec leurs canons et rouvrirent sur nous un feu terrible.

« Alors le général Canrobert, qui depuis le matin n'avait pas quitté lord

Raglan, donna l'ordre aux Français d'avancer et d'attaquer l'ennemi sur son flanc droit. Dans le mouvement que firent les Français, le général Canrobert fut admirablement servi par le général Bosquet, dont le dévouement est au-dessus de tout éloge. Dans son ardeur il avait laissé toute son escorte bien loin derrière lui. Le général Canrobert a été légèrement blessé, mais son entourage a été très-éprouvé. Cette nouvelle attaque a été si parfaitement exécutée que les Russes se retirèrent cette fois pour ne plus revenir, mais toujours couverts par leur formidable artillerie.

« Les Russes, vers dix heures, avaient fait une sortie sur les travaux de siége des Français et traversé deux parallèles avant qu'on pût les arrêter ; mais ils furent ensuite ramenés avec de très-grandes pertes, et en se retirant ils firent sauter quelques mines dans l'intérieur du bastion du Mât, craignant évidemment que les Français ne tentassent d'entrer pêle-mêle avec eux dans la place en les poursuivant.

Croirait-on qu'au milieu de ces combats sanglants, de ces luttes acharnées, il y a place aussi pour des épisodes presque plaisants ? Les zouaves se distinguent entre tous nos soldats par une manie étrange dont on ne connaît pas l'origine. Ils ont une espèce de ménagerie. Celui-ci a un chat, celui-là un chien, mais ce sont les chats qui dominent. Ces animaux domestiques, qui ne peuvent demeurer ordinairement que dans la maison dont ils connaissent de longue date tous les coins et recoins, passent leur vie sur le havresac des zouaves, qui montent la garde avec leurs chats, qui manœuvrent avec leurs chats et qui combattent avec eux. Familiarisés avec les soubresauts de leur maison sans cesse vacillante, ces chats exécutent aussi tranquillement leur *ronron* au milieu du bruit du canon et des décharges de la mousqueterie que s'ils étaient couchés sur un tapis devant le foyer brûlant d'un salon. L'intimité qui existe entre ces animaux et les zouaves est, à ce qu'il paraît, un grand sujet d'étonnement pour les prisonniers russes. La première pensée qui leur vient en voyant ces chats couchés sur les havresacs, c'est que les zouaves veulent se réserver des vivres frais et manger un jour ou l'autre leurs amis en gibelotte. Les barbares ! Je parle des Russes !

Parmi les relations fournies par des officiers français sur les évènements qui out précédé et suivi le 5 novembre, celles qui suivent sont également propres à résumer la situation :

« Depuis le combat du 25 octobre jusqu'à celui du 5 novembre, il n'y a pas eu de changement dans les positions de l'armée d'observation anglo-française, ni dans celles de l'armée russe. Cette dernière est toujours campée sur les hauteurs du fort du Nord et sur le plateau de Kutov-Mckengia. Le corps de Liprandi, fort de 15,000 hommes, occupe encore le terrain sur lequel il a livré le combat du 25, sa gauche appuyée aux redoutes enlevées aux Turcs, en face de Balaklava ; sa droite à l'auberge du Pont-de-Pierre (Faktir-kam-Mat), sur la Tchernaya. C'est par ce pont qu'il communique avec le gros de l'armée russe, et sa position peut passer pour isolée, et même aventurée. Quant au prince Menschikoff, c'est par la voie maritime et par le pont d'Inkermann qu'il maintient ses rapports avec Sébastopol. Cette dernière communication est un défilé difficile souvent inquiété par nos reconnaissances, et que pourraient dominer nos positions. On dit que, dans les premiers jours de novembre, le prince Menschikoff a reçu de l'armée du Danube des renforts considérables, et que les grands-ducs Michel et Nicolas, arrivés le 3 dans la ville, ont relevé le courage abattu des défenseurs, prodigué les récompenses et promis aux Polonais, en retour de leur fidélité, l'indépendance de leur patrie.

« Quant à l'armée d'observation des alliés, elle occupe une ligne de défense d'un développement d'environ 15 kilomètres, depuis Balaklava jusqu'au pont d'Inkermann. Le massif qui couvre Balaklava est gardé par les Écossais et la brigade de Vinoy ; les hauteurs qui s'étendent entre Balaklava et le col sont garnies par les Turcs ; du col au Télégraphe, la crête du plateau est défendue par la division Bosquet et la brigade Espinasse. Entre le Télégraphe et le pont d'Inkermann sont placées les divisions duc de Cambridge et Cathcart. La cavalerie française et celle des Anglais campent sur le plateau en arrière du col. Ces différentes parties de notre ligne présentent des conditions de défense très-variées. Les obstacles naturels et quelques batteries habilement disposées mettent Balaklava à l'abri d'un coup de main. La position centrale du général Bosquet fait l'admiration de tous les hommes de guerre, par la savante combinaison des retranchements, des redoutes et des batteries, l'emplacement des camps, le service des avant-postes. Quant aux dispositions de défense des deux divisions anglaises, elles sont loin de présenter tous les éléments de sécurité désirables. Soit par suite de l'insuffisance de leur effectif ou des difficultés du terrain, ces divisions n'occupent les crêtes de la position que sur une faible partie de leur développement. Elles n'ont aucune vue permanente sur le fond de la vallée d'Inkermann, sorte de place d'armes où peuvent se masser, sans être aperçues, les colonnes russes sorties de Sébastopol, ou descendues des hauteurs du fort du Nord. On assure que cette faiblesse relative des positions de nos alliés n'a pas échappé au coup d'œil militaire du général Canrobert, et est depuis longtemps un de ses principaux sujets de préoccupation.

« Tel est l'état des choses à l'armée d'observation : quant aux opérations du siége proprement dites, elles sont entrées, vers la fin d'octobre, dans une phase nouvelle, qui n'a été qu'une conséquence de l'espèce d'insuccès de nos premières attaques. Les anciennes batteries massées à la gauche n'ont pas été abandonnées, mais tous nos efforts se sont concentrés sur une nouvelle attaque dirigée à l'extrême droite contre le bastion du Grand-Mât. Sept batteries armées de 47 bouches à feu ; deux parallèles, dont la dernière, à 150 mètres de la ville, renferme des places d'armes pour les colonnes d'assaut : tels sont les nouveaux ouvrages que nous avons élevés, et dont l'action convergente enveloppe le saillant du bastion. Le feu de ces batteries a été ouvert le 1er novembre, et, malgré les dispositions irréprochables de l'attaque, n'a pas eu un succès aussi décisif qu'on était en droit de l'espérer. Les batteries russes ont beaucoup souffert, plusieurs d'entre elles ont même été complétement abandonnées ; mais de nouveaux ouvrages élevés en seconde ligne, des coupures profondes, des batteries volantes établis à tous les débouchés, et démasqués tout à coup, nous ont démontré que les défenses de la place étaient reculées plutôt que ruinées. D'autre part, des reconnaissances plus rapprochées de la ville nous ayant donné la certitude que, du bastion du Grand-Mât à celui de la Tour, nous n'avions devant nous que des retranchements en terre, les états-majors de l'artillerie et du génie ont déclaré que l'assaut était possible. Du moins ont-ils reconnu que nos batteries, ayant produit à peu près tout l'effet dont elles étaient susceptibles, et l'ouverture d'une brèche n'étant pas nécessaire, on ne devait pas attendre d'une action prolongée des moyens spéciaux de l'artillerie et du génie des conditions meilleures que celles où nous nous trouvons. Quant aux Anglais, leurs travaux n'ayant jamais été poussés au delà de la construction de leurs premières batteries, ils paraissent disposés à tenter l'attaque de vive force.

« Nous étions, depuis trois jours, dans l'attente de cette opération décisive, quand, le 5 novembre, dès le point du jour, une vive canonnade se fit entendre du côté des positions anglaises. A la faveur de l'obscurité et du brouillard, l'armée russe, traversant le pont d'Inkermann, a gravi les pentes du plateau qui le domine, refoulé les avant-postes des Anglais, pénétré jusqu'à leur camp, que le canon et la fusillade ont ravagés d'une manière horrible.

« A la première nouvelle de cette attaque, le général en chef envoie au général Bosquet l'ordre de se porter avec sa division au secours de nos alliés, et au prince Napoléon, dont la division faisait partie de l'armée de siége, l'ordre de diriger sans retard sur le théâtre de l'action la brigade de Monet et une batterie d'artillerie. Le général en chef prévient en même temps le général Forey des événements qui se passent à l'armée d'observation, et qui font prévoir une sortie de la place.

« En arrivant sur les positions anglaises, le général Bosquet trouve nos alliés pris, mais non effrayés de la soudaineté de l'attaque. Les divisions Cambridge et Cathcart ont pris un ordre de bataille qu'elles conservent sous un feu épouvantable, avec cette admirable ténacité qui fait la gloire de l'armée anglaise.

« Cependant la lutte trop inégale ne peut se prolonger longtemps ; la division Cambridge a éprouvé des pertes énormes en reprenant à la baïonnette les redoutes enlevées par les Russes : le général Cathcart a été tué ; un moment, le résultat de la journée a été l'objet des plus sinistres appréhensions. C'est alors que les bataillons français, accueillis par les hurrahs des alliés, se présentent devant les Russes, la division Bosquet et 40 pièces de canon en première ligne, la brigade de Monet et la cavalerie Morris en réserve.

« Pendant trois heures, les généraux Canrobert et Bosquet accomplissent en présence des deux armées des prodiges de valeur personnelle et d'opiniâtreté militaires. Les positions perdues sont reprises. Des régiments russes entiers, chargés à la baïonnette ou fusillés à bout portant, tourbillonnent et disparaissent. A midi, la marche de l'ennemi est arrêtée, et, bien qu'il tienne encore sur plusieurs points, la grandeur de ses pertes, l'élan et l'enthousiasme de nos troupes ne laissent guère de doute sur l'issue du combat. Cependant le général en chef envoie l'ordre au prince Napoléon de se diriger avec sa deuxième brigade et une batterie d'artillerie sur le lieu de l'action, dans le cas où le général Forey aurait repoussé la sortie des Russes, attendue depuis le matin, et se trouverait en mesure de couvrir le siége sans le concours de la 3e division détachée tout entière.

« C'est à huit heures du matin que cette sortie a eu lieu. Une colonne de 4,000 Russes, débouchant de la place, s'est jetée avec impétuosité sur un ouvrage de siége et a attaqué nos batteries de gauche. Nos lignes, défendues seulement par la garde de tranchée disséminée sur tout le long développement des parallèles, ont été envahies sur plusieurs points, malgré un combat corps à corps soutenu par quelques compagnie de la légion étrangère. C'est alors que le général Forey a porté la brigade du général de Lourmel en avant, pour dégager les batteries de gauche. Cet intrépide officier, non content de déloger les Russes et d'en faire un grand carnage dans les tranchées, les a poursuivis, l'épée dans les reins, presque sous le canon de la place. Atteint d'une blessure mortelle, il n'a donné le signal de la retraite qu'après avoir vu le pont-levis de la ville se lever derrière les derniers Russes qui ont pu échapper à sa poursuite. Pendant ce temps, le prince Napoléon, avec la brigade Sol et six pièces de canon, s'était avancé dans la direction des anciennes batteries, pour inquiéter et menacer le flanc gauche de la colonne russe.

« Le feu de la place, attiré sur les bataillons démasqués, venait de démontrer l'efficacité de cette diversion, quand l'ordre parvenait à S. A. I. de porter la brigade sur le champ de bataille de droite, et de réunir la 2e division en seconde ligne, derrière la division Bosquet.

« A une heure, ce mouvement a reçu son entière exécution. En ce moment, les Russes sont en pleine retraite, sous la protection de leur nombreuse artillerie. La nôtre, composée de deux batteries de la 2ᵉ division, d'une batterie de la 1ʳᵉ, de deux batteries de la réserve et de la batterie Laurreq, de la 3ᵉ division, écrase les colonnes russes pendant qu'elles regagnent le fond de la vallée et le pont d'Inkermann. C'est là qu'au milieu d'une confusion inexprimable et sous un feu terrible, les masses russes se divisent en deux colonnes, dont l'une regagne la ville en traversant le pont, et l'autre disparaît dans la gorge qui conduit sur les hauteurs du fort du Nord.

« Telle a été la glorieuse et sanglante journée d'Inkermann. La reconnaissance hautement exprimée par les Anglais nous permet de proclamer la grandeur des services que leur a rendus l'armée française. Lord Ragland, au nom de son pays, en a remercié avec émotion le général Canrobert.

« Les pertes ont été nombreuses dans les armées alliées : les Anglais ont eu 2,600 hommes hors de combat, trois généraux tués, quatre blessés. Au combat de la droite, la perte des Français s'élève à 900 hommes, supportée en totalité par la 2ᵉ division, bien que la 3ᵉ division et la cavalerie du général Morris aient eu quelques hommes emportés par le canon. A la gauche, la sortie des Russes nous a coûté 500 hommes tués ou blessés dans les bataillons de garde de tranchée et dans la brigade de Lourmel. Quant aux Russes, leurs pertes sont énormes. Les redoutes reprises, les ravins du plateau, le fond de la vallée et les abords du pont d'Inkermann présentent le plus horrible spectacle que puisse offrir un champ de bataille. Le terrain est littéralement couvert des cadavres et des blessés que les Russes ont abandonnés dans leur retraite. L'évaluation la moins élevée du nombre de leurs morts le porte au chiffre de 4,000.

« Malgré ce grand succès, de graves pensées se mêlent à la joie de la victoire. L'effort puissant tenté par les Russes est celui d'une armée nombreuse, aguerrie, animée par la présence de ses princes et résolue à une résistance extrême. Il n'est guère possible de penser à enlever la place en présence de forces si considérables et avant de les avoir anéanties ou dispersées. C'est une campagne qui va s'ouvrir contre le prince Menschikoff : Sébastopol en sera le prix.

« Dans un conseil de guerre tenu le 7 novembre, les généraux en chef ont décidé que l'assaut serait ajourné ; que les armées alliées resteraient dans leurs lignes et y attendraient les renforts amenés de France et d'Angleterre. Cette décision, commandée par la nécessité, conforme à toutes les règles de la guerre, fait entrer l'expédition de Crimée dans une nouvelle phase, qui n'aura peut-être son dénouement qu'au printemps prochain. La France et l'Angleterre apprendront sans découragement et sans vaine appréhension, comme il convient à deux grandes nations sûres d'elles-mêmes, de leurs immenses ressources, du courage de leurs soldats, de la capacité des deux illustres chefs qu'elles ont choisis. Elles sauront attendre sans impatience un succès qui, pour avoir été retardé et disputé, n'en sera que plus glorieux et plus complet.

« Le prince Napoléon, alité presque constamment depuis quinze jours, n'a pu résister aux fatigues de la journée du 5, pendant laquelle il est resté onze heures à cheval, à la tête de sa division. Le 7, le général en chef lui a donné une permission de quelques jours pour aller à Constantinople rétablir une santé compromise par cette longue et pénible campagne. »

On trouve aussi dans les relations anglaises quelques détails à ajouter à ce qu'on vient de lire :

Lorsque les Anglais, épuisés et décimés par leur résistance héroïque, aperçurent au loin les uniformes français, ils poussèrent de bruyantes acclamations auxquelles répondirent celles des troupes françaises. Le vieux général Brown, dans son enthousiasme, partit au galop au-devant des Français, et comme l'ordre de charger fut donné immédiatement, il se mit avec eux et chargea au premier rang.

Il paraît que dans les premiers moments de confusion les Anglais tirèrent les uns sur les autres. Ils avaient été attaqués à l'improviste et avaient encore les grandes capotes grises dans lesquelles ils avaient dormi. Les Russes, de leur côté, étaient vêtus de la même manière. Les officiers anglais seuls, à cheval et avec leur uniforme rouge, servaient de point de mire à tous les coups de fusil. Aussi sont-ils morts en masse,

On a déjà dit qu'on avait pris un officier russe qui encourageait ses hommes à achever les blessés. Après l'action, cet officier avait passé devant une cour martiale, et avait été condamné à être pendu. Mais lord Raglan, pour éviter des représailles, a fait mettre cet homme en lieu de sûreté, et a écrit au général en chef russe pour lui demander si on voulait faire une guerre de sauvages et de cannibales (1). Quand le général Cathcart est tombé mortellement frappé, plusieurs hommes se sont précipités sur lui et l'ont criblé de coups de baïonnette. Le colonel Seymour, qui était auprès de lui, était descendu de cheval pour le relever, lorsqu'il a reçu une balle qui lui a cassé la jambe. Il est tombé et a été haché en pièces.

C'est dans la petite redoute construite par les Anglais, et dans laquelle il y avait deux embrasures pour des canons, qu'a eu lieu la mêlée la plus sanglante. Le régiment des gardes, rejeté dehors quatre fois, a quatre fois repris sa position à la baïonnette. Il paraît que le carnage fait à l'Alma n'était rien en comparaison. Les cadavres étaient littéralement amoncelés les uns sur les autres. Il y eut un moment où les Russes, environnant de toutes parts le régiment massacré des gardes, et l'écrasant sous leurs masses sans cesse renouvelées, le crurent perdu, et alors, dit-on, ils poussèrent un rugissement qui fut entendu du reste de l'armée russe, et qui se prolongea sur toutes les colonnes pendant plusieurs minutes. Les gardes tombaient sans broncher et sans lâcher pied, mais ils allaient être écrasés par le seul poids de forces immensément supérieures.

« En ce moment, dit un correspondant anglais, nos braves gens virent apparaître sur le haut de la colline les couleurs bien connues des zouaves, et avant que l'ennemi eût eu le temps de se reconnaître, ces brillants soldats étaient au milieu. Puis, marchant au pas de charge, arriva une colonne d'infanterie française, et les Russes, déjà fatigués par la mêlée terrible qu'ils venaient de soutenir, reculèrent, et le feu des Français fit un formidable ravage dans leurs rangs. »

(1) Malheureusement c'est ce qui eut lieu. L'officier russe fut pendu et en représailles les Russes firent crucifier un officier anglais prisonnier.

Au commencement de l'action, l'obscurité était telle, qu'on ne reconnaissait le point de l'attaque qu'à la lueur des canons. On ne savait de quel côté l'ennemi attaquerait, et pendant quelque temps les Anglais eurent à supporter le feu de l'artillerie sans bouger. Ils savaient que quand viendrait l'assaut, l'artillerie s'arrêterait et serait remplacée par la mousqueterie. Jusque-là ils restaient l'arme au bras, attendant le combat corps à corps. Il vint bientôt. Aussitôt qu'ils eurent distinctement aperçu la redoute, les Russes se précipitèrent dessus avec fureur. Les Anglais les attendaient de pied ferme, et ne firent feu qu'à la distance de quatre ou cinq pas. Environ 200 Russes tombèrent sous cette décharge meurtrière, mais les autres ne s'arrêtèrent pas ; ils étaient 40 contre 1.

« Je dois déclarer, dit un correspondant, qu'il est impossible de se battre plus brillamment que ne l'ont fait ces Russes. Ils semblaient insensibles à toute autre crainte que celle d'une charge à la baïonnette. Quand ils en voyaient venir une, ils se rompaient. »

Dans la batterie occupée par les gardes, il y a eu une affreuse mêlée corps à corps. On n'avait pas le temps de recharger les fusils, et on se battait à la baïonnette et à coups de crosse. Chaque fois que les Russes étaient repoussés, ils laissaient des monceaux de morts, et c'était par-dessus des piles de cadavres qu'ils revenaient à l'assaut. La hauteur du parapet empêchait les Anglais de faire feu ; les Russes s'en aperçurent et ils se masquèrent au pied même du mur. De là, ramassant les armes de leurs soldats morts et des pierres, ils les jetaient sur les défenseurs de la batterie, qui, de leur côté, répondaient avec les mêmes armes. Ce nouveau genre de combat dura pendant près de dix minutes. De temps en temps, les Russes livraient des assauts désespérés aux embrasures, mais là ils trouvaient un rempart de baïonnettes, et les embrasures finirent par être comblées par des cadavres accumulés.

« Le résultat, dit un correspondant, était encore douteux. L'ennemi recueillait toutes ses forces pour un assaut définitif, lorsque Canrobert arriva avec des zouaves, de l'infanterie et de l'artillerie, et commença une attaque terrible sur le flanc droit des Russes. De ce moment, la partie fut décidée. Et cependant, bien que sous le feu des Français les Russes tombassent littéralement par bataillons, ils ne trahirent aucun symptôme de désordre. Au contraire, ils se formèrent admirablement en ligne, changeant leur front pour recevoir l'attaque des Français, et étendant leur ligne pour reprendre l'assaut contre les Anglais. Mais à ce moment, sans ordres et sans garder de rangs, nos hommes se jetèrent sur eux avec furie en chargeant à la baïonnette. Ils les reçurent aussi à la baïonnette, et pendant cinq minutes, sept ou huit régiments se battirent avec frénésie dans une

PLAN A VOL D'OISEAU DES PAYS BAIGNÉS PAR LA MER NOIRE.

1 Ibraïoum.	16 Bessarabie.	31 Matchin.	46 Baie de Bésika.	62 Kars.	78 Kerson.
2 Screth (ville).	17 Bender.	32 Babadagh.	47 Mont Ida.	63 Gumri.	79 Bérislaw. 79 (bis.) Pérécop.
3 Sereth (rivière).	18 Akerman.	33 Vayna.	48 Mont Olympe.	64 Pitrossili.	80 Grinée.
4 Transylvanie.	19 Kilia.	34 Baltschick.	49 Broussc.	65 Tiflis.	81 Simféropol.
5 Kronstadt.	20 Kagelal.	35 Monts Hœmus ou Balkans.	50 Ismid.	66 Gori.	82 Botsches..ral.
6 Monts Carpathes.	21 Ralfsi.	36 Burgas.	51 Boti.	67 Stavropol.	83 Sébastopol.
7 Moldavie.	22 Kichenan.	37 Andrinople.	52 Sinope.	68 Monts Caucase.	84 Eupatoria.
8 Botuchany.	23 Pruth (rivière).	38 Constantinople.	53 Trébizonde.	69 Cosaques du Don.	85 Vieux-Port.
9 Jassy.	24 Dniester.	39 Bosphore.	54 Angora.	70 Don (fleuve).	86 Balaclava.
10 Galatz.	25 Danube.	40 Scutari.	55 Tokat.	71 Nouveau-Tcherkasseck.	87 Alouthna.
11 Braïlow.	26 Bulgarie.	41 Mer de Marmara.	56 Amasia.	72 Rostov.	88 Caffa.
12 Bucharest.	27 Schumla.	42 Dardanelles.	57 Niksar.	73 Azof (mer).	89 Golfe de Caffa.
13 Valachie.	28 Rustchuock.	43 Gallipoli.	58 Erzeroum.	74 Steppes russes.	90 Kerich.
14 Oltenitza.	29 Silistrie.	44 Sultaniel.	59 Bajazid.	75 Odessa.	91 Anapa.
15 Giurgewo.	30 Hirsova.	45 Bonarbaki.	60 Mont Ararat. — 61 Erivan.	76 Nicolaïef. — 77 Kouvard.	92 Mer Noire.

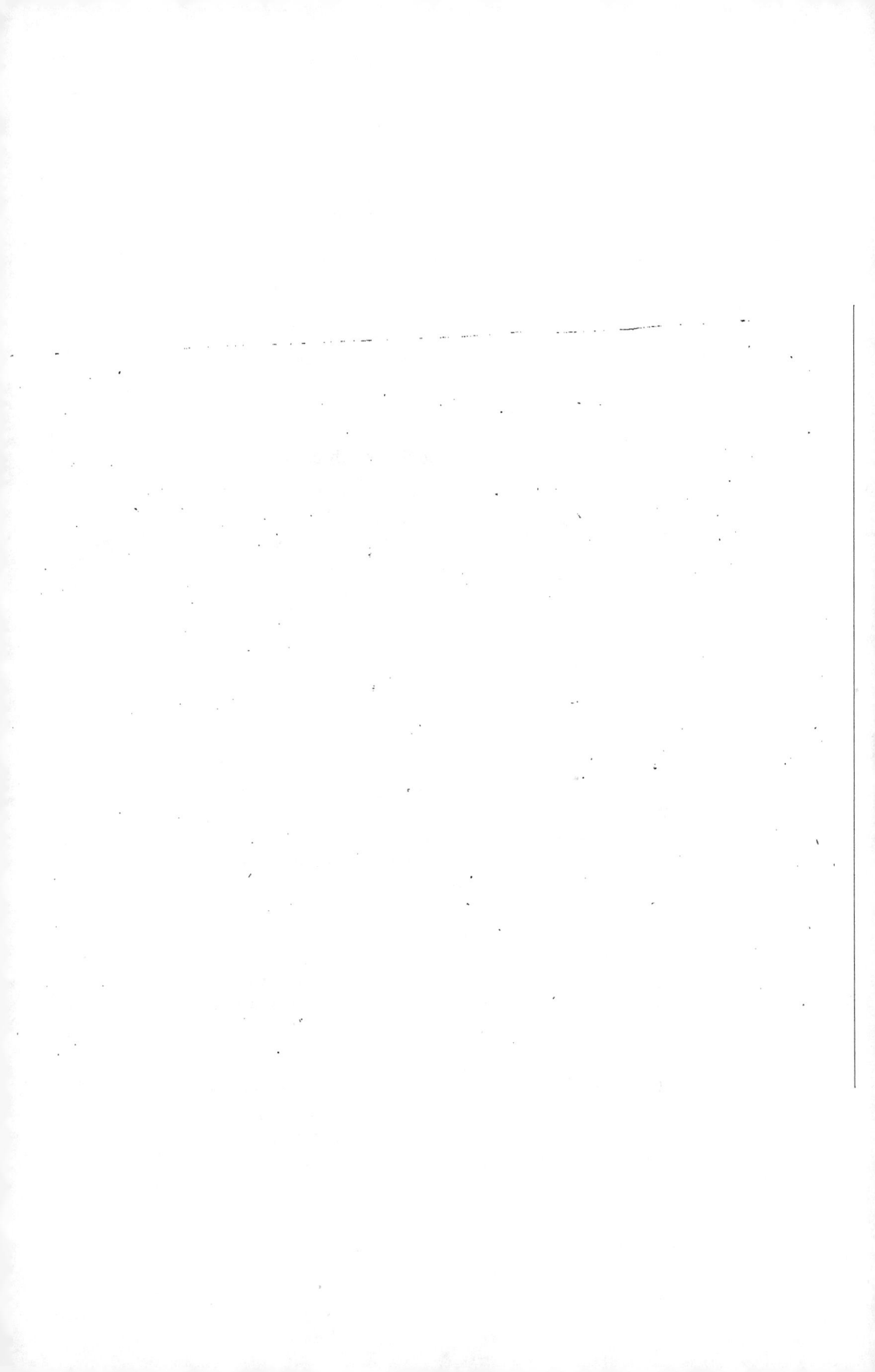

horrible mêlée. A la fin, l'ennemi plia et se retira, mais en ordre par-
fait. Les Français et les Anglais les poursuivaient, et l'artillerie
vomissait sur eux des masses de fer. C'était un vrai carnage. Et pourtant ils se retiraient lentement, s'arrêtaient de temps en temps et
faisaient des charges furieuses à la baïonnette. Leurs pertes à ce
moment ont été énormes. »

Lord Raglan a adressé aux troupes l'ordre général ci-après :

Ordre général.

« Quartier général devant Sébastopol, le 9 novembre.

« Le général en chef remercie les officiers et les troupes de leur
conduite à la bataille d'Inkermann, le 5 novembre, bataille dans laquelle, avec l'assistance de leurs braves alliés, ils sont parvenus à
repousser et battre complétement l'ennemi qui les avait attaqués en
nombre très-supérieur avec des masses d'artillerie de campagne et de
position et avec l'artillerie des vaisseaux.

« L'armée a ainsi profité d'une nouvelle occasion de se distinguer
et de montrer que, dans toutes les circonstances et en présence de
toutes les difficultés, sa détermination de consacrer toute son énergie
au service de la patrie est toujours la même. Dans cette occasion, les
troupes ont eu la bonne fortune d'être ralliées et soutenues par une
division de l'armée française; elles exprimeront comme nous leur
reconnaissance et leur admiration pour sa brillante marche dans un
moment très-critique.

« La perte des armées française et anglaise dans ce jour d'épreuve
ne saurait être trop fortement déplorée. Tout en regrettant de se voir
privé des services de tant de braves officiers, il est personnellement
pénible à lord Raglan d'annoncer que parmi ceux qui sont tombés
en remplissant noblement leur devoir sont le lieutenant général sir
George Cathcart, le brigadier-général Goldie, le brigadier-général
Strangways (tous officiers de distinction, et sir George Cathcart tout
spécialement, lui dont la conduite en d'autres régions avait particulièrement appelé la gracieuse attention de S. M. et celle du pays). »

Pour compléter enfin les documents relatifs à la bataille d'Inkermann, il nous reste à faire connaître les deux rapports suivants,
adressés au ministre de la guerre par les généraux Forey et Bosquet,
commandant les troupes françaises engagées dans l'affaire du 5 novembre.

Devant Sébastopol, le 7 novembre 1854.

ARMÉE D'ORIENT.

Corps de siége.

Mon général,

J'ai l'honneur de vous rendre compte que, le 5 novembre, à 9 heures du matin, la gauche de nos attaques contre Sébastopol a été assaillie par une colonne russe, composée des quatre bataillons formant le régiment de Minsk, d'un bataillon du régiment de Wolhynsk, et d'une certaine quantité d'hommes de bonne volonté qui s'étaient mis à la suite. Cette colonne, forte de plus de 5,000 hommes, soutenue par une batterie d'artillerie, sortit par le bastion de la Quarantaine, et suivit le ravin situé à la gauche de nos lignes. Sa marche, favorisée par un épais brouillard, n'a pu être arrêtée tout d'abord ; elle est tombée en force sur les batteries n°s 1 et 2, où elle est parvenue. Les servants de ces batteries ont été contraints de se retirer vers les bataillons du 39ᵉ et du 19ᵉ de ligne et sur quatre compagnies de la légion étrangère, chargées de la garde des tranchées. Ces bataillons ou fractions de bataillon ont dû aussi se reployer sous l'effort de la colonne russe ; mais ils ont vivement repris l'offensive lorsque deux compagnies du 19ᵉ bataillon de chasseurs en réserve au Clocheton, et quatre compagnies de la légion étrangère venant de la maison des Carrières, sont arrivées sur le lieu du combat.

Le général de la Motte-Rouge, qui occupait son poste de tranchée dans la 1ʳᵉ parallèle, se porta rapidement, avec quelques compagnies du 20ᵉ léger, sur les points attaqués. Lorsqu'il parvint aux batteries n°s 1 et 2, elles étaient déjà évacuées par l'ennemi, qui était rejeté sur le revers du ravin, à très-petite distance de la tranchée. A la voix du général, nos soldats franchirent la 1ʳᵉ enceinte de défense avec ardeur, poursuivirent l'ennemi et le soumirent à un feu meurtrier ; ils s'arrêtèrent à la hauteur de la maison dite *du Rivage,* prenant position derrière des murs, d'où ils continuèrent leur feu.

Pendant que ces événements se passaient, et au premier bruit de la fusillade, je montai à cheval et je pris les dispositions suivantes : j'ordonnai au général de Lourmel de se porter directement sur la maison brûlée, et au général d'Aurelle de marcher en avant de son front sur la route de Sébastopol qui longe la mer.

S. A. I. le prince Napoléon eut pour instructions de tenir sa division sous les armes, et elle s'avança jusqu'à la maison du Clocheton pour appuyer ma droite pendant que l'effort se faisait à gauche.

La division Levaillant, ayant pris la place des brigades de Lourmel et d'Aurelle au moment de leur départ, se porta en avant de leur front en colonnes serrées par brigade. Le général Levaillant se tenait de sa personne à 500 mètres au delà de cette ligne, pour juger du moment où son concours serait nécessaire.

Je me mis moi-même à la tête du 5ᵉ bataillon de chasseurs et de mon artillerie, et je suivis le ravin des Carrières, perpendiculaire à la route de Sébastopol, pour couper la retraite à l'ennemi dans le cas où il se serait avancé au delà des batteries nᵒˢ 1 et 2.

Telles sont les dispositions générales que je pris pour me mettre en mesure de parer à tout événement du côté du corps de siége. J'étais vivement attaqué, j'entendais le feu dans la direction d'Inkermann, je savais que vous y étiez fortement engagé; mais, ne pouvant juger de quel côté se ferait le plus violent effort, je devais m'avancer au combat avec mes premières lignes, soutenues par toutes mes réserves.

La brigade de Lourmel, conduite avec une ardeur indicible par son chef, culbuta en avant d'elle l'ennemi aussitôt qu'elle se trouva en sa présence. Deux bataillons du 26ᵉ de ligne poursuivirent avec acharnement les Russes, qui se retirèrent en désordre. Ce fut alors que le général de la Motte-Rouge, voyant arriver le général de Lourmel à la hauteur de la baie de la Quarantaine, où il était en position, le suivit dans son mouvement offensif. Nos troupes, stimulées par l'ardeur du succès, parvinrent à peu de distance des murailles de la place, poussant devant elles la masse des Russes, pendant que la section d'artillerie commandée par le lieutenant de La Hitte lançait des obus et des boulets sur eux.

J'avais pris position, avec le 5ᵉ bataillon de chasseurs, sur le flanc droit du général de la Motte-Rouge et à la hauteur de la Quarantaine.

Jugeant que la poursuite faite à l'ennemi était poussée beaucoup trop loin, j'envoyai le chef d'escadron Dauvergne et le capitaine d'état-major Colson pour porter l'ordre aux généraux de se mettre immédiatement en retraite. On eut beaucoup de peine à faire prononcer ce mouvement, tant l'ardeur des chefs et des soldats était grande. Cette retraite était soutenue par la position que j'occupais, à droite, avec le 5ᵉ bataillon de chasseurs, au centre, par le reste de la brigade de Lourmel échelonnée, et, à gauche, par le général d'Aurelle. Cet officier général avait appuyé jusque sur le bord de la mer, et s'était emparé de vive force, au milieu d'une masse de projectiles lancés par les bastions de la place, des bâtiments de la Quarantaine, qu'il occupa avec le 1ᵉʳ bataillon du 74ᵉ de ligne. Il avait laissé en seconde ligne, dans une position dominante, le colonel Beuret avec deux bataillons prêts à toute éventualité.

L'occupation de ces bâtiments fut très-utile; elle protégea efficacement la retraite de la brigade de Lourmel, et je ne saurais trop insister sur cette disposition prise par le général d'Aurelle, car elle a mis fin à la fusillade acharnée des Russes qui, s'étant reportés en avant, bordaient de nouveau le revers (nord) de la baie de la Quarantaine. Le feu du 74e, dirigé à coups sûrs, les a déterminés à battre en retraite une seconde fois, et les a forcés à rentrer dans la place. C'est sur ce revers (nord) que je voulais arrêter la poursuite de l'ennemi, si, poussé par une ardeur guerrière que je déplore, le brave général de Lourmel n'eût pas entraîné ses troupes au delà. Dans cette poursuite, grièvement blessé par une balle qui lui avait traversé la poitrine, il remit le commandement au colonel Niol, qui fut obligé d'effectuer la retraite sous le feu le plus violent de toutes les batteries de la place, mouvement qiu ne se termina qu'en arrière du ravin de la Quarantaine.

Nos pertes ont été très-sensibles; mais je ne crois pas être au-dessous de la vérité en portant à environ 1,200 le nombre des Russes morts ou mis hors de combat.

L'ennemi n'a obtenu aucun résultat en compensation de ses pertes; car les tranchées sont intactes, et, sur les huit pièces enclouées, six ont repris leur feu immédiatement, et les deux autres tirent aujourd'hui.

Je ne saurais donner trop d'éloges aux troupes engagées le 5 novembre. J'ai été parfaitement secondé par tout le monde, généraux, officiers et soldats. Les officiers de mon état-major, depuis le commencement du siége, et en particulier dans la journée du 5, n'ont cessé de se faire remarquer par leur bravoure et leur sang-froid.

M. le général d'Aurelle a fait preuve d'une haute intelligence militaire dans cette journée.

M. le général de Lourmel, qui, blessé très-grièvement, n'a remis son commandement que lorsque ses forces ont été épuisées, a fait l'admiration de tous. Il vient de succomber à sa blessure. Je ne puis vous exprimer la douleur dans laquelle me plonge ce malheur; l'armée perd en lui un général dont la bravoure chevaleresque ne connaissait aucun obstacle, et un chef auquel semblaient réservées de hautes destinées (1).

(1) On lira avec un vif et douloureux intérêt les détails qui suivent sur les derniers moments du général de Lourmel. Nous trouvons ces détails dans une lettre écrite par un officier qui a pris part à l'affaire du 5 novembre :
« La brigade française allait enlever les batteries russes, lorsque le général de Lourmel, qui la commandait, reçut à dix pas une balle qui, passant entre la deuxième et la troisième côte, vint sortir par l'omoplate en faisant un trou de sa dimension. Le général ne pâlit pas, il resta à cheval et continua à donner des ordres avec le sang-froid qui le caractérisait sur le champ de bataille ; il sut commander à tel point à la douleur, que le commandant d'Auvergne, aide de camp du général de division Forey, qui venait à toute bride, de la part de son chef, le prévenir de faire sonner la retraite, ne s'aperçut pas qu'il fût blessé. Le général de Lourmel donna

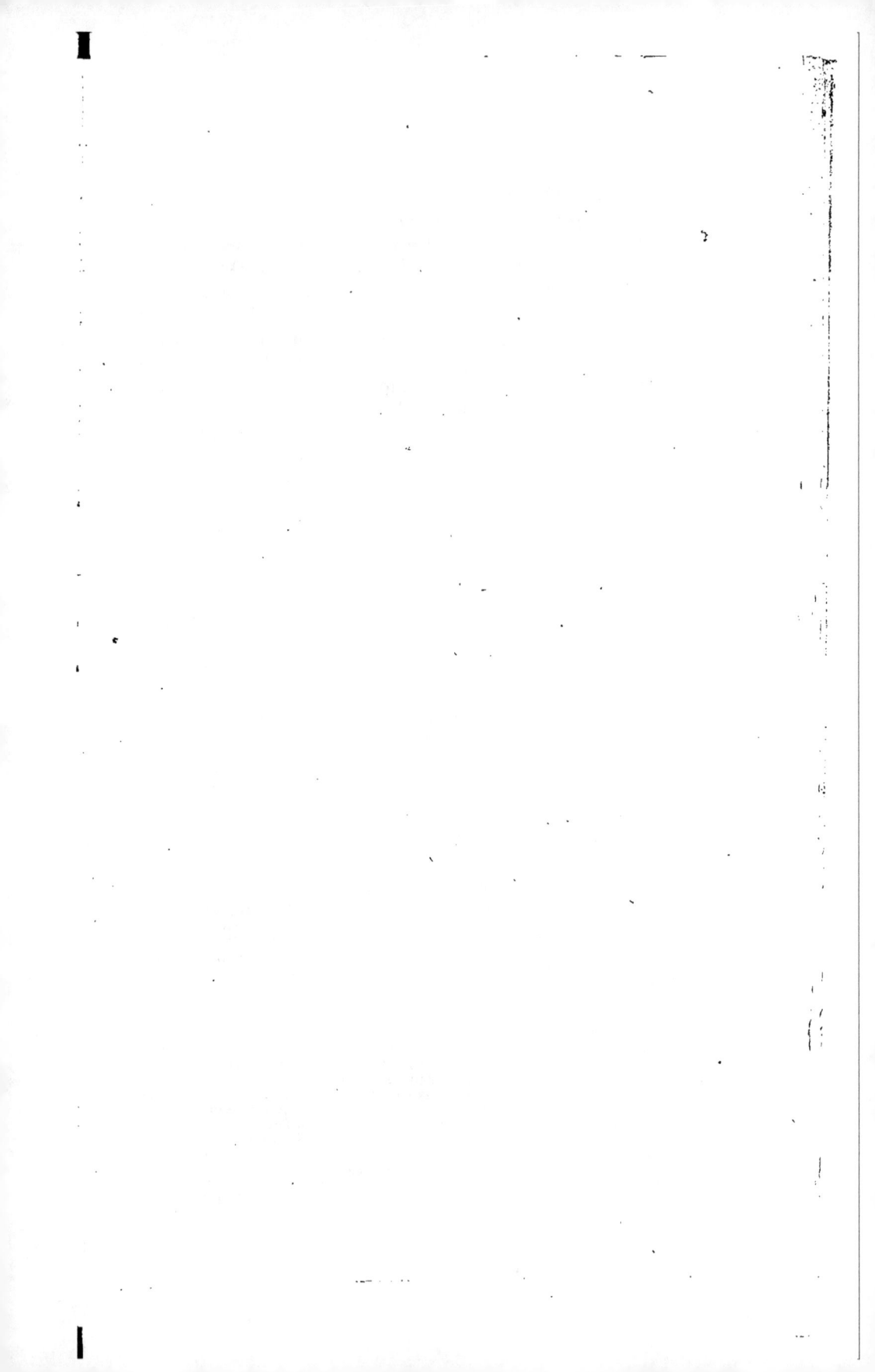

Vous remarquerez, mon général, par le nombre des officiers mis hors de combat, qu'ils sont l'objet particulier des coups de l'ennemi. Les officiers français en sont d'autant plus fiers qu'ils ne déguisent pas leur qualité, comme ceux de l'ennemi, sous une capote de soldat.

Je suis avec respect, etc.

Le général commandant le corps de siège,

FOREY.

———

Devant Sébastopol, le 7 novembre 1854.

ARMÉE D'ORIENT. — CORPS D'OBSERVATION.

Rapport sur le combat d'Inkermann du 5 novembre 1854, adressé au général en chef de l'armée d'Orient.

Le 5 novembre, à la pointe du jour, l'ennemi s'est montré en position sur trois points de nos lignes, savoir : 1° de ce côté-ci des ponts d'Inkermann, en face de la droite des Anglais ; 2° dans la plaine de la Tchornaïa, menaçant la redoute anglaise ; 3° en face du télégraphe.

Il s'était rendu dans ces positions à la faveur de la nuit et d'un

---

lui-même les ordres nécessaires pour faire exécuter ce mouvement, puis se tournant vers son aide de camp, il lui dit : « Je suis blessé. »

« Il perdait beaucoup de sang ; on lui disait de descendre de cheval, il refusait ; mais il fallut cependant qu'il suivît ce conseil. On le transporta à quelques pas sous une grêle de balles et de boulets partis de la place. Là on voulut le panser ; il s'y opposa, et après une heure et demie de marche, pendant laquelle il continua à donner toujours ses ordres avec le plus grand calme, on parvint à la petite maison qu'il occupait dans le camp. Les chirurgiens, prévenus du malheur qui venait d'arriver, attendaient le général. Il se déshabilla, se coucha, et on reconnut que la blessure était de la plus terrible gravité : le poumon était traversé. On ne comprenait pas qu'il eût pu conserver assez de force morale pour dompter la douleur physique.

« La nouvelle de la blessure mortelle du général se répandit bientôt dans l'armée, et fut reçue avec les plus douloureux regrets. De Lourmel était connu, apprécié, aimé de tout le monde et adoré des soldats sous ses ordres. On l'avait surnommé le *Bayard de l'armée*, à cause de sa brillante valeur. Pendant tout le temps qu'avait duré l'épidémie à Varna, on l'avait vu sans cesse encourageant, soignant les malades, remontant, par sa gaieté et son exemple, le moral des hommes ; aussi avait-il perdu peu de monde dans sa brigade.

« Malgré les préoccupations résultant de la bataille sanglante qui venait d'être livrée à Inkermann, on venait à tout instant s'informer s'il restait quelque espoir de conserver des jours aussi précieux. Un instant on espéra : de Lourmel seul vit bien qu'il était perdu, il fit demander un prêtre disant à ceux qui cherchaient à le rassurer : « Il faut toujours être prévoyant. » La journée fut assez bonne, mais, la nuit une crise violente se déclara.

« Le 6, cependant, vers onze heures du matin, le blessé allait mieux, on ne perdait pas tout espoir ; mais vers deux heures, il se fit un épanchement de sang dans la poitrine, et chacun comprit qu'il n'y avait plus de remède. Sentant approcher son dernier moment, le général prit la main de son aide de camp, et la lui serrant avec calme : « Dites que mes dernières pensées ont été pour Mme de Lourmel, pour ma mère, et pour l'Empereur et la France. » Et il expira en héros chrétien, sans laisser apercevoir sur son noble visage la plus légère trace de douleur. »

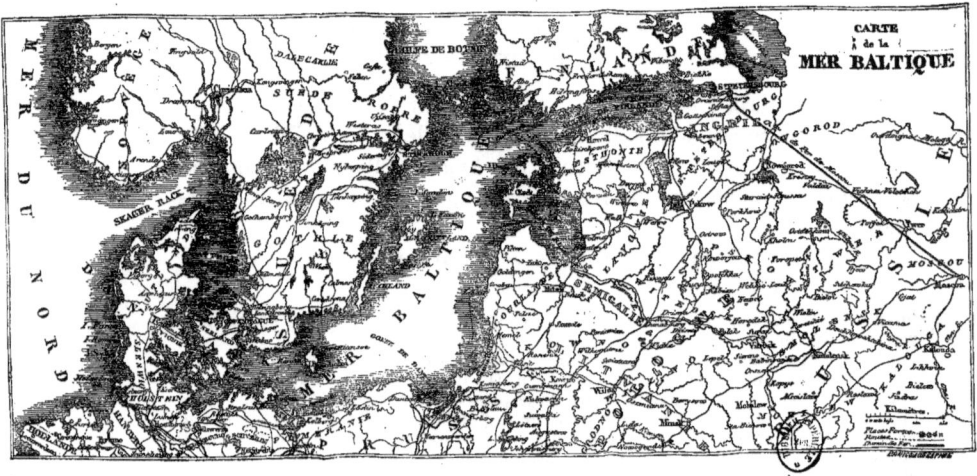

CARTE
à de la
MER BALTIQUE

brouillard épais, et il ouvrit son feu vers six heures et demie devant Inkermann et devant le télégraphe.

Je fis prendre les armes au corps d'observation tout entier, faisant appuyer l'infanterie vers le télégraphe, et je me portai de ma personne au delà du moulin. Le général Bourbaki me suivait avec un bataillon du 7e léger, un bataillon du 6e de ligne, quatre compagnies de chasseurs à pied et les deux batteries à cheval.

Là, je rencontrai les deux généraux anglais sir George Brown et sir George Cathcart réunis.

Je leur offris mon concours, leur annonçant que j'étais suivi par les troupes que je viens de désigner et par d'autres que je pourrais tirer des lignes, si l'attaque sérieuse était devant les Anglais. Ils me remercièrent et m'assurèrent qu'ils avaient des réserves pour le moment, mais qu'ils n'avaient personne vers leur droite en arrière de la redoute anglaise, et qu'ils me priaient de les garantir de ce côté, ce que je fis à l'instant. J'allai alors vérifier par moi-même ce que pouvaient valoir les deux attaques par la Tchornaïa et la plaine de Balaclava, en face du télégraphe : c'étaient évidemment de fausses attaques.

J'étais à examiner celle du télégraphe, lorsque des officiers anglais vinrent m'avertir que le feu devenait sérieux à leur droite; le colonel Styl surtout me donna de bons renseignements, et je fis repartir à l'instant le général Bourbaki vers la droite anglaise. Je donnai en même temps des ordres pour qu'un bataillon de zouaves et un bataillon des tirailleurs algériens marchassent dans la même direction. Enfin, peu après, le général d'Autemarre recevait l'ordre de marcher sur la même attaque avec un bataillon de zouaves et les deux bataillons du 50e.

Les deux batteries de la 2e division avaient été dirigées, dès la pointe du jour, sur le télégraphe; j'en envoyai une à la droite anglaise se joindre aux deux batteries à cheval déjà en mouvement.

Je rejoignis les premières troupes menées par le général Bourbaki, comme elles allaient entrer en ligne. Tout le terrain en avant de la droite anglaise était évacué, et il n'y avait d'occupé que l'arête qui précède à vingt pas le premier rang de tentes.

Je n'hésitai pas à lancer mes deux bataillons en avant avec les quatre compagnies de chasseurs à pied, qui chargèrent l'ennemi très-bravement et arrivèrent près de la petite redoute en avant à droite.

A l'arrivée du bataillon des zouaves (commandant Dubos) et des tirailleurs algériens, je poussai la charge de nouveau et la menai jusqu'à la crête qui domine le ravin de la route.

Je comptais que les Anglais pourraient appuyer ma gauche au delà de la route; mais ils en furent empêchés : l'ennemi la tourna par la route, et je fus un moment comme entouré. Les zouaves du commandant Dubos traversèrent en arrière les têtes de colonnes qui nous tournaient et les arrêtèrent net. Je dus rectifier ma ligne un instant, pour reprendre ensuite la charge, qui, cette fois encore, réussit à merveille. Mais l'ennemi, écrasé par le feu des canons anglais et français que j'avais fait réunir sur la crête en arrière de ma gauche, prit chasse définitivement pour ne plus résister qu'en fuyant.

Dans ces rencontres à la baïonnette, notre champ de bataille a été jonché de cadavres : c'était une vraie boucherie; plusieurs officiers y ont eu leurs chevaux tués.

Le 7e léger, commandé par le chef de bataillon Vaissier, a été d'une bravoure chaude et brillante qui mérite une mention particulière, de même que l'adresse et l'entrain des chasseurs à pied du 3e bataillon.

Le bataillon du 6e de ligne a chargé très-brillamment et a bien vengé la mort de son brave colonel, M. de Camas, tombé dans les rangs ennemis.

Le bataillon de zouaves du commandant Dubos a manœuvré avec cette intelligence, cette bravoure à toute épreuve qui ne s'émeut même pas quand l'ennemi vous entoure.

Les tirailleurs algériens, à travers les broussailles, sautaient agiles comme des panthères. Cette journée leur fait honneur, ainsi qu'à leur colonel de Wimpfen.

L'autre bataillon de zouaves et les deux du 50e nous ont vigoureusement appuyés sans avoir eu à charger l'ennemi.

Pendant ce combat, les deux batteries à cheval du commandant La Boussinière et la batterie de la 2e division conduites par le commandant de Barral ont eu à supporter un rude duel avec l'artillerie russe, qui se composait de pièces de position de 24 et de 30 et d'un nombre considérable de pièces de campagne. Nos batteries, aidées par une batterie anglaise de 9, ont eu l'honneur d'éteindre le feu russe et de le réduire absolument au silence. Ce combat d'artillerie a été dirigé par le brave colonel Forgeot, qui m'a rendu dans cette journée de grands services.

Enfin, au moment où s'éteignait le feu russe, j'ai fait mener jusque sur la dernière crête une batterie divisionnaire appuyée par deux bataillons, qui a pu couvrir d'obus et de boulets les ponts d'Inkermann, par lesquels s'écoulaient dans le plus grand désordre les troupes russes, que nous avons eu la joie de voir s'enfuir en pleine déroute. Mais cette déroute était protégée par les marais d'Inkermann, que nous ne pûmes malheureusement traverser, car notre cavalerie aurait eu là une belle fin de journée à conquérir.

La brigade du général Monet, arrivée en deuxième réserve, n'a pas

.eu occasion de donner; elle a cependant éprouvé des pertes par les coups de canon de l'ennemi, dont les pièces avaient des portées extrêmes.

Devant le télégraphe, nous n'avons eu qu'une canonnade sans blessés; mais j'éprouve un vrai plaisir à exprimer ici à quel point le détachement de marins du capitaine de Cautenson a bien servi ses bonnes pièces de 30, qui ont tenu la ligne ennemie fort loin et lui ont fait éprouver des pertes sensibles.

J'ai remercié les généraux d'Autemarre et Bourbaki, qui ont si vaillamment mené leurs troupes, et le colonel de Cissey, mon chef d'état-major, qui m'a secondé de tout cœur. Je voudrais pouvoir citer tous les braves qui ont si bien combattu à Inkermann, mais ce serait citer tout le monde.

Le général de division commandant le corps d'observation.

BOSQUET.

L'Empereur Napoléon, dans une lettre adressée le 21 novembre au général Canrobert pour donner à nos soldats de justes éloges et de nobles félicitations sur leur dévouement et leur constance intrépide, dit qu'il connaissait parfaitement les difficultés renaissantes qu'ils avaient à craindre dans cette nouvelle phase du siège de Sébastopol. Mais il leur annonçait en même temps que d'importants renforts partaient pour aller partager leurs travaux, leurs périls et leur gloire.

Voici cette lettre :

« Palais de Saint-Cloud, le 24 novembre 1854.

« Général,

« Votre rapport sur la victoire d'Inkermann m'a profondément ému. Exprimez en mon nom à l'armée toute ma satisfaction pour le courage qu'elle a déployé, pour son énergie à supporter les fatigues et les privations, pour sa chaleureuse cordialité envers nos alliés. Remerciez les généraux, les officiers, les soldats de leur vaillante conduite. Dites-leur que je sympathise vivement à leurs maux, aux pertes cruelles qu'ils ont faites, et que ma sollicitude la plus constante sera d'en adoucir l'amertume.

« Après la brillante victoire de l'Alma, j'avais espéré un moment que l'armée ennemie en déroute n'aurait pas réparé si promptement ses pertes, et que Sébastopol serait bientôt tombé sous nos coups; mais la défense opiniâtre de cette ville et les renforts arrivés à l'armée russe arrêtent un moment le cours de nos succès. Je vous applaudis d'avoir résisté à l'impatience des troupes demandant l'assaut dans des conditions qui auraient entraîné des pertes trop considérables.

« Les gouvernements anglais et français veillent avec une ardente attention sur leur armée d'Orient. Déjà des bateaux à vapeur franchissent les mers pour vous porter des renforts considérables. Ce surcroît de secours va doubler vos forces et vous permettre de prendre l'offensive. Une diversion puissante va s'opérer en Bessarabie, et je reçois l'assurance que de jour en jour, à l'étranger, l'opinion publique nous est de plus en plus favorable. Si l'Europe a vu sans crainte nos aigles, si longtemps bannies, se déployer avec

CARTE
DE LA
MER NOIRE

tant d'éclat, c'est qu'elle sait bien que nous combattons seulement pour son indépendance. Si la France a repris le rang qui lui est dû, et si la victoire est encore venue illustrer nos drapeaux, c'est, je le déclare avec fierté, au patriotisme et à l'indomptable bravoure de l'armée que je le dois.

« J'envoie le général de Montebello, l'un de mes aides de camp, pour porter à l'armée les récompenses qu'elle a si bien méritées.

« Sur ce, général, je prie Dieu qu'il vous ait en sa sainte garde. '

« NAPOLÉON. »

En même temps que quatre divisions nouvelles de 11,000 hommes chacune étaient en effet réunies sur le pied de guerre et mises en marche avec leur artillerie, les troupes du génie, leur matériel d'administration, d'ambulance et de transport, on expédiait d'Angleterre une division de 8 à 9,000 hommes. On engageait des volontaires de la milice pour les former en régiments destinés à laisser disponibles pour l'armée d'Orient les régiments de ligne en garnison dans quelques villes d'Angleterre ainsi que dans les places de la Méditerranée, Gibraltar, Malte et Corfou. L'armée alliée pouvait donc être portée dans quelque temps à 90,000 hommes. Et d'ici là on pouvait croire que les excellentes troupes des deux nations, si vigoureusement aguerries par cette rude campagne, et dont le moral était exalté par la victoire, sauraient comme auparavant repousser les attaques de l'ennemi.

Sur un autre point, la marine franco-anglaise obtenait aussi des succès constatés par les nouvelles suivantes reçues de San-Francisco.

« La frégate française la Forte, la corvette l'Eurydice et le brick l'Obligado sont arrivés hier soir à San-Francisco avec des nouvelles importantes de Petropolowski, qu'ils ont quitté le 7 septembre.

« Nous avons reçu hier soir la visite d'un témoin oculaire du combat, officier à bord de la Forte, qui nous a donné sur ce combat de nombreux renseignements.

« Les navires de guerre anglais et français étaient partis des îles Sandwich le 25 juillet, se dirigeant sur Petropolowski, ainsi que nous l'avions annoncé. La saison avancée faisait craindre de nombreux obstacles. Cette crainte s'est réalisée ; la côte nord était déjà couverte de brouillards épais qui retardaient beaucoup la marche des navires et les obligeaient à naviguer avec la plus grande prudence ; la brume était telle que les officiers pouvaient à peine distinguer les signaux à deux longueurs de navire, et que l'Eurydice ne put naviguer de conserve avec l'escadre ; on ne la retrouva qu'à Petropolowski.

« Les navires arrivèrent en vue de Petropolowski dans les derniers jours du mois d'août et après avoir essuyé d'assez mauvais temps. La saison ne permettait aucun délai et on se prépara de suite à l'action. La place présentait des obstacles auxquels on était loin de s'attendre ; on comptait attaquer avec des forces supérieures une place peu défendue et peu fortifiée ; on se trouvait en présence d'une forteresse redoutable, défendue par huit forts détachés contenant plus de 129 canons et 1,200 hommes.

« Petropolowski est situé dans le fond d'une baie très-étroite et de peu de longueur. Les abords de cette baie sont hérissés de nombreuses batteries ; pour arriver en vue de la ville, il faut éteindre trois de ces batteries. La nature a encore fortifié cette place d'une manière redoutable : au milieu de la baie au fond de laquelle se trouve Petropolowski, s'élève un banc de sable qui ne laisse aux navires qu'un espace étroit et resserré, et qui, à peu de distance au dehors, dérobe à la vue la forteresse principale.

« Le 30 août, les six navires de guerre, anglais et français, dont les noms suivent, se trouvaient en présence de Petropolowski :

« Navires français : *la Forte*, de 60 canons ; *l'Eurydice*, de 28 canons, et *l'Obligado*, de 12 canons ;

« Navires anglais : *la Pique*, de 40 canons ; *le Président*, de 50 canons, et *Virago*, de 6 canons.

« Au moment d'engager le combat, une triste nouvelle se répandit dans la flotte : l'amiral Price, commandant des forces anglaises, venait de tomber frappé d'une balle en chargeant ses pistolets ; la balle lui avait traversé le cœur. La consternation se répandit parmi les équipages. L'amiral Price était aimé et respecté de tous ; son courage, son sang-froid, sa bienveillance et les nombreuses preuves d'intrépidité qu'il avait données en plusieurs occasions difficiles lui avaient concilié le respect universel. Cette mort funeste, à la veille d'un combat, lui enlevait l'occasion de se distinguer, et privait l'escadre d'un de ses meilleurs officiers. C'est le matin même du jour fixé pour le combat que l'amiral Price expirait à son bord. Par respect pour sa mémoire, l'attaque fut ajournée au lendemain.

« Le 31 août, le combat s'engagea. La frégate russe *Aurora*, de 40 canons, et la *Dwina* étaient embossées derrière le banc de sable, en avant de Petropolowski ; les navires alliés concentrèrent leurs feux sur les trois forts avancés ; ils se trouvaient à 1,600 mètres environ de la ville, mais ils ne pouvaient s'engager dans la passe étroite et dangereuse dont nous venons de parler sans avoir auparavant fait taire ces batteries détachées. Deux cent cinquante pièces de canon tonnaient de part et d'autre ; des boulets perdus dépassaient le banc de sable et venaient tomber sur les forts et les navires ; après une canonnade assez vive, les trois batteries étaient éteintes, les canonniers russes étaient morts ou avaient déserté leurs pièces ; on encloua les canons, et tranquilles de ce côté, les navires se rapprochèrent de la ville.

« Le lendemain, on ouvrit un feu très-vif sur ce point et sur les navires russes ; l'*Aurora* eut son grand mât emporté, les boulets la criblaient de toutes parts ; l'ordre de débarquer fut donné, et, sous la direction d'un pilote américain qui avait représenté les environs de la ville comme d'un accès peu difficile et peu boisés, les troupes s'élancèrent vers la plage et s'avancèrent vers la redoute principale.

« Mais soit erreur, soit trahison, on se trouva engagé dans d'épaisses broussailles qui arrêtaient à chaque pas la marche des soldats et fournissaient aux tirailleurs russes un abri sûr et presque impénétrable. La similitude des costumes jetait la confusion dans les rangs de nos soldats, qui craignaient, en visant sur les uniformes rouges, de tirer sur leurs frères d'armes.

« Exposées à un feu auquel elles ne pouvaient répondre, les troupes le soutinrent avec la plus grande intrépidité et dirigèrent leurs attaques sur le fort le plus proche. Après un combat acharné de part et d'autre, les Russes furent défaits, les canons encloués, le fort démoli et 43 hommes faits prisonniers. Craignant d'exposer plus longtemps les troupes à un feu meurtrier, on ordonna le rembarquement. On ne pouvait, à moins de consentir à une perte considérable, tenter de s'emparer de Petropolowski ; il fallait, pour réduire la place, recourir à un siége régulier ; le temps pressait, la saison avancée ne permettait aucun retard. On dut abandonner un champ de bataille sur lequel on laissait comme trophées cinq batteries foudroyées, des maisons et des magasins de munitions en flammes, un fort démoli et plus de cent cadavres russes. Nous laissions aussi, nous, de vaillants soldats sur ce sol ennemi. Morts à sept mille lieues de leur patrie, sur une terre inconnue, sous un ciel étranger, ils seront pleurés de nos compatriotes comme ils l'ont été de leurs vaillants frères d'armes.

« Mais avant de partir on devait venger leur perte. Au moment de lever l'ancre, le transport de guerre russe *Sitka*, de 12 canons et de 700 tonneaux, arrivait dans la rade, chargé de munitions de guerre et de nombreuses provisions de bouche, dont la rareté se faisait vivement sentir dans Petropolowski. Entouré par les forces ennemies, le *Sitka* dut se rendre et fut emmené par la division anglaise à Vancouver. Peu après, la goëlette du gouverneur tombait au pouvoir des alliés avec 30 hommes d'équipage ; ne pouvant la remorquer, on la brûla en pleine mer. A bord du *Sitka* se trouvaient plusieurs négociants russes, qui, avec l'équipage, furent emmenés prisonniers ; le nombre total des prisonniers monte à 60 ; parmi eux se trouvent un colonel et un capitaine de navire. »

Au moment où nous allons terminer notre récit, nous apprenons par les derniers documents arrivés du camp devant Sébastopol que la ligne des armées alliées est maintenant imprenable, et que le résultat du dernier conseil de guerre a été qu'on ne tenterait aucun assaut avant d'avoir reçu 20,000 hommes de plus.

On ne compte plus guère prendre Sébastopol avant le mois de mars, et l'armée fait ses préparatif pour l'hiver.

Il en coûte plus à des soldats français de différer le combat que d'affronter des périls trop grands. La patriotique décision par laquelle le conseil de guerre a ajourné l'assaut de Sébastopol, a dû paraître à ses auteurs un pénible devoir. L'éclatante approbation que l'Empereur a donnée à cet acte de sagesse sera donc pour le général en chef et pour tous les officiers-généraux de l'armée d'Orient un témoignage singulièrement précieux.

Il était digne du grand cœur de l'Empereur d'applaudir le premier et hautement à une résolution qui, sans rien compromettre, aura pour effet d'épargner le sang français. Si la conduite des généraux alliés, après une si illustre sanction, avait encore besoin de se justifier, elle trouverait dans les faits une complète explication.

On s'imagine volontiers qu'un assaut n'est autre chose que ce que le vulgaire appelle un *coup de collier*, c'est-à-dire une tentative hardie dont le succès est assuré chaque fois qu'on expose un enjeu assez fort. Il semble, à entendre parler bien des gens, qu'en faisant tuer quelques centaines de braves soldats, un général français est sûr d'entrer partout. Par respect pour la vérité, par respect pour le courage de nos ennemis, et pour la valeur française qui a si souvent triomphé de ce courage, il faut, l'histoire en main, détruire cette illusion.

Un assaut est une affreuse bataille livrée dans un espace resserré, où terrain, matériel, liberté de mouvements, disposition des feux, tout concourt à rendre à l'assailli une supériorité momentanée, et où l'assaillant doit racheter tous ces désavantages à force d'élan, d'opiniâtreté et de sacrifices. Non-seulement un assaut ne réussit pas toujours, témoin le premier assaut donné à Badajoz par le duc de Wellington, et où l'élite de l'armée anglaise se fit tuer inutilement; mais encore il faut quelquefois quatre et cinq assauts heureux, pour venir à bout d'une place.

Appliquant ces enseignements de l'histoire au siége de Sébastopol, on voit que cette place doit à sa position particulière, à des conditions tout exceptionnelles, telles que la présence d'une flotte et d'un matériel de guerre immense, enfin aux perfectionnements apportés dans l'artillerie, des moyens de résistance sans exemple, et qui font, de la lutte engagée sous ses murs, l'entreprise la plus difficile et la plus digne de mémoire. En faisant toucher au doigt les obstacles qui retardent le triomphe de nos troupes, nous croyons rehausser encore le mérite de notre brave armée, qui a déjà surmonté tant de difficultés, et qui triomphera des autres, si l'impatience nationale consent à lui accorder le temps de bien faire.

Quelle est la grande infériorité d'une place assiégée vis-à-vis de l'assaillant? C'est que la forteresse la plus formidable n'a qu'une garnison limitée. Ce sont les mêmes troupes qui doivent réparer les travaux de défense, repousser les attaques de vive force, et se retrouver sans cesse en présence de l'ennemi. Ces troupes sont journellement décimées par la mort, la fatigue, la maladie; leur moral s'affaiblit à proportion de leurs pertes, et quand l'artillerie a détruit les ouvrages qui les protégent, l'assaillant, qui dispose de troupes fraîches, et renouvelle à volonté ses colonnes d'attaque, peut calculer à quel prix il deviendra maître de la ville.

Tout ce que peut l'art des siéges contre une place a été réalisé; tous les avantages que donne une habileté consommée, unie à la plus éclatante bravoure, ont été obtenus. Il n'y a plus qu'à entretenir l'œuvre de destruction; il est impossible de la pousser plus loin. Dans l'état d'avancement actuel des travaux, Sébastopol, réduite à ses propres forces, ne tiendrait pas plus de trois ou quatre jours.

Mais à quoi servirait d'entrer, à force de sacrifices irréparables, dans une place qu'il faudrait défendre le lendemain contre une armée? La force de Sébastopol n'est plus dans ses murailles en ruines, dans ses bastions démantelés, dans les barricades de décombres qui barrent ses rues et qui n'arrêteraient pas longtemps nos colonnes victorieuses; elle est dans le quartier général de Dannenberg. Que cette armée soit vaincue et dispersée par les vainqueurs de l'Alma, et Sébastopol, à bout de ressources, se rend ou est emporté dans un seul assaut.

Si ce n'est plus un siége, si c'est une campagne que notre armée d'Orient a à faire en Crimée, le temps combat pour elle. Elle a sur l'armée de Dannenberg, tous les avantages que la garnison de Sébas-

CRONSTATD.

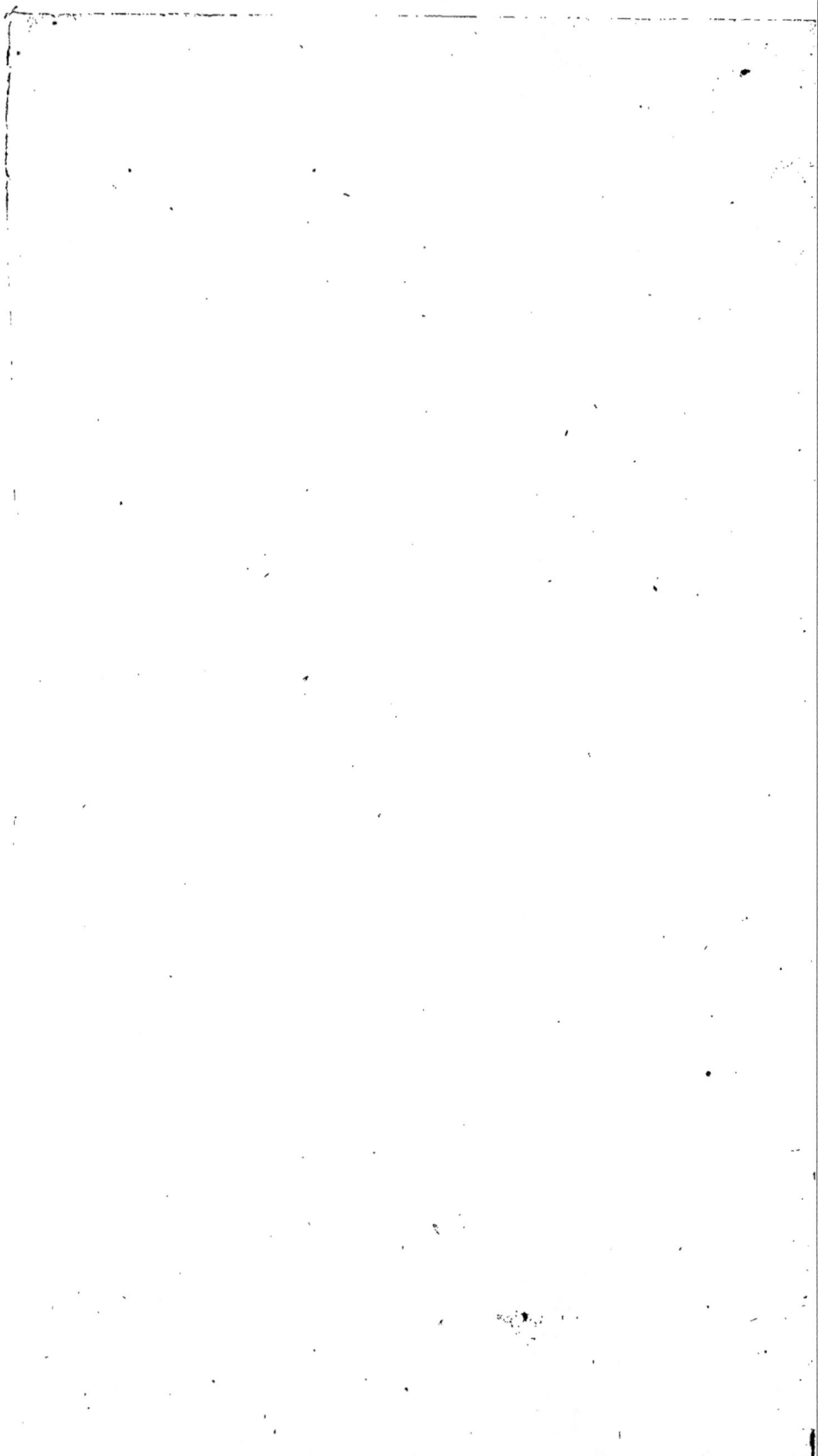

topol avait sur nous. Le prince Menschikoff n'a plus à attendre un seul homme; toutes les troupes disponibles dans un rayon de plus de cent lieues lui ont été envoyées, et déjà les généraux qui commandent en Bessarabie se plaignent d'avoir été trop affaiblis. Chaque jour, au contraire, amène de nouveaux renforts à l'armée alliée, et, à l'heure qu'il est, elle a sans doute repris la supériorité du nombre qu'elle ne perdra plus. Un automne d'une beauté exceptionnelle a permis au czar de faire franchir en deux semaines plus de cent lieues à 60,000 hommes. Mais cette armée, transportée en poste, est arrivée sans vivres, sans artillerie, sans munitions, sans approvisionnements d'aucune sorte. Elle bivouaque sans abri, et déjà les pluies ont commencé, qui transforment les steppes en marais, et qui ferment tout passage aux convois. Les juges compétents savent apprécier ce que la maladie et les privations feront de ravages dans cette armée qui, pour sa bienvenue en Crimée, a eu à essuyer la sanglante défaite d'Inkermann.

C'est contre ces soldats démoralisés que notre armée, ravitaillée par une flotte innombrable, renforcée de 40,000 combattants pleins d'ardeur, et encouragée par trois victoires, va prendre l'offensive. C'est dans leurs rangs dispersés qu'elle conquerra Sébastopol.

TABLE DES MATIÈRES

Paris. — Imprimerie Walder, rue Bonaparte, 44.

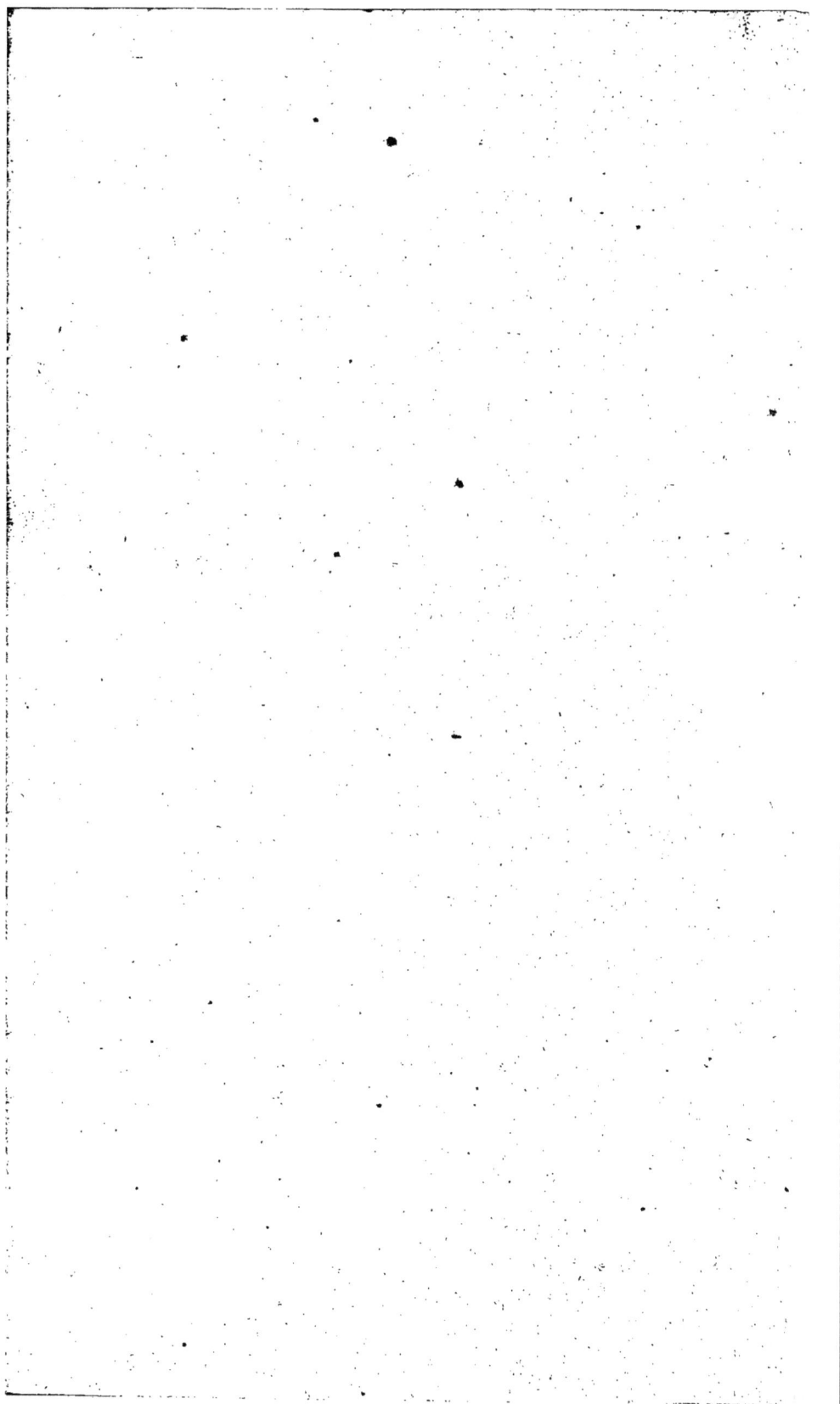

www.ingramcontent.com/pod-product-compliance
Lightning Source LLC
Chambersburg PA
CBHW072035080426
42733CB00010B/1896